本书由

福建省教育厅新文科研究与改革实践项目"新文科经管法跨界融合创新人才培养模式探索与实践"项目

集美大学四新建设研究与改革实践项目"'文理渗透、文工结合'下应急管理专业建设的探索与实践"项目

集美大学教材建设项目"应急管理学基础理论"项目

　　资　助

应急管理系列教材

总主编：沈灿煌

应急管理
基础理论

主　编：江　航　林建清

副主编：吴江秋　巫晶晶
　　　　庄贝妮

厦门大学出版社　国家一级出版社

XIAMEN UNIVERSITY PRESS　全国百佳图书出版单位

图书在版编目（CIP）数据

应急管理基础理论 / 江航，林建清主编；吴江秋，巫晶晶，庄贝妮副主编. -- 厦门：厦门大学出版社，2023.1

应急管理系列教材 / 沈灿煌总主编

ISBN 978-7-5615-8686-0

Ⅰ．①应… Ⅱ．①江… ②林… ③吴… ④巫… ⑤庄… Ⅲ．①突发事件－危机管理－教材 Ⅳ．①D035.29

中国版本图书馆CIP数据核字(2022)第144118号

出 版 人	郑文礼
责任编辑	许红兵
策划编辑	张佐群
封面设计	蔡炜荣
技术编辑	朱 楷

出版发行 厦门大学出版社

社　　址	厦门市软件园二期望海路 39 号
邮政编码	361008
总 编 办	0592-2182177　0592-2181253(传真)
营销中心	0592-2184458　0592-2181365
网　　址	http://www.xmupress.com
邮　　箱	xmupress@126.com
印　　刷	厦门市明亮彩印有限公司

开本	787 mm×1 092 mm　1/16
印张	15.5
插页	2
字数	313 千字
版次	2023 年 1 月第 1 版
印次	2023 年 1 月第 1 次印刷
定价	46.00 元

本书如有印装质量问题请直接寄承印厂调换

厦门大学出版社
微信二维码

厦门大学出版社
微博二维码

总　序

2019 年 11 月 29 日，习近平总书记在主持中共中央政治局第十九次集体学习时强调，应急管理是国家治理体系和治理能力的重要组成部分，承担防范化解重大安全风险、及时应对处置各类灾害事故的重要职责，担负保护人民群众生命财产安全和维护社会稳定的重要使命。新冠肺炎疫情的暴发，暴露出在应对社会性重大突发事件过程中的短板和不足，反映出健全国家应急管理体系、提高处理急难险重任务的能力迫在眉睫。加强应急管理体系和能力建设，强化应急管理全流程理论研究与教学实践，既是一项紧迫任务，又是一项长期任务。因此，发挥高校人才和智力优势，助力国家的应急管理人才培养和科学研究是新时代高校肩负的神圣使命。

集美大学是习近平同志曾经担任过校董会主席的高校，当年习近平同志要求集美大学充分调动师资队伍的科技要素和社会结合，最后在产学研优化结合方面对社会生产力的发展做出贡献，突出集美大学的学科特色，加上体制创新，培养更多的学科增长点。集美大学发挥学科专业优势，积极参与国家应急管理体系建设，2020 年经批准成为福建省唯一的"应急安全智慧学习工场"暨应急管理学院建设试点高校，致力于培养应急管理领域高层次研究与实践人才。2021 年，集美大学申办应急管理专业获批；同年，应急管理研究院正式成立。高起点办好一流专业，需要一流师资、一流课程，更需要一流教材。学校联合国内应急管理龙头企业加强应急管理体系建设，组织一批应急管理专家学者开展理论研究和实践教学总结,邀请国内应急管理有关专家,高标准、高质量编写了应急管理系列教材,包括《应急管理基础理论》《应急管理工程技术理论》《应急管理信息化应用》《应急管理法律理论与实践》《海岸带灾害应急管理概论》《海洋灾害与应急管理》《邮轮安全与应急管理》《应急管理案例分析与研究》。该系列教材紧密结合国家应急管理实践要求,注重应急管理基础理论、技术应用、实际案例、法律法规、涉海应急等内容的梳理,将我校"工海"优势学科应用于涉海应急管理领域,形成独具特色的涉海应急管理教学、研究一体化教材。

该系列教材的出版,表明了集美大学对服务好国家应急管理战略的决心和能力,是我校应急管理学科专业建设的阶段性成果,展示了我校应急管理专业建设成效,极大地增强了应急管理人才培养能力,提升了我校应急管理的研究水平。下一步,我校将进一步深化应急管理研究成果和实践教学的应用和转化,为服务国家应急管埋战略贡献更大的力量。

2022 年 5 月 28 日

前　言

　　党的十八大以来,习近平总书记从全局和战略高度,深刻阐述了新形势下应急管理工作方向性、根本性、战略性的重大问题,提出了一系列新思想、新论断、新要求。

　　2013 年 11 月,党的十八届三中全会提出"健全公共安全体系",标志着中国应急管理进入公共安全体系建设的新阶段。2015 年 5 月,十八届中央政治局就健全公共安全体系进行第二十三次集体学习,习近平总书记在主持学习时强调,公共安全连着千家万户,确保公共安全事关人民群众生命财产安全,事关改革发展稳定大局。2016 年 1 月,习近平总书记在中央政治局常委会会议上强调,血的教训警示我们,公共安全绝非小事,必须坚持安全发展,扎实落实安全生产责任制,堵塞各类安全漏洞,坚决遏制重特大事故频发势头,确保人民生命财产安全。2017 年 10 月,习近平总书记在党的十九大报告中提出,树立安全发展理念,弘扬生命至上、安全第一的思想,健全公共安全体系,完善安全生产责任制,坚决遏制重特大安全事故,提升防灾减灾救灾能力。2018 年 10 月,习近平总书记在中央财经委员会第三次会议上强调,加强自然灾害防治关系国计民生,要建立高效科学的自然灾害防治体系,提高全社会自然灾害防治能力。会议指出,要针对关键领域和薄弱环节,推动建设自然灾害防治九大重点工程。同年,国家应急管理部正式成立,体现了我国将主要的自然灾害与事故灾难应急职能加以统筹考量的应急管理体制改革思路,提升了我国应对复杂性突发事件的能力。2019 年 11 月,十九届中央政治局就我国应急管理体系和能力建设进行第十九次集体学习,习近平总书记在主持学习时强调,应急管理是国家治理体系和治理能力的重要组成部分,承担着防范化解重大安全风险、及时应对处置各类灾害事故的重要职责,担负着保护人民群众生命财产安全和维护社会稳定的重要使命,要发挥我国应急管理体系的特色和优势,借鉴国外应急管理有益做法,积极推进我国应急管理体系和能力现代化。2020 年 3 月,面对新冠肺炎疫情的暴发,习近平总书记在统筹推进新冠肺炎疫情防控和经济社会发展工作部署会上提出,完善重大疫情防控体制机制,健全国家公共卫生应急管理体系,全面提高依法防控依法治理能力。党的二十大报告在第十一章专门针对应急管理,提出了坚持安全第一、预防为主,建立大安全大应急框架,完善公共安全体系,推动公共安全治理模式向事前预防转型的总体要求。

在我国应急管理实践取得重大进展、疫情防控取得显著成效的今天,应急管理成为政府管理和学术研究的一大热点。本教材的编写正是在此大背景下展开的。本教材围绕应急管理中的"一案三制"(制定修订应急预案,建立健全应急体制、机制和法制)这一核心内容,对应急管理相关理论进行阐述。此外,本教材对海事领域应急管理的概念进行界定,是将一般应急管理理论与实践拓展应用于海事领域的一次创新尝试。

本教材适合应急管理专业本科生、从事与应急管理相关的政府部门、企事业单位人员教学和培训使用。本教材是在集美大学规划处、教务处的组织下完成的,其间得到了公安部牛晋、古小燕、于春全和吴俊等专家以及集美大学工商管理学院陈福昌书记的指导与帮助,在此表示诚挚的谢意。本教材由集美大学工商管理学院江航、林建清担任主编,吴江秋、巫晶晶、庄贝妮担任副主编,各章节具体分工如下:第一章、第二章由吴江秋编写;第三章、第九章由巫晶晶编写;第四章、第六章由林建清编写;第五章、第八章、第十章由江航编写;第七章、第十一章由庄贝妮编写。全书由江航统一定稿。集美大学工商管理研究生张喜洁、张立君、孙太鹏,会计研究生郭雯娟、林芝莹,本科生何蕾等几位同学协助搜集并整理材料,在此一并感谢。

本教材虽然历经多次修改,但由于编者水平有限,难免出现不当甚至错误遗漏之处,敬请读者予以指正,在此一并致谢。

编者

2022 年 12 月

目　录

第一章

突发事件

2019 年 11 月 29 日,习近平在主持中共中央政治局第十九次集体学习时强调:应急管理是国家治理体系和治理能力的重要组成部分,承担着防范化解重大安全风险、及时应对处置各类灾害事故的重要职责,担负着保护人民群众生命财产安全和维护社会稳定的重要使命。因此,加强应急管理,提高预防和处置突发事件的能力,是关系国家经济社会发展大局和人民生命财产安全的大事,是构建社会主义和谐社会的重要基础。

第一节　突发事件的定义和特征

一、突发事件的定义

(一)突发事件的狭义定义

狭义上,突发事件是指意外的、突然发生的重大或敏感事件。简单来说,突发事件就是天灾人祸。天灾即自然灾害,人祸如恐怖事件、社会冲突、意外事故、丑闻(包括大量谣言)等,也称为"危机"。

(二)突发事件的广义定义

广义上,突发事件可以被理解为突然发生的事情,包括两层含义:第一层含义是事件发生、发展的速度很快,出人意料;第二层含义是事件难以应对,必须采取非常规的方法来处理。突发事件的含义在《中华人民共和国突发事件应对法》(2007)和《国家突发公共事件总体应急预案》(2006)中都有具体的规定。

《中华人民共和国突发事件应对法》(以下简称《突发事件应对法》)中所称的突发事件,是指突然发生,造成或者可能造成严重社会危害,需要采取应急处置措施予以应对的自然灾害、事故灾难、公共卫生事件和社会安全事件。《国家突发公共事件总体应急预案》(以下简称《总体应急预案》)规定:突发公共事件是指突然发生,造成或可能造成重大人员伤亡、财产损失、生态环境破坏和严重社会危害,危及公共安全的紧急事件。

这两个概念既有共同点,也有不同点。共同点是二者都体现了突发事件的要素:一是"突然性",是指事件发生后给人们思考、决策的时间很短;二是"公共性",是指事件发生后造成的危害或影响范围大;三是"全面性",是指"造成或者可能造成",即不仅要研究造成损失的事件,还要研究可能造成损失的事件。

不同点在于《突发事件应对法》中只说明突发事件造成或者可能造成严重社会危害,而《总体应急预案》中明确了突发事件所造成的社会危害的特征——重大人员伤亡、财产损失、生态环境破坏和严重社会危害,危及公共安全。《突发事件应对法》中把具有《总体应急预案》所描述特征的突发事件分成四大类:自然灾害、事故灾难、公共卫生事件和社会安全事件。也就是说,《突发事件应对法》中强调了突发事件的类型,而《总体应急预案》中表述了突发事件所具有的特征,两个国家规范性文件从不同的角度对突发事件进行了诠释。

本书认为,突发事件,是指造成或者可能造成严重社会危害,需要采取应急处置措施予以应对的各类公共事件。突发事件有其特有的发生和发展演化规律。

二、突发事件的特征

(一)引发的突然性

突发事件是事物内在矛盾由量变到质变的飞跃过程,由一定的契机诱发,诱因具有一定的偶然性和隐蔽性。它以什么方式出现、在什么时候出现,是人们无法把握的。也就是说,突发事件发生的具体时间、实际规模、具体态势和影响深度是难以预测的。

一般而言,突发事件具有出人意料的特征。一是事件的发生出人意料,管理者对在什么时间、在什么地点、由于什么原因、发生什么事件、造成什么危害等缺乏准确的判断。虽然有些突发事件存在发生征兆和预警的可能,管理者能提前捕捉到一些信息,但是事件真实发生的时间、地点、规模等难以准确预见和判断。二是心理、资源和应对措施等各项准备工作不到位。由于事发突然,在心理层面,人们高度震惊,易产生恐惧情绪,听信各种谣言发生,发生逃离事发现场等行为;在资源上,各种应急物资准备不够充分,相关物资往往出现暂时性短缺,可能发生哄抢行为。

当然,突发事件的突发性也是相对的,它往往是风险积累到一定程度、突破临界点后的暴发。因此,突发事件的应急管理特别强调以预防为主。

(二)目的的明确性

任何突发事件(除自然事件外)都有明确的目的性和欲望性,因为人们的选择和行为都是为了满足某种需要。自然事件本身虽无目的性,但是在处理这类事件的过程中,人们的目的性也是十分明确的。

(三)后果的不确定性

从纵向看,突发事件的发展态势和后果很难确定,可能会不断升级或延伸扩展,从人员伤亡、财产损失到对社会系统的基本价值和行为准则产生严重威胁等。从横向看,由于风险的系统性和突发事件的"涟漪效应"(dimple effect),一种类型的突发事件可能相继引发多种类型的次生、衍生突发事件,或成为各类突发事件的耦合,造成复合性灾难。如果处置不及时或不当,会产生严重后果。

(四)瞬间的聚众性

任何一类突发事件,都必然涉及一部分人的切身利益,使其产生心理压力和变化,引起人们的关注和不安也属正常。尤其是社会性的突发事件,多是由少数人操纵,通过宣传鼓动把一些群众卷到事件中来。

(五)状态的失衡性

如果将社会的正常秩序看作均衡状态的话,那么突发事件则使社会偏离正常发展轨道而出现失衡。突发事件的发生,会使人们的生活处于不稳定状态,昔日和谐安宁的社会环境遭到破坏,正常的工作方式和工作程序也得不到保证,因此必须采用特殊手段才能恢复正常的社会秩序。

(六)事件的高危害性

不论什么性质和规模的突发事件,都必然不同程度地给国家和人民造成政治、经济和精神上的破坏与损失。这种危害性,以人员伤亡、财产损失为标志,不仅包括直接损害和间接损害,还体现在对社会心理和个人心理造成破坏性冲击,进而渗透到社会生活的各个层面。

(七)情况的复杂性

突发事件往往是各种矛盾激化的结果,总是呈现出一果多因、相互关联、环环相扣的复杂状态,若处置不当可能加大损失,扩大范围,转为政治事件。突发事件防治的组织系统也比较复杂,至少包括中央、省级及有关职能部门、社区多个层次。

(八)处置的综合性

从处置主体来说,现代社会突发事件处置常常涉及民政、公安、消防、卫生、教育、环保、城市管理等多个部门,具有很强的综合性特点。很多突发事件的发生都不是孤立的,有着复杂的生成原因和机理。很多突发事件本身就耦合在一起,往往形成事件灾害链,这就对政府的快速反应和处置提出了较高要求。如2013年黄浦江上漂浮死猪事件,涉及江苏、浙江、上海两省一市的应急管理,跨农业、卫生、城市供水等行业,拓展到虚拟网络空间,引起公众的广泛关注,使得该事件变得异常复杂,处置起来难度很大,对政府的应急管理能力提出了很高的要求。

(九)影响的社会性

由于突发事件在时间、地点、危害程度、危害对象等方面的不确定性,并受到人的社会性及经济、文化、宗教、科技等的影响,同时叠加新兴媒体的作用,因此突发事件所威胁和影响的不是特定人群的生命、财产安全和特定地域的社会生活与秩序,而是全社会的广泛的影响。

(十)影响的扩散性

现代社会尤其是城市由于人口众多、经济社会关系错综复杂,其突发事件的负面影响更加深远。如果处置不当,产生的负面效应会更大。发生在城市的公共安全事件一般是呈放大效应的,从原初的"点"迅速蔓延到整个"面",有时甚至是整个地区、整个国家乃至全球。比如,城市发生的公共卫生事件、刑事案件、涉外案件、金融危机等社会安全事件,往往会产生广泛的社会政治影响。

(十一)发展的持续性

整个人类文明进程中突发事件从未停止过,只能通过共同努力最大限度降低突发事件发生的频率和次数,减轻其危害程度及对人类造成的负面影响。大量突发事件使人类反思人与自然的关系,整体变得更加成熟,行为更加理性。突发事件一旦暴发,总会持续一个过程,表现为潜伏期、暴发期、高潮期、缓解期和消退期,具有蔓延性和传导性,一个突发事件经常会导致另一个突发事件的发生。

(十二)同时涉及程序化与非程序化决策

在突发事件发展的不同阶段,决策行为也不同。常规突发事件一般采用程序化决策就能够解决,而对于非常规突发事件或当突发事件上升到紧急状态时,往往需要在信息、资源、时间非常有限的条件下采用非程序化决策来寻求"比较满意"的解决方案。比如 2010 年 6 月 11 日,马鞍山市花山区旅游局局长与行人发生口角,引发大规模群体性事件,当时马鞍山市委领导赶到现场后采取非程序化决策,对肇事者就地免职,及时平息了这起群体性事件。

(十三)事件的可控性

从系统论看,控制是对系统进行调节以克服系统的不确定性,使之达到所需要状态的活动过程,是人类改造自然、利用自然的重要内容和社会进步的重要标志。例如,香港某研究小组使用模型评估得出不同公共卫生手段对 SARS 的控制情况:A 为没有采取任何控制措施的发病情况;B 为疫情暴发后 30 天开始,把从出现症状到入院治疗间隔平均缩短两天,可减少 19% 的发病人数;C 为在 B 基础上于第 45 天停止各区域间人员往来,可减少 76% 的发病人数;D 为在 B 基础上于第 45 天减少 50% 的人员相互接触,能够阻止疫情增长;E 为在 D 基础上于第 55 天减少 70% 的人员相互接触,疫情能够得到迅速控制。

需要说明的是,在《突发事件应对法》颁布实施之前,《总体应急预案》和有关文件中提到的都是"突发公共事件",当时主要是为了区分个人或家庭的突发事件。《突发事件应对法》颁布实施后,已经对"突发事件"予以明确界定,所以"突发公共事件"就逐步淡出了。

第二节 突发事件的分类

一、突发事件的分类方法

突发事件主要有以下几种分类方法：一是按照成因，可分为自然性突发事件、社会性突发事件；二是按照危害程度，可分为轻度危害突发事件、中度危害突发事件、重度危害突发事件；三是按照可预测性，可分为可预测的突发事件、不可预测的突发事件；四是按照可防可控性，可分为可防可控的突发事件、不可防不可控的突发事件；五是按照影响范围，可分为地方性、区域性或国家性突发事件，世界性或国际性突发事件。

比较通用的分类方法是由《突发事件应对法》规定的，即根据突发事件的发生过程、性质和机理分为以下四类：自然灾害、事故灾难、公共卫生事件和社会安全事件。

这种分类方法本质上是基于事件发生的诱因进行分类的。这样做的意义在于：一方面为预防突发事件提供客观依据和线索，另一方面为政府及有关部门采取应急措施提供依法行政的依据，符合应急管理的基本原则。对于四大类突发事件的划分，目前学术界和实务部门的观点比较一致，争论的焦点集中在是将经济安全事件单独列为一种特定类型，还是将它纳入社会安全事件加以管理。学者们普遍认为，在制定国家应急管理总体预案和各分项预案时，应当将经济安全事件作为独立的一大类单列出来，在此基础上建立相应的国家经济安全事件应急管理机构；如果把经济安全事件并入社会安全事件中，会导致很多弊病。

二、突发事件的主要类型

(一)自然灾害

相比于其他三类事件，自然灾害类型的突发事件最为复杂。自然灾害是指给人类生存带来危害或损害人类生活环境的自然现象，也指由于自然异常变化造成的人员伤亡、财产损失、社会失稳、资源破坏等现象或一系列事件。其本质特征是灾害由自然因素直接导致。自然灾害主要包括水旱灾害(洪水、干旱)、气象灾害(台风、龙卷风、飓风、冰雹、暴雪、沙尘暴、冻雨、寒潮)、地震灾害(火山爆发)、地质灾害(泥石流、滑坡、山体崩塌、地面下沉)、海洋灾害(风暴潮、海啸、海浪、海冰、赤潮)、森林草原火灾、生物灾害等。

自然灾害主要有三个特征：一是不可抗，自然灾害从本质上来讲是人与自然矛盾的一种表现形式,人的能动性对自然灾害的抗拒力有限,只能在一定范围内减少灾害损失;二是破坏程度大,自然灾害往往具有颠覆性,造成生命和财产的巨大损失;三是通常情况下经济欠发达的国家和地区人员伤亡的程度严重,而经济发达的国家和地区,财产损失的程度严重。

(二)事故灾难

自然灾害是"天灾",而事故灾难更多是"人祸"。事故灾难是指突然发生,造成或者可能造成重大人员伤亡、重大财产损失、重大生态环境破坏和对全国或者一个地区的经济社会稳定、政治安全构成重大威胁和损害,有重大社会影响的涉及安全生产的紧急事件。其本质特征是由人们无视法律法规、违反生产安全操作的行为所致。事故灾难主要包括工矿商贸等企业的各类安全事故(危险化学品事故、矿山事故)、交通运输事故(公路交通事故、铁路交通事故、民用航空器飞行事故、水上交通事故)、火灾事故、公共设施和设备事故、环境污染和生态破坏事件等。

事故灾难主要有三个特征。一是发生的环境较复杂,多发生在不同的生活和生产区域。由于事故本身所处的环境复杂,对施救的方法、装备、技术和救援物资的需求也不尽相同,加之事故灾难环境中诱发衍生灾害的因素增多,人员大量聚集、危险品存放不当、生产与生活界限不明、人为隐瞒事故原因等情况大大增加了次生灾害发生的概率。二是救援难度较大,事故灾难的现场往往人员密集,伤员多、伤情重,救援设施设备简陋,疏散空间有限,现场初期救援力量不足,技能缺乏,导致救援难度大、救援效果差。三是救援专业性要求高,事故灾难往往对救援提出多学科、多领域的专业要求,救援人员需要配备专业设备,具备专业知识,具有专业技能。

(三)公共卫生事件

公共卫生事件是指突然发生,造成或者可能造成重大人员伤亡、财产损失、生态环境破坏和严重社会危害,危及公共安全的紧急事件。公共卫生事件主要包括:

(1)重大传染病疫情,是指在短时间内发生,波及范围广泛,出现大量的病人或死亡病例,其发病率远远超过常年发病率水平的某些传染性疾病。

(2)群体性不明原因疾病,是指在短时间内,某个相对集中的区域内同时或者相继出现具有共同临床表现的病人,且病例不断增加,范围不断扩大,又暂时不能明确诊断的疾病。

(3)食品安全和职业危害,与重大食物和职业中毒表述不太一样,但都是指由于食品污染和职业危害的原因而造成的人数众多或者伤亡较重的中毒事件。

(4)《总体应急预案》中提到的重大动物疫情,是指高致病性禽流感等发病率或者死亡率高的动物疫病突然发生,迅速传播,给养殖业生产安全造成严重威胁、危害,以及可能对公众身体健康与生命安全造成危害的情形,包括特别重大的动物疫情。

公共卫生事件主要有三个特征。一是暴发性强,控制难度大。公共卫生事件在发生初期一般具有较强的隐蔽性,其危害往往容易被忽视,遏制事态的有利时机很难把握。传染性疾病具有辐射性暴发和几何性扩散的特点,食品安全事件具有集中性暴发和群体性危害的特点。公共卫生事件在一定范围内显现时,已经形成暴发态势,受时间、地域、手段等因素的制约,其控制难度很大。二是影响面广,应对周期长。随着经济一体化进程的加快,公共卫生事件有着从局部向全球蔓延的趋势。无论是流行性疾病的传播,还是有毒有害食品的扩散,都是从一地一国向多地多国蔓延,影响面十分广泛。从事件暴发到应对结束,诱因调查、危害研判、应对措施的制定和实施等是一个较为复杂的过程,需要较长的应对周期。三是诱因复杂,不确定性强。公共卫生事件诱因复杂,生活习惯和生产方式的改变,特别是人类干预自然、挑战自我的探索活动,都可能引发不同类别的公共卫生事件,从而加大新型公共卫生事件发生的概率。现代生活方式和经济一体化进程,打破了传统公共卫生事件的规律,事件发生的时间、地点、发展趋势、后果及应对的手段都具有不确定性,从而降低应对事件的针对性。

(四)社会安全事件

社会安全事件完全是"人祸"。在不同性质的社会安全事件中,引发事件的人为因素在主观上多出于故意。社会安全事件是指因人民内部矛盾而引发,或因人民内部矛盾处理不当而积累、激发,由部分公众参与,有一定组织和目的,并对政府管理和社会秩序造成影响,甚至使社会在一定范围内陷入一定强度对峙状态的突发事件,例如重大群体性事件、严重暴力刑事案件、恐怖袭击事件等严重威胁社会治安秩序和公民生命财产安全,需要采取特别应急措施进行处置的突发事件。其本质特征是由一定的社会问题诱发,主要包括恐怖袭击事件、经济安全事件和涉外突发事件等。

社会安全事件主要有三个特征。一是人为谋划,影响恶劣。社会安全事件的发生往往经历谋划或策划的过程且存在矛盾积聚性的状况。社会安全事件的发生轻则危害公民的生命和财产安全,重则妨碍公共秩序,危害公共安全,有的甚至会威胁到较大区域内的经济发展和社会稳定。一般情况下,社会安全事件发生后国内外的关注度较高,会造成长期恶劣的国际影响。二是缓慢积聚,急剧暴发,带有复杂的社会矛盾因素。社会安全往往是由人民内部矛盾长期积聚但无法通过正常渠道疏导而引起的。这些矛盾的积聚有时还掺杂着民族、历史传统等复杂因素。政府在某方面处置不当可能会导致矛盾升级,在特定情况下甚至使事件发生质的变化。这些矛盾经过长时间的积聚,甚至会相互交织,一旦暴发,往往具有急剧暴发的特点。三是处置不当极易导致恶性衍生灾害。社会安全事件的诱发因素较多,既有人民内部矛盾,又有治安类事件,还包括自然灾害、事故灾难、公共卫生事件引发的动乱、暴乱等因素。

突发事件举例详见表 1-1。

表 1-1　突发事件举例

类型	示　例
自然灾害	流域性洪涝灾害(水灾);气象灾害(台风暴雨、高温天气灾害、低温冰冻灾害);地质灾害(地震、滑坡、泥石流等);自然火灾(森林火灾等)
事故灾难	工矿商贸企业的安全事故(火灾事故、煤矿事故、企业特种设备事故等);交通运输事故;公共设施和设备事故(电梯、建筑事故等);环境污染事故
公共卫生事件	传染病疫情(流感、非典型肺炎等);群体性食物中毒事件;动物疫情(禽流感、动物口蹄疫等);食品药品安全事件;其他影响民众生命和健康的安全事件
社会安全事件	群体性事件;恐怖袭击事件(劫机事件等);极端恶性刑事案件(公共场所纵火案、公共场所伤害案等);网络舆情危机事件;经济安全事件(经济危机、金融危机);涉外的危机事件

第三节　突发事件的等级划分

一、突发事件分级的意义

将突发事件划分为不同的级别,从而采取不同强度的应急措施,这是各国应急管理的共同经验。突发事件分级的重要性在于,事件的级别水平将直接决定预警信息的发布水平、预案的启动级别、响应级别、处置规模与手段的抉择等诸多问题。因此,突发事件分级是应急处置的基础,也是我国"统一领导、综合协调、分类管理、分级负责、属地管理为主"原则的重要内容。

二、突发事件分级的原则

究竟哪些突发事件属于特别重大、重大,哪些属于较大、一般级别,需要考虑的因素十分复杂。《突发事件应对法》规定,突发事件的分级标准由国务院或者国务院确定的部门制定。《总体应急预案》《国家安全生产事故灾难应急预案》《国家地震应急预案》等对特别重大、重大突发事件分级做了详细的规定,并同时明确较大和一般突发事件的分级标准由国务院主管部门确定。

国务院发布的《国家突发公共卫生事件应急预案》《国家安全生产事故灾难应急预案》《国家地震应急预案》等各类专项应急预案对于自然灾害、事故灾难、公共卫生事件、社会安全事件的等级划分作了具体规定。例如,特别重大和重大安全事故关于人员伤亡和经济损失的分级标准是:特别重大安全事故,即造成 30 人以上(含 30 人)死亡(含失踪),或危及 30 人以上生命安全,或直接经济损失 1 亿元以上的事故;重大安全事故,即造成 10 人以上 30 人以下死亡(含失踪),或危及 10 人以上 30 人以下生命安全,或直接经济损失 5000 万元以上 1 亿元以下的事故。《突发事件应对法》规定,按照"既要有效控制事态,又要应急管理措施适当"的原则,各类突发事件按照其性质、严重程度、可控性和影响范围等因素,一般分为四级:Ⅰ级(特别重大)、Ⅱ级(重大)、Ⅲ级(较大)和Ⅳ级(一般)。对突发事件进行分级,目的是落实应急管理的责任,提高应急管理的效能。

分级的主要目的是科学应急、合理应急、适度应急,在确保公共安全的同时,降低应急的行政成本。在这个前提下,我们应该按照简单、清晰、明确、易行的原则对待分级问题。

第一,事件分级、预警分级与响应分级应当合而为一。分级的前提是进行客观、科学的风险评估。根据风险评估的结果,研判将要发生哪一级别的突发事件,并发布相应级别的预警信息。有关主体在接到预警信息后,按照预警级别,启动相应级别的应急响应。

第二,根据突发事件的演进过程进行动态分级。当对事件级别的研判出现变化时,预警级别及响应级别也应相应地做出调整。但是,当突发事件情势不够明朗时,分级应遵循"就高不就低"的原则。分级要突出"三敏感"的原则,即对敏感时间、敏感地点和敏感性质的事件定级从高。

第三,不同级别的突发事件对应不同层次的最高响应行政主体。由于我国突发事件应对遵循属地管理为主的原则,因此某一级突发事件发生后,与之相对应的最高响应主体及以下的主体都需要参与应对。例如,特大突发事件发生后,省级及其下属的市、县级人民政府都要展开应对。

三、突发事件的分级

我国用不同颜色标注不同的突发事件等级。其原因是比较醒目,便于辨识。社会公众必须接受一定程度的公共安全教育,否则很难了解各种不同颜色的含义(详见表1-2)。

蓝色预警:可能发生一般(Ⅳ级)突发事件;

黄色预警:可能发生较大(Ⅲ级)突发事件;

橙色预警:可能发生重大(Ⅱ级)突发事件;

红色预警:可能发生特别重大(Ⅰ级)突发事件。

表 1-2　中国突发事件四级预警

突发事件等级	威胁程度	预警颜色	最高响应主体
Ⅰ级(特别重大)	特别严重	红	国务院
Ⅱ级(重大)	严重	橙	省级人民政府

续表

突发事件等级	威胁程度	预警颜色	最高响应主体
Ⅲ级（较大）	较重	黄	市级人民政府
Ⅳ级（一般）	一般	蓝	县级人民政府

资料来源：《中华人民共和国突发事件应对法》，2017年11月1日正式颁布实施。

说明：(1)各类突发事件等级和预警级别的具体划分标准由国务院或者国务院确定的部门制定，而且需要在实践中不断完善，并注意地域、民族和经济文化的差异，加强各地、各部门的协同配合。特别是社会安全事件因其自身的性质和复杂性，更需要不断深入研究。(2)并不是所有的突发事件都是可以预警的，表中的预警颜色主要针对可以预警的自然灾害、事故灾难和公共卫生事件。

影响突发事件等级水平的要素主要有（见表1-3）：突发事件的客观属性、突发事件作用对象的承受能力（脆弱性）、社会整体对突发事件的控制能力。对突发事件进行等级水平的评估，需要综合考虑这三个要素。

表1-3 影响突发事件等级水平的要素

影响要素	实　例	内　容
突发事件的客观属性	自然灾害、事故灾难、公共卫生事件、社会安全事件	事件性质、产生原因、损失后果、影响范围等
突发事件作用对象的承受能力	人群、设施、系统、环境等	物理属性、心理属性、能力属性、影响程度、严重程度等
社会整体对突发事件的控制能力	政府、社会、公共部门、私人部门等	组织体系、应急预案、应急机制（预警预测、应急处置、恢复重建）、政策保障等

这里还需要注意的是：突发事件的等级划分与突发事件预警级别、应急响应级别并非同一概念。后两者以前者为基础，属于应急管理措施，由相关的应急预案规定。

设计突发事件分级制度时，在确认主体、指标构成、级别认定、发布主体等各个方面都需要根据实际情况及时做出调整和更新。

(1)在分级标准的确认方面，由国家相关的管理部门根据事件的性质、严重程度、可控性和影响范围确定，并加以细化。不同类型的突发事件、不同地域，都应当根据实际情况确立不同的分级标准。尽管预警信号在全国统一使用，但由于中国地域辽阔，各地所面临的突发事件都有着明显的差异，同样的突发事件对各地造成的危害可能不一样，突发事件等级的区分也就不同，所以各地应当根据自身的情况使用这些预警信号。

(2)在级别的指标体系方面，要以政府的应急管理能力为核心，综合其他相关因素。突发事件的级别是由各种因素综合构成的，除了事件的性质、严重程度等"硬"指标外（基本上以人员伤亡和财产损失作为衡量指标），还应当包括事件的影响范围、潜在危害性及可能带来的连锁反应等"软"指标。在所有指标中，政府的应急管理能力是关键。

(3)在发布主体级别方面，应当明确信息发布机构（如相关卫生部门或指挥部）、各种发布渠道，最大限度让民众知情。政府及其他应急管理主体应当通过电视、广播、手机短信、网络等多元化、立体性的信息网络方式,以最快的速度向公众发布预警信号,确保公众能及时、准确、全面地获悉相关信息。

(4)在级别的调整程序上,应当根据事件的发展态势不断更新级别,并对中央的特殊权力做出特别规定。突发事件的发生发展都是一个不断变化的过程,因此事件的级别和政府应急管理措施都必须根据不断发展变化的形势适时进行调整。同时,为了弥补上述分级可能存在的缺陷,对有必要做出特别规定的事件可赋予中央政府直接处理权和责成处理权。

(5)特别需要强调的是,不论哪一级的突发事件,事发单位、人员和事发地政府都应当针对其性质、特点和危害程度,立即进行先期处置。第一时间、第一反应者能否自救互救,能否有效控制事态,往往就决定了伤亡人数的多少和处置成本的高低。

四、我国对突发事件的分级处置

在迈向后工业社会的进程中,重大安全风险的演进呈现出非线性的特点。美国气象学家洛伦兹提出:南美亚马孙河流域的一只蝴蝶轻微地振动一下翅膀,两周后在美国的得克萨斯州就可能掀起一场风暴。灾害事故经常体现出发展变化的"蝴蝶效应",风险在自然与社会的复杂系统中快速演进,并超越政府层级管理的制度设计。因而,应急管理者不仅要有对灾害事故风险动态监测的能力,还要有见微知著的洞察力和防患于未然的预控力。

突发事件的应急处置要遵循"统一领导、综合协调、分类管理、分级负责、属地管理为主"的原则。大部分的突发事件都应当主要依赖本地和本级政府的力量加以解决,只有当突发事件的规模和破坏程度超出了地方政府的处置能力的时候,才由上一级政府介入。即便是这样,任何重大的突发事件发生后,事发地人民政府都应当针对其性质、特点和危害程度,立即组织有关部门,调动应急救援队伍和社会力量进行先期处置。但突发事件的分级,直接影响着各级政府的应急处置权限,每一级政府的职责也需要明确界定。国家级专项预案的启动条件见表1-4。

表1-4 国家级专项预案的启动条件(示例)

专项预案	启动条件
国家自然灾害救助应急预案	(1)某一省(区、市)行政区域内,发生水旱灾害,台风、冰雹、雪、沙尘暴等气象灾害,山体崩塌、滑坡、泥石流等地质灾害,风暴潮、海啸等海洋灾害,森林草原火灾和重大生物灾害等自然灾害,一次灾害过程出现下列情况之一的:因灾死亡30人以上;因灾紧急转移安置群众10万人以上;因灾倒塌房屋1万间以上。 (2)发生5级以上破坏性地震,造成人员死亡20人以上或紧急转移安置群众10万人以上或房屋倒塌和严重损坏1万间以上。 (3)事故灾难、公共卫生事件、社会安全事件等其他突发事件造成大量人员伤亡,需要紧急转移安置或生活救助的,视情况启动本预案。 (4)对救助能力特别薄弱的地区等特殊情况,上述标准可酌情降低。 (5)国务院决定的其他事项。

续表

专项预案	启动条件
国家安全生产事故灾难应急预案	(1)造成30人以上死亡(含失踪),或危及30人以上生命安全,或者100人以上中毒(重伤),或者需要紧急转移安置10万人以上,或者直接经济损失1亿元以上的特别重大安全生产事故灾难。 (2)超出省(区、市)人民政府应急处置能力,或者跨省级行政区、跨多个领域(行业和部门)的安全生产事故灾难。 (3)需要国务院安全生产委员会(以下简称国务院安委会)处置的安全生产事故灾难。
国家突发公共卫生事件应急预案	(1)肺鼠疫、肺炭疽在大、中城市发生并有扩散趋势,或肺鼠疫、肺炭疽疫情波及2个以上的省份,并有进一步扩散趋势。 (2)发生传染性非典型肺炎、人感染高致病性禽流感病例,并有扩散趋势。 (3)涉及多个省份的群体性不明原因疾病,并有扩散趋势。 (4)发生新传染病或中国尚未发现的传染病,并有扩散趋势,或发现中国已消灭的传染病重新流行。 (5)发生烈性病菌株、毒株、致病因子等丢失事件。 (6)周边以及与我国通航的国家和地区发生特大传染病疫情,并出现输入性病例,严重危及我国公共卫生安全的事件。 (7)国务院卫生行政部门认定的其他特别重大突发公共卫生事件。

第四节　突发事件的分期

一、突发事件分期的意义

突发事件的应对是一个动态发展的过程。只有对每一个阶段进行区别与划分,才能制定和执行符合各个阶段特点的应急处置策略。因此,对突发事件进行阶段性分期,是政府有效执行应急措施的基础,也是不断深化应急管理工作的基础。

可以依据突发事件的发展与演化对突发事件进行分期。突发事件的发展与演化是指在事件发生后,由于内部、外部条件之间的相互作用,使得事件进一步扩大的过程。

有学者将发生、发展、演化作为三个阶段来解释(见图1-1)。其中后两个阶段的机理是:

发展是指突发事件在空间上的扩展和/或烈度上的增强。

演化是指一个事件触发其他事件的过程。进一步细分,演化可分为"转化""蔓延""衍生""耦合"四种不同的演化机理。

"转化"是指事件B的发生是由事件A导致的,例如火灾引发建筑物门口的踩踏。

"蔓延"主要是指同类灾害不断发生,如航班的延误、火车的误点,往往一个误点带

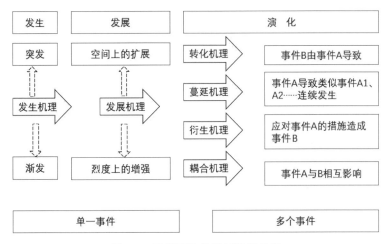

图 1-1　突发事件的发展演化机理

来一连串的误点。

"衍生"主要是指因为应对某个事件而采取的一些不当措施会引发另外的事件,很可能后一事件比前一事件还要严重。比如,为了治疗皮肤过敏过量使用激素,最后导致骨质疏松等问题,就属于应对不当的情况。

"耦合"是指两个或两个以上的因素共同作用,导致突发事件进一步加剧。例如,火灾中,"火借风势,风助火威",风通过对火的方向、大小的影响使火灾加剧。

突发事件的动态发展也可以通过突发事件的生命周期来体现。但是突发事件的生命周期现象还很少有人论及,目前文献中常见的是危机生命周期理论,在突发事件的狭义定义中危机等同于突发事件。危机生命周期是指危机如同人的生命一般,有从潜伏到消亡的全过程。在这个生命周期里,危机随着时间的变化而变化。

危机生命周期理论中较为著名的是斯蒂文·芬克的危机四阶段模型。芬克在1986 年提出的这一模型被称为危机传播四阶段模型,即危机传播要经历征兆期(prod-romal)、发作期(breakout)、延续期(chronic)、痊愈期(resolution)四个阶段。

目前,流行的危机传播四阶段模型通常用于表示危机生命周期,划分为潜伏期、暴发期、持续期和解决期(见图 1-2)。

第一阶段:危机潜伏期。潜伏期是危机处理最容易的阶段,却是最不为人所知的阶段。

第二阶段:危机暴发期。暴发期是四阶段中时间最短却让人感觉最长的阶段,它对人们心理造成的冲击也是最严重的。

第三阶段:危机持续期。持续期是四个阶段中危机持续发挥破坏力的阶段。如果危机管理运作恰当,将会极大地缩短这一阶段的时间。

第四阶段:危机解决期。解决期是从危机的影响中完全解脱出来的阶段。但是此阶段仍须保持警惕,因为危机可能会去而复返。

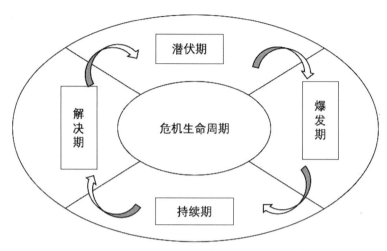

图 1-2　危机生命周期模型

危机生命周期理论的价值在于通过对危机的症候学研究或过程学研究来寻求与各阶段相适应的应对策略。其内涵是:危机(突发事件)是有迹可寻的,但不一定是线性发展的;危机处理的时间起点越早越好,最好能够让危机永远无法形成,或一形成就被处理掉;不同的危机阶段有其不同的特征,能辨识端倪才能有效处理危机。

二、我国对突发事件的分期与处置

综合国际经验并结合中国自身的特点,《突发事件应对法》和《总体应急预案》将突发事件的发展过程划分为预防与应急准备、监测与预警、应急处置与救援、事后恢复与重建四个阶段(见表 1-5)。

表 1-5　突发事件分期与处置

分期	发展过程	机制设置	内　容
酝酿期	预防与应急准备	防范事件的发生	应急预案体系 城乡规划符合预防与应急管理的需要 预防并防范潜在隐患 完善应急培训、演练、教育体系,确保应急人员、 　物资、经费保障 建立巨灾风险保险体系 人才培养与科学开发 ……
暴发期	监测与预警	及时控制事件并防止其蔓延	突发事件信息系统 突发事件信息收集、报告、评估制度监测制度 预警制度 社会安全事件信息报告制度 ……

续表

分期	发展过程	机制设置	内　　容
缓解期	应急处置与救援	最大限度地降低事件带来的损失	应急处置机制 各类事件应急处置措施 应急协作机制信息发布 禁止编造、传播虚假信息 群众性基层自治组织应急职责 有关单位的应急职责 公民应当履行的义务 ……
善后期	事后恢复与重建	尽快恢复正常秩序并从灾难中学习	损失评估和组织恢复重建 支援恢复重建 善后工作 调查、应急处置工作总结 ……

资料来源：(1)《中华人民共和国突发事件应对法》，2007年11月1日颁布实施；(2)《国家突发公共事件总体应急预案》，2006年1月8日向社会发布。

任何一个突发事件都有一个酝酿、暴发、缓解、善后的过程。本书将突发事件按照以上四个过程进行分期。通过对突发事件分期，可以将政府及有关部门的任务分解到不同的阶段，科学地设置各个阶段的应急管理机制及其具体内容。

(一)酝酿期：预防与应急准备

预防事件的发生，是突发事件管理的内在要求。预防与应急准备工作是应对突发事件的基础性工作，做好这一工作，一方面可以避免事件的发生，另一方面即使事件发生，也可以有效减少人员伤亡和财产损失。

(二)暴发期：监测与预警

许多突发事件的发生都是有苗头和征兆的。监测与预警的意义在于，经由科学的分析和判断之后，可以做到早发现、早报告、早预警、早处置，大量的突发事件就可能被消除或者控制在萌芽状态，一般突发事件不至于演变成重大突发事件；健全的预警制度是做好突发事件应急响应的依据，面对不可预测的事件演变过程，政府相应做出行为调整并让公众知晓，这不仅是应对突发事件的需要，也是降低管理成本、保护行政相对人权益的措施之一。

(三)缓解期：应急处置与救援

突发事件发生后，首要的任务是进行有效处置，最大限度地减少损害，防止事态扩大和次生、衍生事件的滋生。这就包括采取各类控制性、救助性、保护性、恢复性的应急措施，建立社会各方面的应急协作机制，明确公民的应急责任与义务等。

(四)善后期：事后恢复与重建

在处置工作结束后，争取尽快恢复生产、生活秩序，制定恢复重建计划并修复公共设施；同时，还要进行整体的、系统的评估以便于从灾难中学习，避免将来类似事件的发生或者降低同类事件带来的损失。

需要强调的是，应急管理的周期（预防与应急准备—监测与预警—应急处置与救援—事后恢复与重建）是一个循环的、无始无终的过程。科学的恢复与重建，就是最好的预防与准备；实事求是的总结评估，会提高今后的监测预警和应急处置水平。所以，加强应急管理可以从突发事件的任何一个阶段切入，而不要过分教条地按部就班、循规蹈矩。

第五节　突发事件与应急管理

自 2003 年"非典"以后，我国应急管理工作经过多年的发展，逐步形成了以"一案三制"为基础的基本框架。一案是指应急预案；三制主要是指体制、机制和法制。应急预案、应急管理体制、机制和法制四个核心要素之间相互作用、互为补充，共同构成了一个复杂的系统。总的来看，体制是基础，机制是关键，法制是保障，预案是前提。

一．应急预案

应急预案即预先制订的紧急行动方案，是指根据国家和地方的法律、法规和各项规章制度，综合本部门、本单位的历史经验、实践积累和当地特殊的地域、政治、民族、民俗等实际情况，针对各种突发事件而制订的一套能切实迅速、有效、有序解决突发事件的行动计划或方案，从而使政府应急管理工作更为程序化、制度化，做到有法可依、有据可查。预案一般规定了事前、事发、事中、事后各个环节中，谁来做、怎么做、何时做、用什么资源做等策略方面的问题。预案是应急管理行动过程中的地图，对应急管理行为具有较强的指导意义。

二、应急管理体制

应急管理体制主要指国家机关、部队、企事业单位、社会团体等应急管理中利益相关方在突发事件防范、处置和善后等过程中，在机构设置、权力划分、职能配置等方面的体系、制度、规范、方法、形式等的总称。应急管理体制是一个由横向机构和纵向机构、政府组织与社会组织相结合的复杂系统，包括应急管理的领导指挥机构、专项应急指挥机构、日常办事机构及专家智囊机构等不同的组织层次。根据《突发事件应对法》《总体应急预案》，我国应急管理体制执行"统一领导、综合协调、分类管理、分级负责、属地管理为主"的运行体制。

三、应急管理机制

应急管理机制是指在突发事件应急管理过程中,应急管理体制运行的一些程序化、规范化和制度化的方法和策略。从内涵上看,应急管理机制是一组以相关法律、规则和部门规章等为基础的应急管理工作流程。从外在形式上看,应急管理机制体现了政府应急管理的各项具体职能。我国应急管理机制具有"统一指挥、反应灵敏、协调有序、运转高效"的特点,具体包括突发事件预防与应急准备、监测与预警、应急处置与救援、事后恢复与重建等方面的运行机制。

四、应急管理法制

应急管理法制是指与应急管理相关的法律、法规和规章,即在突发事件引起的公共紧急情况下处理国家权力之间、国家权力与公民权利之间、公民权利之间各种社会关系的法律规范和原则的总和,其核心与主干是宪法中的紧急条款及统一的突发事件应对法或紧急状态法。应急管理法制是突发事件应对过程中的法律依据,用以规范公共权力,保障公民的合法权益,在突发事件应急管理过程中平衡公共利益和私人权益之间的关系,以实现应急管理工作的法制化。

思考题

1.试述突发事件的主要特征。
2.突发事件的分类要注意哪些问题?
3.突发事件分级的难点及意义在哪里?
4.什么是突发事件管理的"一案三制"?
5.试述突发事件的分期。

第二章

应急管理

第一节　应急管理的发展阶段

一、应急管理探索期

进入 21 世纪后,人类向后工业社会加速迈进。全球化、工业化、信息化、城市化使得风险出现变异:第一,风险具有高度的不确定性,其缘起、发展路径与未来方向均不明确,往往"来无影、去无踪";第二,风险具有高度的流动性,可以借助全球化对时空的挤压作用,让一切边界都失去意义;第三,风险具有高度的复杂性,其演进往往产生"蝴蝶效应",不遵从线性规律,一个微小的扰动可能会导致复杂系统的瘫痪。人类在经济社会发展过程中制造并释放出惊人的能量、速度,并反作用于人类自身。同时,人类社会由于结构复杂、高度流动、严重依赖技术、快速城市化等原因,在突发事件面前变得越来越不堪一击,脆弱性明显升高。

人类进入 21 世纪后遭遇的第一起重大突发事件就是美国的"9·11"事件。恐怖分子劫持远距离、长航时民用客机,对超级大国进行非对称的袭击,取得了以小博大的效果。人们朦胧地觉察到,21 世纪的风险不同于 20 世纪。2003 年,"非典"疫情暴发,造成全世界的混乱。这两起重大突发事件警示人们,必须面对高度复杂、高度不确定的风险。

2003 年"非典"事件发生后,我国踏上了现代应急管理建设的征程。现代应急管理是综合性的:从主体看,它包括政府、企业、社会组织与公民个人;从过程看,它包括减缓、准备、响应、恢复几个阶段;从客体看,它包括自然、技术、生物、人为风险及其引致的各类突发事件。

我国应急管理的核心被表述为"一案三制",即应急预案与应急体制、机制、法制。经过不懈努力,在应急预案建设方面,我国形成了"横向到边、纵向到底"的预案体系;在体制方面,从国务院到县级人民政府办公厅或办公室都内设了应急管理办公室(以下简称"应急办");在法制方面,我国颁布实施了《突发事件应对法》。客观地讲,"一案三制"对我国现代应急管理的顺利起步功不可没。我国应急管理探索期主要经历了以下几个过程。

(一)中国应急管理起步之年——2003 年

2003 年 4 月 13 日,在全国非典型肺炎防治工作会议上,温家宝提出"沉着应对,措施果断;依靠科学,有效防治;加强合作,完善机制"的工作总要求。4 月 14 日,温家宝主持召开国务院常务会议,提出要建设突发公共卫生事件反应机制,做到"中央统一指挥,地方分级负责;依法规范管理,保证快速反应;完善检测体系,提高预警能力;改善基础条件,保障持续运行"。7 月 28 日,在全国防治"非典"工作会议上,党中央、国务院第一次明确提出,政府除了常态管理以外,要高度重视非常态管理。同年 11 月,国务院成立了应急预案工作小组,重点推动突发公共事件应急预案编制工作和应急体制、机制、法制建设工作。

(二)中国应急预案编制之年——2004 年

2004 年 3 月 25 日,国务院办公厅在郑州召开"部分省(市)及大城市制订完善应急预案工作座谈会",确定把围绕"一案三制"开展应急管理体系建设,制定突发公共事件应急预案,建立健全突发公共事件的体制、机制和法制,提高政府处置突发公共事件能力,作为当年政府工作的重要内容。4 月 6 日和 5 月 22 日,国务院办公厅分别印发了《国务院有关部门和单位制定和修订突发公共事件应急预案框架指南》和《省(区、市)人民政府突发公共事件总体应急预案框架指南》。

(三)全面推进"一案三制"工作之年——2005 年

2005 年 1 月 26 日,国务院常务会议审议并原则通过《国家突发公共事件总体应急预案》。3 月 23 日,中央军委召开"军队处置突发事件应急指挥机制会议"。4 月 17 日,国务院正式下发《国家突发公共事件总体应急预案》[国发〔2005〕11 号]。6 月 7 日,国务院、中央军委公布《军队参加抢险救灾条例》,该条例从 7 月 1 日起实施。7 月 22 日,国务院在北京召开首次"全国应急管理工作会议",会议要求各地成立应急管理机构,会议指出加强应急管理工作要遵循的原则包括:健全体制,明确责任;居安思危,预防为主;强化法治,依靠科技;协同应对,快速反应;加强基层,全民参与。这次会议标志着我国应急管理工作进入了一个新的历史阶段。12 月,国务院成立应急管理机构,即国务院应急管理办公室(国务院总值班室),履行应急值守、信息汇总和综合协调的职能。

(四)全面加强应急能力建设之年——2006 年

2006 年 3 月,第十届全国人大四次会议审议通过的《中华人民共和国国民经济和社会发展第十一个五年规划纲要》将"公共安全建设"列为专节,应急管理工作首次被列入国家经济社会发展规划。5 月,国务院第 138 次常务会议原则通过了《突发事件应对法(草案)》。7月,国务院发布《国务院关于全面加强应急管理工作的意见》,提出了加强"一案三制"工作的具体措施。7月7—8日召开的第二次全国应急管理工作会议特别要求:在"十一五"期间,建成覆盖各地区、各行业、各单位的应急预案体系;健全分类管理、分级负责、条块结合、属地为主的应急管理体制;构建统一指挥、反应灵敏、协调有序、运转高效的应急管理机制;完善应急管理法律法规;建设突发公共事件预警预报信息系统和专业化、社会化相结合的应急管理保障体系;形成政府主导、部门协调、军地结合、全社会共同参与的应急管理工作格局。9月,国家安监总局、国务院国资委在南京扬子石化公司召开中央企业应急管理和预案编制工作现场会,推动应急管理"进企业"工作。12月31日,国务院应急管理专家组正式成立。

(五)基层应急管理工作之年——2007年

2007年5月,全国基层应急管理工作座谈会在浙江诸暨召开,会议指出,要建立起"横向到边、纵向到底"的应急预案体系;建立健全基层应急管理组织体系,将应急管理工作纳入干部政绩考核体系;建设"政府统筹协调、群众广泛参与、防范严密到位、处置快捷高效"的基层应急管理工作体制;深入开展科普宣教和应急演练活动;建立专兼结合的基层综合应急队伍;尽快制定完善相关法规政策。8月30日,《突发事件应对法》发布,并于11月1日起正式实施,这标志着应急管理工作在规范化、制度化和法治化的道路上迈出了重大步伐。

(六)中国应急管理大考之年——2008年

2008年对于中国来说是不同寻常的一年。年初,我们遭遇了南方低温雨雪冰冻害;5月,又经历了汶川地震;8月,成功举办了北京奥运会,实现了"平安奥运"的目标。中国应急管理经受了严峻的考验。6月8日,国务院颁布《汶川地震灾后恢复重建条例》。10月8日,在全国抗震救灾总结表彰大会上,胡锦涛总结汶川地震抗震救灾的三个历史之最,称其是中国历史上救援速度最快、动员范围最广、投入力量最大的抗震救灾斗争,最大限度地挽救了受灾群众的生命,最大限度地减低了灾害造成的损失。他还提出要弘扬"万众一心、众志成城,不畏艰险、百折不挠,以人为本、尊重科学"的伟大抗震救灾精神。

(七)中国应急管理巩固提高之年——2009年

2009年,中国应急管理完成了新中国成立60周年庆典安保工作,经受了乌鲁木齐事件的考验。10月18日,国务院办公厅公布了《关于加强基层应急队伍建设的意见》。同年,中德合作建立的中国应急管理基地在国家行政学院揭牌。

从2003年到2008年,我国现代应急管理事业从无到有、快速发展,表现出了蒸蒸日上的势头。2009年之后,应急管理事业平稳发展,在巩固中提高。

二、应急管理开创期

（一）应急管理改革的背景

党的十八大之后，我国成立了中央国家安全委员会，颁布了新的《国家安全法》《反恐法》《网络安全法》等重要法律，安全体制发生重大变化。在官方重要文件中，虽然"应急管理"出现的频次减少，但"国家安全""公共安全""风险"成为热词。安全既指主观上感觉不到威胁、客观上不存在危险的状态，也指维护这种状态的能力。为了有效维护国家安全、公共安全的状态，必须加强应急管理以形成维护国家安全与公共安全的能力。在官方话语中，防灾减灾、安全生产、食药安全、化解社会矛盾等成为确保公共安全的重要领域，屡被提及。对安全的强调，反映了党和政府主动防范风险、避免被动应对的倾向，预示着应急管理改革即将到来。

更为重要的是，巨灾应对模式发生了变化，属地为主、分级负责的特点更加明显，综合防灾减灾救灾能力提升，这在雅安芦山地震和云南鲁甸地震救援中得以体现。安监部门积极探索安全生产体制改革，"党政同责，一岗双责""管生产管安全，管行业管安全"等新观念深入人心，城市安全发展被列入工作议程之中；卫生应急管理以能力与体系建设为核心，着力提升突发公共卫生事件和紧急医学救援处置能力；公安部门着力打造立体化社会治安防控体系；等等。

（二）应急管理部的设立

2018年，在新一轮国务院机构改革中，国家将安监、应急、消防、救灾、地质灾害防治、水旱灾害防治、草原防火、森林防火、震灾应急救援等职责跨部门整合在一起，组建应急管理部，涉及国家安监总局、国务院办公厅、公安部、民政部、国土资源部、水利部、农业部、国家林业局、中国地震局等部门。而且，此次改革将国家防汛抗旱总指挥部、国家减灾委员会、国务院抗震救灾指挥部、国家森林防火指挥部的职责一并加以整合。"9+4"结构体现了我国将主要的自然灾害与事故灾难应急职能加以统筹考量的应急体制改革思路，在很大程度上有利于提升应对复杂性突发事件的能力。

（三）组建应急管理部的意义

1.有利于加强灾害事故应急管理的统筹协调

目前，我国正处于经济转轨、社会转型的关键时期，各种自然灾害与事故灾难频繁发生，给公众的生命、健康与财产安全造成了严重的威胁。现代应急管理最大的特征是整合性，即需要具备强大的统筹协调能力。但以往我国灾害应对存在严重碎片化的问题：民政部负责灾害救助，国土资源部负责地质灾害防治，水利部负责水旱灾害防治，农业部负责草原防火，国家林业局负责森林防火，中国地震局负责震灾应急救援等；为了协调应对自然灾害，我国成立了防汛抗旱指挥部、减灾委、抗震救灾指挥部、森林防火指挥部等高层次议事协调机构，体制叠床架屋，十分繁杂。此次国务院机构改革将分散于多个部门的自然灾害应急职责加以统筹并与安监部门整合,组建应急管理部,便于统一领导和指挥,可以提高应急管理的统筹协调水平。

2.有利于提高灾害事故应急管理的专业能力

作为国务院组成部门,应急管理部的正部级机构设置高于原国务院应急办司局级的规格。并且,新组建的应急管理部的10位领导中有3位是正部级干部,规格较高。地方政府设立对应的应急机构,上下形成一个具有凝聚力和归属感的系统,有利于稳定应急管理队伍,使应急经验得以持续积累。同时,应急管理的专业性也会不断凸显。

3.有利于实现灾害事故应急救援资源的整合

长期以来,公安消防主要从事火灾扑救工作及社会救援工作,受武警总部与公安部的双重领导。《突发事件应对法》规定,县级以上人民政府建立综合性应急救援队。从各地实践来看,综合性应急救援队主要依托公安消防部队而建。武警森林部队主要从事森林火灾扑救,受武警总部与国家林业局的双重领导,主要分布于东三省、内蒙古、云南等地。按照"军是军,警是警,民是民"的武警改革原则,公安消防部队、武警森林部队进行转制,转制后与安全生产、地震应急等应急救援队伍一道,由应急管理部统一管理,这可以实现多种应急救援力量的整合,产生"1+1>2"的效应。不仅如此,应急管理部还将统筹应急物资的储备。历史上,许多应急部门都储备了一定数量的应急物资,但相互之间因部门分割而缺少共享、共用,造成了物资的重复储备或储备的空白。应急管理部成立之后,与新成立的国家粮食和物资储备局合作,整合分散于各个部门的应急物资,提高物资储备与使用的效率,降低储备成本。

4.有利于灾情信息的统一收集与发布

以往,面对同一场自然灾害,应急、减灾、防汛抗旱等部门都建立自成体系的灾情收集与报告制度,但经常出现灾情统计数字差异较大的问题,给应急决策者带来很大的困扰。灾情信息决定着应急力量与资源的调配范围与速度,是避免应急响应不足或应急响应过度的重要依据。应急管理部有条件统一各个应急信息平台,建立整合的灾情报告系统,并统一发布灾情信息。

5.有利于形成对灾害事故风险整合式治理的局面

应急管理部既负责指导火灾、水旱灾害、地质灾害等的防治,也负责安全生产综合监督管理和工矿商贸行业安全生产监督管理。自然灾害也可能导致事故灾难。比如2016年6月23日下午,江苏省盐城市阜宁县遭遇特大龙卷风袭击,风力超过17级。此次灾害不仅造成99人死亡、846人受伤,还造成基础设施严重损毁。阜宁县40条高压供电线路受损,部分地区通信中断,城东水厂因供电设备毁损而停止供水。此外,阿特斯协鑫电力科技有限公司厂房坍塌,还导致危险化学品泄漏。

6.有利于弥补风险监管的缝隙

整合组建应急管理部,可以避免以前存在的责任不清、相互扯皮问题,有利于对灾害事故原因进行实事求是的调查评估,进而弥补风险监管的缝隙。例如,在现实中,消防与安监两个部门经常会对同一起突发事件是生产安全责任事故还是消防安全责任事故出现纠缠不清的纷争,这不利于多部门对灾害事故风险进行整合式治理。应急管理部的组建将有效地解决这一问题,便于多部门合力治理风险,消除监管的盲区与空白。

7.体现了优化、协同、高效的原则

优化即科学合理、权责一致。新组建的应急管理部有足够的权力与权威,统筹应对自然灾害与事故灾难类突发事件。协同,即有统有分、有主有次。新组建的应急管理部并没有将公共卫生与社会安全事件处置职能纳入其中。未来,应急管理部、卫生健康委员会、公安部将在应急管理领域协同作战,彼此密切配合。高效即履职到位、流程畅通。应急管理部应重构应急管理流程,整合相关力量,使之产生"化学反应"和协同效应,努力实现我国应急管理跨越式发展。

2018年是应急管理部和地方应急管理厅(局)组建之年,也是新时代应急管理工作开局之年。这一年,我国应急管理事业取得了骄人的战绩:在自然灾害方面,因灾死亡失踪人口、倒塌房屋数量、直接经济损失比前5年平均值分别降低了60%、78%、34%;在安全生产方面,事故总量、较大事故、重特大事故与2017年相比,同时实现"三下降"。

当然,应急管理改革也面临着一系列的困难。习近平总书记强调,改革开放只有进行时,没有完成时。改革是由问题倒逼而产生的,又在不断解决问题中得以深化。改革进程中的矛盾只能用改革的办法来解决,组建应急管理部是中国应急管理发展的重大机遇。

第二节 应急管理的内涵与外延

一、应急管理的内涵

应急管理可以理解为,政府及其他公共机构、企事业单位在突发事件的事前预防、事发应对、事中处置和善后恢复过程中,通过建立必要的应对机制,采取一系列必要措施,应用科学、技术、规划与管理等手段,保障公众生命、健康和财产安全,促进社会和谐健康发展的有关活动。

应急管理的对象不仅包括常规性的突发事件,也囊括了重大的、影响生死存亡的事件或状态。虽然"应急管理"也注重理论的建构,但它更多的是在实务或操作层面上使用这一概念。

从管理主体看,我国强调"党委领导、政府负责、社会协同、公众参与"。应急管理是社会管理的重要内容,强调"政府主导、社会参与"。《突发事件应对法》第七条第一款规定:县级人民政府对本行政区域内突发事件的应对工作负责;涉及两个以上行政区域的,由有关行政区域共同的上一级人民政府负责,或者由各有关行政区域的上一级人民政府共同负责。第十一条第二款规定：公民、法人和其他组织有义务参与突发事件应对工作。例如，在 2008 年的"5·12"汶川大地震中，中国政府组织了高效的应急救援和"对口支援"，大量非政府组织和志愿者也积极配合政府参与应急救援与灾后重建，取得了抗震救灾的伟大胜利。

从管理客体看，应急管理强调对突发事件的综合管理。按照《突发事件应对法》第三条规定，应急管理的客体包括自然灾害、事故灾难、公共卫生事件和社会安全事件，应急管理是对上述四类突发事件的综合管理。

从管理过程看，应急管理强调对突发事件全过程的管理。按照《突发事件应对法》的规定，应急管理包括突发事件的预防与应急准备、监测与预警、应急处置与救援、事后恢复与重建四个过程，应急管理工作贯穿全过程，并充分体现"预防为主、常备不懈"的应急管理理念。

综上所述，应急管理是针对各类突发事件（包括自然灾害、事故灾难、公共卫生事件和社会安全事件），从预防与应急准备、监测与预警、应急处置与救援到事后恢复与重建等全方位、全过程的管理。

二、应急管理的外延

"应急管理"的含义可以拓展为"大"应急。什么是"大"应急呢？"急"即急事，也就是灾害事故。"应"是指应对、应付，也就是如何处置与"急"相关的事件。"应"和"急"就是"防"与"救"的关系。从"防"与"救"来理解的应急是全灾种、大应急。"大"则包含多方面的含义：

（1）研究范围"大"：包括安全生产、防灾减灾救灾、抢险救援等各项应急管理工作。

（2）研究过程"大"：应急管理是一种全过程管理。突发事件的响应和处置离不开常态下的应急准备，特别对于常规性突发事件，应急响应和处置的效果主要取决于应急准备工作。因此应急管理不仅包括非常态下的工作，还包括常态下的应急工作。也就是说，应急管理应当包括在突发事件发生之前的准备工作、突发事件发生之后的响应工作（如疏散、隔离、应急处置等），以及突发事件发生之后的社会支持、恢复及重建工作。

（3）研究内容"大"：应急管理是一种综合性的管理活动。具体而言，应急管理应该包括应急预案体系建设、应急设备和基础设施建设、危险源与风险监测、隐患排查与防范、应急演习演练、应急宣传和培训、应急公众教育、应急科学和技术发展、预警与应急救援设备设施建设和维护、应急救援队伍建设、应急储备建设、预测与预警、应急处置、恢复与重建、应急保障，以及应急责任追究与奖惩等与突发事件应急直接或间接相关的多项内容。

总之，大应急管理就是全灾种的防范、救助、救援一体化的综合减灾管理。

第三节　应急管理与风险管理、危机管理

一、应急管理与风险管理

(一)应急管理与风险管理的区别

风险原是早期资本主义商贸航行的一个术语,意思是冒险进入未知领域,后成为商业行为和金融投资中的常用概念。而风险管理最早起源于20世纪的美国——1931年美国管理协会提出"风险管理"概念。20世纪70年代,生产事故的频频发生使得科学家开始把风险概念应用于技术性事故。

应急管理主要是针对非常态管理,而风险管理则是居于常态管理与非常态管理的中间地带,主要解决如何防范和应对各种风险,以避免演化为突发公共事件和危机。也就是说"应急管理"是全过程管理,既要高度警惕"黑天鹅"事件,也要防范"灰犀牛"事件;既要有防范风险的先手,也要有应对和化解风险挑战的高招;既要打好防范和抵御风险的有准备之战,也要打好化险为夷、转危为机的战略主动战。

(二)应急管理与风险管理的联系

《突发事件应对法》第一次从法律的高度对风险评估提出要求:第五条明确规定"国家建立重大突发事件风险评估体系,对可能发生的突发事件进行综合性评估,减少重大突发事件的发生,最大限度地减轻重大突发事件的影响";第二十条第一款规定"县级人民政府应当对本行政区域内容易引发自然灾害、事故灾难和公共卫生事件的危险源、危险区域进行调查、登记、风险评估,定期进行检查、监控,并责令有关单位采取安全防范措施"。

风险管理主要解决如何防范和应对各种风险,以避免演化为突发事件和危机事件。如果防范不及时、应对不力,就会传导、叠加、演变、升级,使小的矛盾风险发展成大的矛盾风险,局部的矛盾风险演变为系统的矛盾风险,国际上的矛盾风险演变为国内的矛盾风险,经济、社会、文化、生态领域的矛盾风险转化为政治矛盾风险,最终危及党的执政地位,危及国家安全。

"风险"包括两个基本要素:不利后果与可能性。其中,"不利后果"包括客观和主观两个方面,即可能产生的客观损失(人员伤亡、经济损失、环境影响等)和可能造成的主观影响(人群心理影响、社会影响、政治影响等)。当今社会,风险往往具有不利性、不确定性和复杂性的三维特征。

风险管理的对象是"风险",其主要特性是对风险的不确定性和可能性进行管理,因

此要实现应急管理活动的向前延伸,就需要实现从更基础的层面对"能带来损失的不确定性"(风险)进行超前预防与处置,从而实现应急管理工作真正意义上的"关口前移""防患于未然"。

从功效来讲,风险管理比应急管理更能从根本层面(基础规划、制度、城市软硬件建设)避免损失的产生。风险管理的最佳功效是"超前预防",即尽量避免和减少人类活动与"灾害性"环境之间的互动,也就是尽量降低"致灾因子"产生的可能性,从最根本的层面防止突发事件及其损失的产生。而一旦出现"风险源",风险管理的主要任务则变为评估和分析风险产生的可能性及造成损失的概率,通过相应手段减少、降低、消灭这些可能性和概率,达到减少损失的目的。一旦"风险"转化为"突发事件",损失便难以避免,此时就需要采取有效的应急管理措施,力争将损失减少到最低。

从管理层级来看,风险管理的本质是战略管理,而应急管理则更多的是一种行动策略。因此,风险管理能够在更基础层面实现管理的优化。风险管理通过对环境和"风险源"的仔细分析与评估,制定出处理"潜在损失"的系统性规划(其中包括最基础的规划),从根本上杜绝和防止危害的产生,由此实现整体管理的优化。而应急管理是在"突发事件"发生后,按照既定预案或方案重新组合资源来进行应对,这通常导致在非常有限的时间、信息和资源压力之下做出决策,因此很难保证资源配置的科学性和最优。

风险管理工作的终点有两种可能:如果风险源被成功消除或控制,则重新进入常态管理和风险管理的起点(也就是风险管理准备阶段);如果风险处置失败,"潜在的危害"转化为"突发事件",则立刻进入应急管理过程,此时,风险管理工作的终点就是应急管理工作的起点(监测预警)。

由此可见,要实现应急管理工作"关口前移"的目标,不应当仅做好"监测预警"(也就是防止"风险"转化为"突发事件"这一阶段)的工作,而应当将关口"再前移",从根本上防止和减少风险源、致灾因子的产生,也就是满足风险管理工作"超前预防"的目的。所以,风险管理是针对风险发生的可能性及其后果,综合考虑法律、政治、社会、经济等因素,从风险管理准备、风险识别、风险评估到风险处置,并在各环节中进行风险沟通、风险监测与更新的动态管理。在管理工作中有必要建立相应的机制与规则,确保应急管理与风险管理的有效衔接。

二、应急管理与危机管理

(一)应急管理和危机管理的区别

从研究范围或任务来看,应急管理比危机管理范围更广。一些学者从应急管理的范围或任务定义危机管理。格林(Green)注意到,危机管理的一个特征是"事态已经发展到无法控制的程度"。一旦发生危机,时间因素非常关键,减少损失将是主要的任务。危机管理的任务是尽可能控制事态,把损失控制在一定的范围内,在事态失控后要争取重新控制住。收集、分析和传播信息是危机管理者的直接任务。危机发生的最初几小时(或危机持续时间很长时的最初几天),管理者应同步采取一系列关键的行动:甄别事实,深度分析,控制损失,加强沟通等。

从涉及的学科领域来看,危机管理需要公关方法和技巧,技术只是辅助因素;而应急管理则需要优化与决策理论、信息技术、经济学、管理学、社会学等多门学科的支撑。

从研究的广度来看,危机管理处理的事件更为宏观,而且影响面更广,可能造成的损失更大。但是通过恰当的处置方式,仍然有机会挽回潜在的损失,使事件不至于造成不可挽救的后果。应急管理则是应对各种突发性事件,对曾经造成过损失的情况进行的管理,研究的重点是对突发事件的缓解、准备、响应和恢复。

(二)危机管理和应急管理的联系

应急管理更多属于公共管理的范畴,是一个发展与执行公共政策和政府活动的过程,而危机管理包含评价、理解与应对各种严重危机情景的技术和技能等,主要是针对从事件发生之时直到恢复开始的过程。应急管理的范围与其所对应的突发事件一样,要比危机管理涉及的范围广,大量非危机性突发事件需要纳入应急管理的范畴中。

从管理对象来看,应急管理涵盖危机管理;而从管理主体来看,危机管理涵盖应急管理。

从目的来看,应急管理与危机管理并无差异。无论是危机管理还是应急管理,它们的目的都是最大限度地降低人类社会悲剧的发生。

第四节　社会治理与应急管理

一、国家安全与应急管理

目前,我国正处于经济转型、社会转轨的关键时期。同时,在经济全球化的国际背景下,我国工业化、城市化、信息化迅猛发展,各种可以预见和不可以预见的风险相互关联、耦合、互动、叠加,重特大自然灾害与事故灾难频繁发生,给社会公众的生命、健康与财产造成了严重的损失,也考验着党和政府的治理能力。

为了应对挑战,在新一轮党和国家机构改革中,我国整合自然灾害与事故灾难应对的主要职责,成立了全新的应急管理部。这是中国应急管理史上的一个重要里程碑。应急管理部的成立是我国防范化解重大安全风险、进一步完善公共安全体系的重要举措和宝贵机遇,有助于实现国家治理体系和治理能力的现代化。习近平关于安全生产、防灾减灾救灾和应急救援等应急管理的重要论述是习近平新时代中国特色社会主义思想的重要组成部分,是新时代应急管理工作的战略指针和思想之基。

应急管理与国家安全息息相关。党的十八大以来,党中央对国家安全工作高度重视,成立了高层次的议事协调与决策机构——中央国家安全委员会。在传统语境下,国家安全意味着国家的对外安全,公共安全则主要指国家的内部安全,即社会公共安全。彼时,应急管理作为确保社会公共安全的重要手段,与国家安全的分界线一清二楚。但是,在总体国家安全观视角下,国家安全要统筹应对内外威胁。换言之,公共安全是国家安全的重要组成部分。

相对而言,国家安全是一个政治概念,而公共安全是一个社会概念。但是,在新时代,坚持总体国家安全观要提升应急管理能力、有效维护公共安全,因为"公共安全是国家安全的重要体现,一头连着经济社会发展,一头连着千家万户,是最基本的民生。要牢固树立安全发展理念,自觉把维护公共安全放在维护最广大人民根本利益中来认识,放在贯彻落实总体国家安全观中来思考,放在推进国家治理体系和治理能力现代化中来把握"。未来,应急管理部门要以总体国家安全观为指导,从维护国家安全的立场出发,探索、把握应急管理的科学规律,把较为抽象的政治责任具象化为扎实、细致的风险防范与突发事件应对的制度、政策。

(一)中国国家安全战略管理体系建设的背景

"国家安全战略"的概念是英国军事理论家利德尔·哈特首次提出的,他在1929年出版了《历史上的决定性战争》一书,认为军事战略是国家安全战略在较低一级的运用。1947年,美国通过《国家安全法》,根据该法设立了国家安全委员会,1949年改革成为直属总统领导的白宫独立办事机构,是美国国家安全问题的最高决策机构。作为总统顾问机构,国家安全委员会统一考虑并负责向总统提出有关国家安全的内政、外交和军事政策的意见,事实上就是美国"国家安全战略"。1986年美国国会通过《戈德华特-尼科尔斯国防部改组法》,其中第603款委托总统每年向国会提交一份正式的《国家安全战略报告》,这是国家安全战略作为一个概念正式出现在美国的官方文件中,也是美国国家安全战略制定与颁布的源头。1997年美国《军语及相关术语》正式对国家安全战略进行了界定。

作为一份重要的反映美国安全战略的文件,《国家安全战略报告》分为机要件(针对国会)及公开件(针对民众)两种形式,相关法律还建议《报告》应包括如下内容:界定(世界范围内)对美国国家安全至关重要的利益与目标;全面描述阻止侵略和实践美国国家安全战略所必需的外交政策、国际承诺以及国防能力;提出利用美国政治、经济、军事以及国家力量保护和推动这些利益与目标的短期与长期规划;提供对美国国家能力各组成部分平衡能力的评估,用以保证国家安全战略的执行。该法案颁布以来,美国总统并未严格执行该法案,报告经常是不定期地提交与发布,其内容和性质也逐步发生变化。截至2015年2月,美国一共发布了15份战略报告(见表2-1)。

表 2-1　美国战略报告

政府时期	报告份数	报告年份
里根政府	2	1988、1989
老布什政府	2	1990、1991
克林顿政府	7	《参与和扩展战略》(1994)(1995)(1996)、《面向新世纪战略》(1997)(1998)(1999)、《全球时代战略》(2000)
小布什政府	2	2002、2006
奥巴马政府	2	2010、2015

资料来源:郑毅,孙敬鑫.论奥巴马政府国家安全战略调整与中美关系[J].重庆社会主义学院学报,2011(1):33-38.

新中国成立以来的很长时间里,中国政府的政策话语中并没有"国家安全战略"这个概念,学术界用这个词进行学术研究的时间也不长。但没有使用这个概念(词)并不等于不存在它所包含的内容,中国政府使用的是"国防政策"一词,国防部发表的政策白皮书也称国防白皮书。1992 年,党的十四大在谈到"加强军队建设,增强国防实力"时,首次使用"国家安全"一词,开我国以公开文本讨论"国家安全"之先河。1993 年《中华人民共和国国家安全法》颁布实施,把危害国家安全的行为、国家安全机关事项提到议事日程上来,对国家安全工作中的职权、公民和组织维护国家安全的义务和权利等方面进行了界定。相关规定表明,中国的国家安全关注的核心是国内安全。2004 年,党的十六届四中全会通过的《中共中央关于加强党的执政能力建设的决定》提出,要"始终把国家主权和安全放在第一位,坚决维护国家安全。针对传统安全威胁和非传统安全威胁的因素相互交织的新情况,增强国家安全意识,完善国家安全战略,抓紧构建维护国家安全的科学、协调、高效的工作机制","国家安全战略"第一次明确出现在党的文件中。同年,国防部发表《2004 年中国的国防》白皮书,明确阐述了维护国家安全的基本目标与任务等相关战略。2007 年,党的十七大报告在明确军队建设对于国家安全的重要性的同时,强调"完善社会管理,维护社会安定团结",要做到"完善国家安全战略,健全国家安全体制……"。这不仅是"国家安全战略"概念首次出现在党的全国代表大会报告中,而且还提出了建立国家安全体制这一新的理念。2012 年,在党的十八大报告中,"国家安全"这一概念进一步被延伸到经济领域,同时还提出了要"完善国家安全战略和工作机制"。2013 年 11 月 12 日,党的十八届三中全会提出"设立国家安全委员会,完善国家安全体制和国家安全战略,确保国家安全"。至此,"国家安全战略"概念逐渐成为官方常用术语,围绕国家安全展开相应的体制、机制建设也被作为重要事项提到议事日程上来。

2014 年 4 月 15 日,习近平总书记在主持召开中央国家安全委员会第一次会议时提出,要准确把握国家安全形势变化新特点新趋势,坚持总体国家安全观,走出一条中国特色的国家安全道路。中央国家安全委员会的首次会议提出了坚持总体国家安全观,并首次系统提出了包括政治安全、国土安全、军事安全、经济安全、文化安全、社会安全、科技安全、信息安全、生态安全、资源安全、核安全共 11 种安全在内的"国家安全体系",强调国家安全的内外平衡,重视传统安全与非传统安全并举,以人为本,实现国土安全与国民安全的共同发展,使国家安全委员会的使命和定位日渐精确,对中央进一步锻造集中统一、高效权威的国安新体制有着重大的指导意义。

(二)国家安全相关概念及范畴界定

国家安全是国家生存与发展的基础。然而,我国国内外安全形势的巨大变化、传统与非传统安全的互相交织、信息社会带来的时空概念的巨大突破,特别是中国实力的大幅度提高、国际环境的深刻变革,使得我国建立在传统现实主义国际政治理论基础上的传统国家安全观已经显得不合时宜。因此,需要对传统安全观到现代安全观过渡和转变的特点、内容、趋势进行全面分析。

1.国家安全的定义及相关概念

目前,对于"国家安全"并没有一个统一的界定,引用较为权威的说法,"国家安全就是一个国家处于没有危险的客观状态,也就是国家既没有外部的威胁和侵害又没有内部的混乱和疾患的客观状态"。这是国家安全的基本含义。国家安全是随着国家产生而出现的一种社会存在和社会现象。从古到今,国家安全一直处于变化发展中,尤其在现代社会,国家安全的发展变化速度进一步加快,呈现出边界扩大化、内容与形式丰富化、问题复杂化的发展趋势。

关于国家安全的研究有许多概念需要从逻辑上进行批判性清理,按照理论研究的逻辑,可以把这些概念划分为三个层次(见表 2-2):国家安全基本理论、国家安全分支理论、国家安全研究相关的新概念。

表 2-2　国家安全理论研究相关的概念层次及其内容

概念层次	特点	概念内容
国家安全基本理论	国家安全研究走向科学的基本要素和条件	"国家""利益""安全""安全度""安全感""安全化""国家利益""国家安全""国家秘密""国家安全感""国家安全观""国家安全战略""国家安全保障""国家安全保障机制""国家安全保障体系"等
国家安全分支理论	国家安全研究相关的分支学科或专业领域,除运用基本理论外,还有专业理论或专业概念	"国家经济安全学""国家军事安全学""国家文化安全学""国家科技安全学""国家信息安全学""国家安全法学""国家安全保卫学""国际安全学""国内安全学""国家安全情报学""国家安全反间谍学"等,例如在"国家军事安全学"中,必然涉及"军事""国防""军事安全""国防安全""军事情报""军事工作""军事安全保障"等具有专业特色的概念
国家安全研究相关的新概念	复杂多变的安全现实和不断深入的安全研究促生的新概念	作为学科建设必须解决的"国家安全学""国家安全学科""国家安全情报学"等,以及涉及具体理论的"安全度""国家安全度""国家安全构成要素""国家安全原生要素""国家安全史前要素""国家安全伴生要素""国家安全派生要素"等

资料来源:①刘跃进."安全"及其相关概念[J].江南社会学院学报,2000(3):17-23;②刘跃进.国内关于安全是否具有主观性的分歧与争论[J].江南社会学院学报,2006(2):1-6.

2.国家安全战略的定义及其要素

当前,各国都有自己的国家安全战略,虽然提法各不相同,但内涵大体相同。综合目前的相关定义,可以将国家安全战略定义为:一个国家在特定历史条件下综合运用和发展政治、经济、军事、外交、文化、科技等各方面的资源与力量,应对核心挑战与威胁、维护国家安全利益与价值观、实现国家安全目标的全局性筹划与总体构想。由此可见,一般而言,国家安全战略必须解决三个方面的问题:国家生死攸关的安全利益何在?对这些安全利益的威胁与挑战是什么?如何才能运用国家的各种战略资源消除威胁、维护国家安全?结合全球发展趋势与中国现状来看,这些要素的内涵与外延、所覆盖的领域都更加丰富与复杂(见图 2-1)。

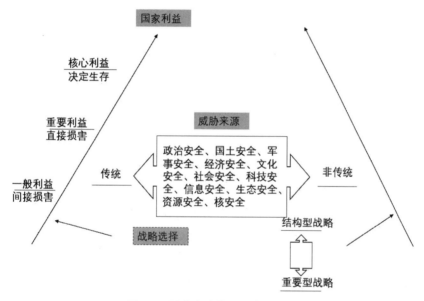

图 2-1 国家安全战略要素的组成

资料来源:①SAM C S,JOHN A W,STEPHEN J C. US National Security:Policy Makers,Processes & Politics.[M].4th ed. Boulder City:Lynne Rienner Publisher,2008;②潘忠岐.利益与价值观的权衡:冷战后美国国家安全战略的延续与调整[J].社会科学,2005(4):40-48;③唐永胜,佟明翔.结构型战略能力与中国国家安全[J].国际观察,2007(1):37-42.

二、舆情管理与应急管理

我国应急管理的发展是围绕"一案三制"展开的。其中,应急体制建设具有一定的刚性,决定着应急机制;应急法制建设是应急体制与机制建设经验的固定化与法律化,必须通过繁复的立法程序;应急预案具体反映应急机制的要求。而应急机制是一种应急的工作方式,在"一案三制"中处于承上启下的中观层次,具有很强的灵活性,创新空间比较大。因此,建立、健全机制是我国应急管理建设的重中之重。在突发事件应对机制建设的过程中,舆情监控的作用需要得到充分的发挥。

(一)舆情监控与监测预警

通过舆情监控,我们可以从中了解可能引发突发事件的风险源情况,对其发展态势进行研判。同时,通过舆情监控,我们可以了解社会公众的风险认知能力和行为倾向,进而以正确的渠道、精确的语言、适当的形式发布预警信息,促使社会公众及时采取响应行动,为应对突发事件做好准备。

《突发事件应对法》第三十八条第二款规定:"县级人民政府应当在居民委员会、村民委员会和有关单位建立专职或者兼职信息报告员制度。"信息报告员应当同时兼任舆情监测、收集员。

以海啸监测预警为例,其包括的主要步骤有:

(1)发现某一事件(如火山活动、地震等)可能引发海啸;

(2)观测或计算海啸的发生;

(3)绘制海啸影响路线图;

(4)确定将被海啸淹没的人口密集区;

(5)通知有关地区官员发出警报;

(6)通过各种渠道发出适当的警报;

(7)确保人们对警报做出适当、及时的响应。

(二)舆情监控与信息报送机制

从信息流向来看,突发事件信息报送可分为三类:信息的上报、信息的交流、信息的通报。其中,信息的上报是信息自下而上的流动,信息的通报是信息自上而下的流动。除了纵向对流之外,信息在横向上也存在着水平交换的关系,即信息的共享与交流。在突发事件的预防与应对过程中,政府部门可以通过舆情监控,主动获取有关突发事件的信息,并进行比较、甄别、梳理、分析,形成舆情快报,为科学决策提供第一手资料。从这个意义上看,舆情可以说是社会公众对突发事件信息未加筛选、整合的"报送"。因此,如果把信息报送与舆情监控结合起来,以舆情来印证、修正所报送信息,应急决策的科学性与准确性就更有保证。

(三)舆情监控与决策处置机制

在突发事件的应对过程中,舆情监控可以吸纳民智,形成群策群力、共赴危难的局面。突发事件具有很强的突发性和不确定性。由于政府组织结构是纤维状的,加之试错成本太高,导致政府应急的创新能力不足,灵活性差。舆情监控可以汲取民众智慧的养料,有助于应急管理部门做出科学决策,高效率地应对突发事件。

(四)舆情监控与信息发布机制

在突发事件应急管理中,舆情监控可以使政府及时掌握社会公众的心理动态,调整信息发布的侧重点,有针对性地对公众及时加以引导,使流言与谣言止于信息公开,防止社会过度恐慌。此外,舆情监控还能够使我们及时判断初次信息发布的效果,并根据社会公众的需求,进行补充发布或后续发布,实现信息发布的动态化与持续化。

(五)舆情监控与社会动员机制

通过舆情监控,政府汇集、分析、采纳有关突发事件的信息及应对建议,博采众长,形成政府与公众之间的交流与互动,这有助于调动社会公众参与应急管理的热情,推动应急社会动员的深入发展。应急社会动员的主要意义在于:一是降低应急管理的重心,提高应急管理的响应速度;二是降低应急管理的成本,珍惜民力又充分利用民力,实现藏资源于民间,寓保障于社会,寓实力于潜力。

(六)舆情监控与恢复重建机制

心理干预是恢复重建阶段的一个重要内容。通过舆情监控,我们可以及时发现和判别心理干预的对象群体和重点群体,防止灾民及家属产生心理危机,出现反社会行为,成为社会不稳定因素。同时,舆情监控也可以使我们及时掌握恢复重建的进展情况,如救灾款物的拨付与落实情况,防止出现截留救灾款物等不法行为,杜绝腐败现象的发生。

(七)舆情监控与调查评估机制

应急管理调查评估是指对突发事件及其预防与处置进行考察并获取必要的相关信息,在此基础上开展评价与判断的活动。调查评估的意义主要包括两个:第一,及时吸取教训,弥补应急管理的缺陷和不足;第二,及时总结经验,完善应急管理的体制、机制、法制和预案。这样,应急管理部门就可以在应对突发事件的过程中提高管理水平,增强学习能力,使应急管理工作日臻完善。在调查评估过程中,舆情监控可以起到"信息耳目"和"决策参谋"的作用。

三、城市公共安全规划与应急管理

(一)城市公共安全规划的概念

城市公共安全规划是依据系统安全科学及风险理论对城市建设及发展规律、趋势进行研究,并对城市中人类自身活动及其设施、场所等免于事故和灾害的发生,以及事故、灾害发生后的应急救援、善后处理等做出的时间、空间和战略上的安排与部署。其本质是在对城市风险进行评价、预测的基础上所做的安全决策与规划设计。目的是依据城市公共安全规划来有目标地建设、发展城市的安全保障体系,控制和降低城市风险,使城市风险达到人们可以接受的水平。城市公共安全规划也是实现城市安全目标管理的基本依据和准则。

(二)城市公共安全规划的对象与内容

1.城市公共安全规划的对象

城市公共安全规划的对象广义上是指城市公共安全保障体系,包括事故与灾害预防系统、事故与灾害预警系统、事故与灾害应急反应及救援预案系统、灾后处理系统等。

城市公共安全系统可靠性分析表明,上述各个环节在城市公共安全规划中缺一不可,其中事故与灾害的预防规划系统尤为重要。

事故与灾害预防与预警系统主要是对即将发生或可能发生的各种事故与灾害做出准确判断,分析其发生的频率、大小、原因及可能产生的后果,并以此作为对其预防与预警的依据,以将其损失减少到最低限度。事故、灾害预防与预警系统规划是在城市公共安全进行风险分析(安全评价)的基础上,明确城市的工业危险源、危险场所、基础设施、自然灾害、人为灾害等灾害、事故发生的原因、性质及其预防措施,据此规划设计事故、灾害的预防与预警系统。

事故与灾害应急反应及救援预案系统是指在重大事故与灾害刚刚发生或出现某些征兆时,在极短的时间内,搜集、处理有关的信息,明确问题与目标,拟订各种可行方案,经分析评价后选择一个最佳的方案,组织实施并不断跟踪检验,及时纠正应急决策过程中的失误,直至问题解决为止的一个动态过程。事故与灾害应急救援预案又称事故与灾害应急计划,是指在系统风险评价的基础上,针对系统中存在的危险源而制定的一项应急反应救援计划,是事故防御体系的一个重要组成部分,其目标是控制紧急事件的发展并尽可能排除,将事故与灾害对人、财产和环境的损害和影响减小到最低限度。

事故与灾害灾后处理系统是在各种突发性事故与灾害发生后,迅速协调、组织有关单位及人员对事发地点进行有效处理,以控制其进一步扩大与蔓延,对受伤人员及时抢救与治疗,保证财产安全,并在结束后对事发现场进行局部修复。事故与灾害灾后处理需要完备的医疗救助物资与人力、完善的消防物资力量及其他救助物资与人员作为后盾。

编制城市公共安全规划的过程中,为明确城市公共安全规划目标,确保城市公共安全保障体系合理、健康地建设和发展,应针对城市公共安全保障体系提出具体的城市公共安全规划对象,即狭义的城市公共安全规划对象,其包括如下六个方面。

(1)城市危险源。城市中各个工厂(单位)存有的易燃易爆、有毒有害物质和能量,及其工业设备、设施与场所。

(2)城市重要机构及场所。政府机构、城市生命线控制机构、教育机构、医疗机构、文物保护单位等;人群高度聚集、流动性大的场所,如影剧院、车站、码头、商务中心、超市和商场等。

(3)城市公共基础设施。城市生命线中的水、热、电、气、交通、通信设施和信息网络系统,以及地铁、轻轨等设施。

(4)城市道路交通。包括城市公路、高架等地面道路,地铁、轻轨等轨道交通,以及水面交通、轮渡等。

(5)城市应急救援力量。包括消防、公安、交警、医院、应急机构、防疫部门、劳动部门、环保部门、洪涝灾害等应急救援方面的人力。

(6)城市应急救援设备设施。包括消火栓、消防水池、堤坝等设施;消防车、水炮、灭火器材、防护器材、侦检器材、破拆器材、运输器材等。

2.城市公共安全规划的内容

城市公共安全规划是针对城市公共安全规划的对象,根据城市的经济社会公共设施发展目标及有关生产力布局的要求,充分研究城市灾害的现状并进行安全评价,确定城市公共安全规划的中长期目标,提出预测和预防措施,规划应急救援体系及信息管理系统,制定城市公共安全规划实施细则及其组织机构建设。此外,为促进城市建设安全、稳定和可持续发展,在城市规划设计的同时必须进行城市公共安全的规划。城市公共安全规划内容大体包括以下六个方面。

(1)城市公共安全的风险分析。充分研究城市系统,分析影响城市公共安全的主要因素及其灾害,依据系统安全工程和安全科学理论,定性或定量地评价城市系统存在的各种风险,以确定城市系统发生危险的可能性和严重程度。

(2)城市公共安全规划目标的确定。城市公共安全规划必须有明确的目标,如果没有明确的目标,则规划必然会被人们所忽视。城市公共安全规划的目标应以系统安全工程及安全科学理论为指导,在调查分析城市系统内自然、社会、经济等方面诸要素及其相互关系的基础上,结合城市系统基本特征及现有城市资源供给的可能性,确定城市公共安全规划的总体目标及专项目标。

(3)城市公共安全规划风险消除或减弱措施。在城市系统风险识别与评价基础上,研究如何利用工程技术对策、教育对策、法制对策等一切措施,以达到消除或减少城市灾害事故的发生及财产损失的目的。在规划城市公共安全风险的防治措施过程中,应坚持预防为主、善后为辅的原则,制定和完善城市公共安全灾害事故的预防措施。

(4)城市公共安全应急救援系统。城市系统中人群和财产的密集特性、系统的脆弱性和敏感性使城市系统原发事故损害程度增大,致使城市灾害事故极易造成重大的人员伤亡和财产损失,甚至造成城市生产、生活秩序的紊乱和城市生命线的瘫痪。预防措施的有效实施是防止城市灾害事故发生的重要环节,灾害事故发生后的快速应急救援是减少人员伤亡和财产损失的有力手段。城市公共安全应急救援是一个涉及面广、专业性很强的工作,单靠某一个部门是无法完成任务的,必须把各个部门的力量组织起来,形成统一的救援指挥中心,协调安全、消防、公安、交通、环保、卫生等各救援组织协同作战,迅速有效地进行应急救援和善后处理。

(5)城市公共安全规划的信息管理系统。建立城市公共安全现状、风险预防及应急救援等基础信息数据库,实现系统内信息资源的共享,形成协调统一的决策指挥网络,对提高城市灾害事故预防、应急救援和公共安全规划工作的整体水平具有重要的意义。现代化的信息管理系统可以为管理者进行应急救援决策和公共安全规划提供准确、可靠的依据,是城市公共安全规划的重要组成部分,是现代化城市公共安全管理中公共安全信息处理的枢纽,具有信息收集、录入、存储、传输、加工和输出等功能。

(6)城市公共安全规划的实施。城市公共安全规划的实施是一个综合性概念,由政府组织领导,公民法人和社会团体积极参与并履行义务和职责。城市人民政府居主导地位,体现为城市人民政府依法授权负责组织编制和实施城市公共安全规划;公民、法人和社会团体参与城市公共安全规划的实施。城市公共安全规划的实施关系到城市的长远发展和整体利益,也关系到公民、法人和社会团体方方面面的根本利益。所以实施城市公共安全规划既是政府的职责,也是全社会的事情。

(三)城市公共安全规划要素、原则与程序

1.城市公共安全规划的要素

城市公共安全规划要素包括"硬规划"和"软规划"两个方面。"硬规划"是指城市灾害事故的预防和应急救援规划措施;"软规划"是指城市公共安全规划组织机构与财政措施。这两个方面相互作用、协调发展。其中,城市灾害事故预防规划是对城市灾害事故预防的工程与对策;应急救援规划是城市灾害事故发生后所需采取的快速应急反应对策和措施,以减少事故灾害所造成的人员和财产损失,它包括现场决策和善后恢复建设两个方面。城市公共安全规划组织机构是制定城市公共安全规划、事故灾害预防及善后处理的组织救援及管理机构,包括城市公共安全规划设计研究中心、事故灾害应急救援指挥中心、事故灾害紧急运作中心、支撑保障中心、媒体中心和信息管理中心等六部分;城市公共安全财政措施规划是城市灾害事故预防、应急救援及善后处理所需资金的来源及财政管理措施。城市公共安全规划设计研究中心在制定城市公共安全"硬规划"设施规划的同时,应制定明确的"软规划"措施。

2.城市公共安全规划的基本原则

根据城市公共安全规划的内容、对象的要求,制定城市公共安全规划应遵循以下原则。

(1)科学性和权威性。成立专门的城市公共安全规划研究与发展机构,由市政府直接管理,负责全市公共安全规划的制定和发展完善,任何行业和部门(如消防、交通等)在安全管理、灾害预防与控制等主导方向上无条件依照城市公共安全规划进行;研究与发展机构成员应由国内外知名的城市规划、公共安全和防灾减灾等专家、学者组成,了解城市的整体布局、功能区分布、城市安全现状及发展趋势,确保制定的城市公共安全规划具有权威性和科学性。

(2)实用性。城市安全规划的制定必须依据规划城市的实际情况,在对城市安全现状进行综合评价和掌握城市建设发展规划的基础上进行,确保城市安全规划的实用性,严格避免纸上谈兵。

(3)整体性。城市公共安全规划研究与发展机构隶属于城市综合防灾减灾体系、应急救援和安全规划指挥中心,由市政府统一领导,负责全市各行各业的公共安全规划的制定和发展完善,确保城市安全的整体协调发展。但是,现在城市安全面临行业部门各自为政地规划建设和发展,常常造成安全投资的不必要浪费或出现事故相互推托、无人负责的现象。这种分散管理模式,在事故应急救援上无法实现统一调度、统一指挥。因此,建立综合性的城市公共安全规划和应急救援指挥中心,有利于城市事故与灾害的预防、控制、应急救援及安全管理的协调发展。

(4)前瞻性。城市公共安全规划承担着整个城市公共安全的建设、发展和公共安全

体系的建立等任务,城市公共安全规划的先进性、合理性直接影响着城市的整体公共安全,因此,城市公共安全规划的制定必须借鉴国内外先进的城市安全管理经验,运用国际先进的安全科学理论与技术,确保城市公共安全规划具有前瞻性。

(5)可操作性。规划的可操作性和可行性是确保安全规划顺利实施的基础。针对城市的实际功能特点、安全现状和可能发生的事故及造成的危害,制定相应的安全规划,确保规划技术上可行,实施上可以操作。

(6)城市安全规划与城市建设规划的结合。城市新建设区域设施必须符合城市安全规划的要求,避免在不符合安全规划要求的区域进行建设施工,防止自然灾害、人为灾害等给人类造成损害;在老城区,安全规划的制定与实施必须充分考虑城区的功能和现有建设现状,以便于应急救援和防灾减灾。

(7)可持续发展。可持续发展是社会生活、人类生存的必然需要,城市安全规划影响着城市的建设和社会生活环境的发展,制定可持续发展的城市安全规划对确保城市快速、安全、健康地发展具有重要的意义。

3.城市公共安全规划的程序

城市公共安全规划应以城市系统的风险评价为基础,以系统安全科学和风险理论为指导,确定城市公共安全规划目标,研究城市公共安全的风险消除或减弱技术及措施,建立城市公共安全的应急救援系统、应急救援预案及信息管理系统,研究、设计并制定城市公共安全规划及实施方案。

城市安全规划的目标是对城市未来一段时间公共安全状况的发展方向和发展水平所做出的规定,制定的目标既不能过高也不能过低,应做到技术上可行,经济上合理。

城市公共安全风险评价及预测是城市公共安全规划的核心与基础,城市公共安全风险区划可按风险类型来划分,在风险区划的基础上进行专项规划。

城市公共安全规划方案设计优化及决策是在考虑国家政策规定、城市公共安全问题及安全目标、公共安全状况、投资能力和效益的情况下,由政府有关部门及专家组成员提出的具体的城市灾害防治措施和对策。

在分析决策过程中,应充分考虑城市发展总体规划的要求,确保城市经济的可持续发展,对制定的多种城市公共安全规划方案进行分析、评价和比较,选定技术可行、经济合理、可靠性高的规划方案作为城市公共安全规划最终方案,经过决策的公共安全规划应编制投资概算报国家有关部门进行审批。城市公共安全规划方案实施与管理是城市公共安全规划目的的最终体现。城市公共安全规划的实施必须纳入城市发展总体规划,并编制年度规划,政府相关主管部门应依据城市公共安全规划资金概算和年度规划落实城市公共安全规划资金和管理措施,以确保城市公共安全规划有计划、有步骤地实施。

？思考题

1.简述应急管理的内涵和外延。

2.应急管理与危机管理的区别是什么?

3.国家安全的战略要素组成有哪些?

4.如何充分发挥舆情监控的作用?

5.城市公共安全规划应遵循什么原则?

第三章

应急管理体制

　　本章首先对应急管理体制进行概述,随后对我国应急管理体制的发展变革、现行应急管理体制进行阐述。

第一节　应急管理体制概述

　　《辞海》(1999 年缩印版)中"体制"的定义是:体制是国家机关、企事业单位在机构设置、领导隶属关系和管理权限划分等方面的体系、制度、方法、形式等的总称。《现代汉语词典》(第 7 版)对"体制"的定义则是"国家、国家机关、企业、事业单位等的组织制度"。因此,体制是有关组织形式的制度,限于上下之间有层级关系的国家、国家机关、企事业单位等。体制不仅包括实体机构,更要有对实体机构的责任界定和不同实体机构之间关系的规定。

　　应急管理体制是指为保障公共安全,有效预防和应对突发事件,避免、减缓和减少突发事件造成的危害,消除其对社会产生的负面影响而建立起来的以政府为核心、其他社会组织和公众共同参与的有机体系。根据以上定义可见:首先,中国的应急管理体制的具体内涵主要是由中国特色社会主义制度决定的;其次,组成中国应急管理组织体系的主要方面不仅包括各级党组织、国家行政机构,还包括军队、企事业单位、社会性组织和公众等所有利益相关者。

第二节　应急管理体制的发展变革

一、防灾减灾救灾应急管理体制

　　应急管理体制的演变决定了一个国家应对突发事件的能力和效率。相比于美日等发达国家,我国应急管理体制建设起步较晚,但发展迅速。自新中国成立以来,党和政府就高度重视应急管理,从中国社会发展实际出发,不断改革应急管理体制和模式,使其更好地顺应时代发展,满足社会的安全需求。

我国政府应急管理体制大体经历了四个阶段。

(一)第一阶段:新中国成立—2003年

这一阶段应急管理体制的特点是:(1)组织管理体系主要以某一相关主管部门为主进行对口管理,其他部门参与;(2)对自然灾害等应急事件分类别、分部门进行预防和处置;(3)专业部门应对单一灾种。

自新中国成立至改革开放初期,自然灾害是主要的突发事件。由于我国生产力发展水平不高,经济社会一元化发展,行政管理相对简单有效,因此,在单一灾种管理的防灾减灾体制下,专业部门能集中精力预防和应对,一旦灾害事故发生,在举国体制下也能有效开展救灾抢险等应对工作。但随着我国经济社会快速发展及全球自然环境变化,不仅自然灾害对社会的影响越来越严重,事故灾难、公共卫生事件和社会安全事件也频繁发生,突发事件已经影响社会的各个方面和不同层次,原先依赖于专业部门管理单一灾种的体制已经无法有效应对。这种缺陷在2003年"非典"的应对中充分暴露出来。

(二)第二阶段:2003—2008年

2003年"非典"暴发之后,应急管理的理论与实践在我国兴起,新中国成立以来实行的分部门、单灾种应急管理模式在应对"非典"时受到严峻挑战,暴露出我国应急管理体制存在的诸多问题。我国政府按照科学发展观的要求,从国情出发,提出了"一案三制"的构想,应急管理体系建设工作由此全面起步。政府第一次把非常态管理提上议事日程,国家提出加快突发公共事件应急机制建设的重大课题,是我国应急体系建设的一个里程碑。"一案三制"是指为应对突发公共事件所制定的应急预案和建立健全应急体制、应急机制、相关法律制度的总称。这是一个结构与功能高位整合的系统,作为应急管理体系的"顶层设计",既解决了应急管理过程中的管理问题,又解决了制度建设和工作方案问题。该构想突出政府在应急管理中的责任,同时对全社会危机意识和应急能力提出要求,它集中了现代突发公共事件管理理论研究的最新成果。"一案三制"是中国应急管理体制和国家应急管理螺旋式上升的纲领性方案。2007年《突发事件应对法》的颁布,标志着我国应急管理体制基本建成。

(三)第三阶段:2008—2018年

这一阶段应急管理体制的特点是:(1)党和政府把应急管理工作和应急管理体系建设提上了议事日程,并为此进行了一系列的探索,取得了很多具有实质性进展的成果。(2)全面推进了"一案三制"建设,将各类灾害和事故统一定义为"突发事件",将各类灾害的预防与应对统一定义为"应急管理",进而确立了突发事件应急管理的组织体系、一般程序、法律规范与行动方案。(3)在基本不调整政府行政管理机构的状况下,依托政府办公厅(室)的应急管理办公室发挥枢纽作用,若干议事协调机构和联席会议制度进行协调,形成覆盖各类突发事件的应急管理体制,强化了政府综合管理职能。

2008 年年初南方多省的特大雪灾使铁路、公路等交通停滞,这促使交通运输部主持修订了《公路交通突发事件应急预案》;针对一系列的食品安全问题,2011 年国务院修订了《国家食品安全事故应急预案》。在应急管理体制上,继续推动统一领导、综合协调、分类管理、分级负责、属地管理为主的应急管理体制建设,将传统的分部门、单灾种的应急管理模式逐步转变为多部门、综合性的应急管理模式。

(四)第四阶段:2018 年应急管理部成立至今

这一阶段应急管理体制的特点是:(1)针对原有多头管理、资源分散、协调困难等问题,政府行政机关进行大变革,成立应急管理部,整合与应急相关的职能,边组建边应急,提高应急管理的效率。(2)应急工作开始面向全灾种,进行大应急,坚持以防为主、防抗救相结合,坚持常态减灾和非常态救灾相统一,从注重灾后救助向注重灾前预防转变,从应对单一灾种向综合减灾转变,从减少灾害损失向减轻灾害风险转变,形成防灾减灾救灾新理念。(3)体现综合性、整体性和系统性,以一个核心部门进行总牵头、各方协调配合。

党的十八届三中全会提出全面深化改革,推动国家治理体系和治理能力现代化,我国应急管理的目标着眼于培育多元主体意识,建立健全社会参与机制,变"应急管理"为"应急治理"。2018 年应急管理部成立后,我国形成了以一个核心部门进行总牵头、各方协调配合的应急管理体制,提升了综合应急管理能力,加强综合应急能力建设,以实现应急治理能力和治理体系的现代化。

由此可见,我国应急管理体系的演变是由体制驱动而成的,处于权力核心和决策主体位置的党中央、国务院进行顶层设计,通过自上而下的统一领导模式向下传递政策决定和意见并要求执行。"非典"暴发后,党中央、国务院采取"立法滞后、预案先行"的制度安排,推动《总体应急预案》的出台。2005 年 12 月,国务院办公厅设立了我国首个应急管理的综合性协调机构——国务院应急管理办公室,解决了以往应急管理机构条块分割、各自为政、协调不畅的问题。2007 年首部应急管理的综合性法律——《突发事件应对法》颁布,明确规定"国家建立统一领导、综合协调、分类管理、分级负责、属地管理为主的应急管理体制"。党的十八大提出要加强公共安全体系建设,十八届四中全会提出了加强公共安全立法、推进公共安全法治化的要求。

二、安全生产应急管理体制

安全生产应急管理是指政府及其安全生产监管部门、相关机构和生产经营单位,为快速有效地应对可能发生的生产事故特别是重特大事故,减少生产事故所造成的生命及财产损失而组织开展的应急准备、应急处置、应急保障等一系列工作,包括应急管理法制、体制和机制建设,应急预案建设、应急培训演练、应急物资储备、抢险救灾、现场处置,开展预防性监督检查等。安全生产应急管理是国家突发公共事件应急管理的重要组成部分。因此,国家突发公共事件应急管理的指导思想、原则和普遍规律同样适合于安全生产应急管理。安全生产应急管理工作立足于防范事故的发生,从安全生产应急管理的角度,着重做好事故预警,加强预防性安全检查,搞好隐患排查整改等。新中国成立后,我国安全生产应急管理体制随着经济体制和安全生产形势的发展,不断进行改革和调整,大体经历了四个阶段。

(一)第一阶段：新中国成立—1998年

改革开放前,我国的工业生产活动集中在公有制企业,经济成分单一。隶属于不同工业经济部门的国有企业直接接受中央和地方政府相关部门的监管。煤炭、石油、冶金、机械、化工等部门在安排部署生产任务的同时,也对本行业领域的安全生产提出具体要求,负责实施相关安全生产监督管理工作。这些部门都设立了承担本行业安全生产监督职能的内部机构,负责研究制定行业相关领域安全生产政策法规及标准,组织开展监督检查工作,协调重特大事故抢险救援和调查处理。

1949年11月召开的第一次全国煤矿工作会议提出"煤矿生产,安全第一"。1952年第二次全国劳动保护工作会议明确要坚持"安全第一"方针和"管生产必须管安全"的原则。1954年新中国制定的第一部宪法,把加强劳动保护、改善劳动条件作为国家的基本政策确定下来。中央人民政府先后颁布了《工厂安全卫生规程》《建筑安装工程安全技术规程》等行政法规,建立了由劳动部门综合监管、行业部门具体管理的安全生产工作体制,劳动者的安全状况从根本上得到了改善。但"大跃进"时期片面追求高经济指标,导致事故上升。1958—1961年期间,工矿企业年平均事故死亡人数比"一五"时期增长了近4倍,1960年5月8日山西大同老白洞煤矿瓦斯爆炸事故,死亡684人,为新中国成立以来最严重的矿难。1963年国务院颁布了《关于加强企业生产中安全工作的几项规定》,恢复重建安全生产秩序,事故数量明显下降。"文革"时期(1966—1976年),安全生产和劳动保护被抨击为"资产阶级活命哲学",规章制度被视为"管卡压",企业管理受到严重冲击,导致事故频发。1970年劳动部并入国家计委,其安全生产综合管理职能也相应转移。这一阶段政府和企业安全管理一度失控,1971—1973年工矿企业年平均事故死亡16119人,较1962—1967年增长2.7倍。1975年9月成立国家劳动总局,内设劳动保护局、锅炉压力容器安全监察局等安全工作机构。

(二)第二阶段：1998—2003年

1998年国务院机构改革,原劳动部承担的安全生产综合监管职能交由国家经贸委行使。1999年,经国务院批准成立国家煤矿安全监察局,由国家经贸委实行部门管理。2000年初,在国家煤炭工业局加挂国家煤矿安全监察局牌子,成立了20个省级监察局和71个地区办事处,实行统一垂直管理。2001年年初,组建了国家安全生产监督管理局,与国家煤矿安全监察局"一个机构、两块牌子"。2002年11月出台了《安全生产法》,安全生产开始纳入比较健全的法制轨道。但这一阶段由于经济体制转轨、工业化进程加快,特别是民营小企业的迅速发展等,使安全生产面临一系列新情况、新问题,安全状况出现较大反复。

在国家经贸委及其所属机构实施监督管理下,全国安全生产法治建设重点行业安全专项整治、煤矿安全技术改造等重点工作取得了重大进展,同时也暴露出综合经济部门管理安全生产的弊端和不足:一是机构设置不规范,宏观管理、行政执法和协调平衡三大职能相互混淆;二是监管主体权责不对称,表现为权力分散、多头监管、权力失衡,监管主体与客体之间的权力不对等,执法不严;三是监管技术保障体系不健全,表现在对技术服务机构的认证与相关技术人员的考核体系不健全,安全科学技术体系和安全信息网络体系薄弱;四是资金投入机制缺乏,国家安全生产监督管理局监督管理的权威性和执行力显得不足。20 世纪 90 年代末期我国事故总量开始节节攀升,2002 年达到历史峰值。

(三)第三阶段:2003—2018 年

2003 年,国家安全生产监督管理局(国家煤矿安全监察局)成为国务院直属机构,成立了国务院安全生产委员会,从国家层面独立履行安全生产综合监管的职责,当年首次实现了全国事故总量下降;2004 年,国务院颁布了《关于进一步加强安全生产工作的决定》;2005 年初,国家安全生产监督管理局升格为总局;2006 年初,成立了国家安全生产应急救援指挥中心。2007 年 10 月召开的中国共产党第十七次全国代表大会对安全生产提出了更高的要求。2010 年,国务院下发了《国务院关于进一步加强企业安全生产工作的通知》(国发〔2010〕23 号)。2011 年 11 月,国务院印发了《国务院关于坚持科学发展安全发展促进安全生产形势持续稳定好转的意见》(国发〔2011〕40 号,这是继《国务院关于进一步加强安全生产工作的决定》(国发〔2004〕2 号)、《国务院关于进一步加强企业安全生产工作的通知》(国发〔2010〕23 号)之后,国务院下发的又一重要文件,充分体现了党中央、国务院对安全生产工作的高度重视。《意见》从深入贯彻落实科学发展观的战略和全局高度,进一步强调了安全发展的重大意义和安全生产的极端重要性,明确了现阶段安全生产工作的指导思想和基本原则,提出了加强改进安全生产工作、促进安全发展的一系列重大政策措施,为我国安全生产状况持续稳定好转奠定了政策基础。

与此同时,稳步推进安全生产法规制度建设。2014 年修订的《安全生产法》增加了应急管理相关条款,《生产安全事故应急条例》立法工作取得重大进展。国家层面制定颁布了一系列规章、标准和规范性文件,地方政府及其有关部门加强了法规制度体系建设,高危行业企业基本完善了相关规章制度。部分地区积极开展安全生产应急管理执法检查工作,推动了安全生产应急管理法规制度的落实。

(四)第四阶段:2018 年应急管理部成立至今

2018 年 3 月,第十三届全国人民代表大会第一次会议审议国务院机构改革方案,组建中华人民共和国应急管理部,不再保留国家安全生产监督管理总局。

第三节　新时代中国特色应急管理体制

　　"明者因时而变,知者随事而制",我国作为一个灾害多发国家,不仅面临地震、洪涝等自然灾害,也深受火灾、生产安全事故、环境污染等人为灾害的困扰。以往应急救援力量分散在各个系统,不利于形成强大的合力,不适应形势发展的需要。为整合优化应急力量和资源,2018年3月,中共中央印发了《深化党和国家机构改革方案》,4月,中华人民共和国应急管理部正式挂牌。此次挂牌成立,将13个部门和单位进行了整合和统一,这对于保障人民的生命财产安全、维护社会的长治久安、促进国家治理能力和治理体系的现代化建设,都起到重要的作用。"组建应急管理部,对于加强、优化、统筹国家应急能力,构建一个统一指挥、权责一致、权威高效的国家应急体制具有非常重要的作用。"国务院应急管理专家组组长闪淳昌表示,成立应急管理部是将国家的应急资源和力量做进一步的整合和优化,除原有的安全生产救援队伍外,还将地震、防汛抗旱、地质滑坡、森林防火、草原防火等救援力量整合在一起,可以使我国应对突发事件的成效最大化、最优化。应急管理部应时而生,我国应急管理体制也发生了重大变革,通过改革推动形成"统一指挥、专常兼备、反应灵敏、上下联动、平战结合"的新时代中国特色的应急管理体制。

一、统一指挥

　　统一指挥明确的是指挥权。应急管理的统一指挥主要指在实施突发事件应急处置时,作为下属人员或单位,最优化的处置结构,是接受某位领导人或上级单位的最终命令。对于有着同一安全目标的应急管理部门,其全部应急管理工作也只能由一个领导机构和领导人员集中统一指挥。由于以前条块分组,各自为政,在大的灾难发生时,不同部门的应急队伍需要赶赴现场才能整合成一个整体的队伍,这就需要一个磨合的时间。统一指挥则明确了在突发事件应对过程中指挥权的重要作用,防止出现多头决策、职责混乱、力量分散等现象,以提高应急管理效率。

　　统一指挥权并不代表着突发事件全部由应急管理部门统一指挥,也不意味着指挥权全部由上级应急管理机构统一行使。就应急管理体制建设而言,我国已有针对不同威胁来源、由国务院不同部门分别负责组织管理的基本架构。如应急管理部主要负责自然灾害应对及安全生产保障,国家卫健委主要负责公共卫生威胁应对,中央网信办负责网络安全威胁应对等。地方应急管理体制上,目前全国地级市建立应急管理领导机构和办事机构的比例分别为97.8%和96.1%,县级政府相应比例为89.6%和80.8%。

　　从体制着手,建立健全高效的应急管理组织协调机构,正确处理好"统"和"分"的关系。"统"的职能主要是统筹指导、综合协调。"分"的职能仍由各成员单位、各行业主管部门共同承担,按照各自职责分工,发挥各自专业优势,认真履行各类突发事件应急处置职责。

根据突发事件规模大小,按照分级负责的原则,一般性灾害由地方各级政府负责,应急管理部代表中央统一响应支援,统一提供支持。特别重大灾害事件,则应急管理部作为指挥部,协助中央指定的领导人组织应急处置工作,保证政令畅通、指挥有效。同时,应急管理部也要处理好防灾和救灾的关系,明确与相关部门和地方各自职责分工,建立起有效的协调配合机制。

 案例拓展

推进应急管理体系和能力现代化,党的领导是根本。新中国成立以来,我们在建立健全突发事件应急管理领导体制方面做了积极探索,在党的领导下建立了国家防汛抗旱总指挥部、国务院抗震救灾指挥部、国务院安全生产委员会、国家森林草原防灭火指挥部、国家减灾委员会等行之有效的各类突发事件应急管理领导体制,为防灾减灾救灾、统筹发展与安全生产、维护人民群众生命健康和维护社会稳定,发挥了根本作用,体现了集中力量办大事的制度优势。2019 年底湖北省武汉市发生不明原因肺炎疫情后,国家卫生健康委立即派出国家工作组和专家组赶赴武汉,按照属地管理原则,与湖北省、武汉市共同研究落实疫情防控措施。为全面加强对疫情防控的集中统一领导,国家卫生健康委认真贯彻落实习近平总书记重要指示批示精神,认真落实李克强总理重要批示要求和国务院常务会议工作部署,2020 年 1 月 1 日,成立由马晓伟主任为组长的疫情应对处置领导小组,会商分析疫情发展变化,每日研究会商疫情防控工作,派出国家工作组和专家组赶赴武汉,建立了国务院应对新型冠状病毒感染的肺炎疫情联防联控工作机制,中共中央印发《关于加强党的领导、为打赢疫情防控阻击战提供坚强政治保证的通知》。研究部署防控策略措施,及时指导、支持湖北省和武汉市开展病例救治、疫情防控和应急处置等工作。2020 年 2 月 10 日,习近平总书记在北京调研指导新冠肺炎疫情防控工作时强调,疫情防控要坚持全国一盘棋。各级党委和政府必须坚决服从党中央统一指挥、统一协调、统一调度,做到令行禁止。当前,我国疫情防控已经取得重大战略性成果,党的集中统一领导发挥了核心领导作用。实践证明,推进应急管理体系和能力现代化,必须充分发挥党的集中统一领导特色和优势,建立健全常态化的应急管理领导体制,为突发事件应急管理提供根本保障。

二、专常兼备

专常兼备是指国家综合性应急救援队伍是常备应急骨干力量,履行专业应急救援

和常规应急处置职能。相对于《突发事件应对法》中的"综合协调、分类管理",专常兼备更加明确了对应急救援队伍能力的要求。

专常兼备,这是机构改革方案中给应急管理职能的一个定位。应急管理队伍既需要应对日常灾难的常规力量,也需要能够处理多耦合因素灾害的专业力量。解放军、武警部队中的非专业队伍,大部分的民兵预备役人员、救援志愿者等,他们主要配备常用的救援装备、设备、技术手段和解决方案,具备一般的救援知识和技能,是主要的常规救援队伍。专业性救援队伍主要是经过特殊训练的专业人员,且具备特殊的设备、装备、技术手段和解决方案的队伍。如地震灾害紧急救援队、应急机动通信保障队、医疗防疫救援队、心理危机干预医疗队等。不同专常的队伍在统一指挥之下处置不同的灾害事故,发挥专常兼备的特点。

在没有整合前,由于没有统一的应急指挥体系,可能会出现"信息孤岛"现象,专业力量与常备力量在协调方面会出现一定的问题。而在应急管理部成立后,虽然取消了原有的 13 个部门和单位,但各个应急救援队伍的职能将统一于整体的应急管理体系内,对于不同的灾害能够派出最符合现场状况应对的救援队伍,效率会更高。一般通用的应急救援能力,通过救援力量、资源的统筹运用,实现了资源共享,极大提高了救援的效率,最终实现专业化的救援和常规化的救援职能兼备、相互配合、共同提高的目的。

推进机构调整和队伍融合。为防止"表面合一,内部分散"问题的发生,就需要进一步打破原有的以对象划分工作职能和范围的思维定式,改变管林的只管林、管草的只管草、管水的只管水这样的工作局面,将土地、草原、森林、水域、山川等资源和空间统筹考虑,一体谋划,在专业基础上形成综合管理,提高规模效应。在救援队伍上,现有消防救援、地震救援、矿难救援、森林救援等多支队伍,如何深度融合整合,需要认真研究和顶层设计。在城市中,消防救援实际上已经开始向综合救援发展,如何进一步整合相关队伍,提升消防救援的综合实力和反应能力,需要在应急管理部门的统领下整体谋划。同时需加强人员的统一教育和培训,提高思想方法、工作方式、沟通协作的标准化和统一化,培养"大应急"的组织认同。

三、反应灵敏

2006 年 1 月,中华人民共和国国务院正式发布《总体应急预案》,把突发公共事件概念定义为"突然发生,造成或者可能造成重大人员伤亡、财产损失、生态环境破坏和严重社会危害,危及公共安全的紧急事件"。2007 年 11 月 1 日,《突发事件应对法》施行,把突发事件定义为"突然发生,造成或可能造成严重社会危害,需要采取应急处置措施予以应对的自然灾害、事故灾难、公共卫生事件和社会安全事件"。中国政府从公共管理的角度,将突发事件称为"突发公共事件",并将其分为自然灾害、事故灾难、公共卫生事件、社会安全事件。突然性、复杂性、紧迫性是突发事件最明显的特征,这就要求应急处置要做到反应灵敏。所谓的反应灵敏,就是指在保持应急管理、应急处置质量的前提下,尽可能缩短从事件发生到响应、处置的时间。

统一指挥是反应灵敏的基础,新体制下高效的应急管理机构全过程地实施监管和及时地进行应急救援。与改革前的专业性应急管理部门处置、政府协调机构进行协调的模式相比,新模式适应了灾害事故自身的发展链条,提高了应急管理响应速度和效率。应急管理部在成立之后就承担起统筹、协调、组织全国防灾减灾救灾的职责,突发事件发生后能够立即组织制定各个灾种的应急预案和工作方案,第一时间启动应急响应,派出应急救援队伍。这种体制下的综合救援队伍,保持了应急处置的专业性,逐步实现正规化、专业化、职业化,并能够与时俱进地综合处置多类型的突发事件,提高处置与救援效率。

四、上下联动

应急管理中的上下联动,指由上级党委政府或应急管理部门牵头负责,由上至下,动员协调社会上各层面的应急管理主体,广泛参与突发事件的应急管理;是上级党委政府对下级各有关政府部门,政府部门与社会相关组织、团体的联动。相较于《突发事件应对法》中的"分级负责、属地为主",上下联动明确了分级负责之间的关系不是独立行动,而是协调联动。在指出"属地为主"的同时,也强调上级政府和下级政府之间、民众之间、社会组织之间的联动关系。

上下联动需要各级党委政府起主导指挥作用,做好组织、指挥协调功能;国家应急管理部、省级应急管理厅(局)、地市级应急管理局、县(区、市)应急管理局四级应急管理部门联动,充分发挥应急管理主体作用;综合应急救援队、专业应急救援队、常规应急救援队互相配合,发挥应急救援主力军的作用;企业、社会组织、第一响应人和志愿者广泛参与,发挥了基础性的支撑作用。通过各类应急管理主体的相互配合、有机整合,形成上下联动的应急网络系统和全方位、立体化的公共安全网。

上下联动也系统地强化了应急部门协调联动。目前,应急管理部主要整合了自然灾害和事故灾难两类突发事件的管理职能,而公共卫生事件和社会安全事件由于专业性和涉及面广等原因仍然保持原有体制。当然,将负有应急管理职能的所有部门都整合进一个部门也是不可能的。因此,应急管理部在实践中必须强化同卫生、公安、政法、网信等部门的协作沟通。包括在国家应急反应框架下建立标准化、制度化、常态化的沟通机制,经常开展共同学习、交流、对话、培训、演练等形式的活动。同时,强化应急管理部在处置突发事件中的牵头负责、协调指挥职能和权威,理顺应急处置时相关部门之间的指挥关系,促进应急管理工作的协调和有序开展。

五、平战结合

所谓"平"指的是平时,常态,即在一定区域范围内,突发事件尚未发生时;"战"主要是指战时,非常态,即突发事件已经发生或正在发生,需要即时处置时。平战结合主要是指在尚未发生突发事件时,平时就要积极做好监测预警、应急准备工作,保证突发事件发生时,应急力量、装备设备、基础设施、物资资源等能够满足应急管理工作需要。

首先,平战结合是一种理念,是应急管理工作的一个基本出发点。这要求人们在考虑平时的应急管理工作时,要未雨绸缪,同时也要考虑到战时应急管理工作;在设计战时危机管理工作时,也要兼顾平时危机管理的需要。

其次,平战结合还体现在具体的工程设计上。如用于战时防空的各类民防工程,也可用于平时地震应急疏散的重要场所。在建设如地铁、地下停车场等地下工程时也可以考虑将其建成具有防护能力,能够用于战时防空的民防工程。要真正做到按照加强部门协调,制定应急避难场所建设、管理、维护相关技术标准和规范。充分利用公园、广场、学校等公共服务设施,因地制宜建设、改造和提升成应急避难场所,增加避难场所数量,为受灾群众提供就近方便的安置服务。

最后,平战结合还体现在应急指挥、队伍建设、装备设备和反应能力上。各种应急救援队伍平时要做好应对事故灾难的思想、物资、经费和工作等各项准备,不断地加强培训演练,紧急情况下能够及时有效地施救,真正做到平战结合。如果平时政府应急管理的体制、队伍、装备等就是战时政府应急管理的有机组成部分,就能够以平时的应急管理锻炼来提高战时的快速反应、组织指挥和应急处置等能力,以期更好地保护人民群众的生命财产安全。

思考题

1.如何认识中国应急管理的历史发展?

2.如何认识突发事件的双重特征?

3.如何认识我国现代应急管理的特点?

4.如何认识应急管理的未来演进方向?

5.针对近几年新冠肺炎疫情应对中暴露出来的问题,谈谈应该如何健全国家应急管理体系,提高处理急难险重事件的能力。

第四章

应急管理机制

第一节　应急管理机制概述

一、应急管理机制的内涵

管理机制,是引导和制约决策并与人、财、物相关的各项活动的基本准则及相应制度,是决定行为的内外因素及相互关系的总称。

应急管理机制是指为确保应急体系内各要素及要素之间高效运转,通过组织整合、资源整合、信息整合、路径整合而形成的统一应对各种突发事件的路径、程序及各种准则的总称,是在应急大系统的整体运行中,由其内部各种相关要素构成并使应急各要素具有自我调节、控制、发展和完善能力的功能系统。作为一个动态的系统,其构成要素不仅包括应急管理机构和应急组织,也包括使这些机构、组织得以建立、运转和行使职能的各种法律、政策、思想体系、行为准则、工作措施和物质手段等;既包括系统内各组合要素以动态链的形式运行,又包括确保这些动态链正常运行和动态链催生下的一些制度设计。要保证应急管理目标和任务的实现,必须建立一套协调、灵活、高效、可控的应急管理机制。

应急管理机制建立要充分考虑各个子系统的运行特点与作用,重点放在建立和完善突发事件的应急准备与预防、监测与预警、应急处置和救援、恢复与重建、调查评估与责任追究等方面。评价应急管理机制是否科学,要看政府组织或者公共管理部门能否运用各种科学管理的手段、制度和载体,将各类应急主体的积极性、主动性和创造性调动到最高,应对突发事件的能力发挥到最大,灾难损失减少到最低。

二、应急管理机制建立的原则

从突发事件分类看,每类应急管理机制都涉及许多工作,这些工作相互衔接,互为影响。必须采用最新的科学成果,利用科学思维和方法,对应急管理机制进行制度设计,其体系架构必须遵循一定的原则,反映应对主体的工作思路、方法及保障制度,以便减少内耗,反应迅速,达到预期目的。

(一)科学性原则

科学性原则是指应急各要素、运行内容以及程序都要符合科学规律要求,不得有随意性。包括应急机制本身的设计及机制内在要素的设计与完善,特别是风险隐患治理、预测预警、应急机构设置、权利与义务、应急资源征用等,具有时间和效率的要求,更有数量和质量的要求,必须讲究科学性,要运用专家和技术力量,汇聚最新科技成果,利用科学思维和方法对待,切忌完全靠经验办事和盲目蛮干。

(二)系统性原则

应急管理机制既要考虑一般要素设计制度和工作规律,又要考虑各个管理机制相互协调运转,使管理机制成为一个良性管理系统,包括各应急管理要素、各子系统自身完善,以及要素、各个子系统相互之间协同联动。如各部门与地方职责,各种资源配置以及获取途径,应急各个阶段任务的衔接等,应急管理机制作为一个系统进行评估时,要以系统价值和功能最大化为目标,各要素、各子系统利益服从系统整体利益,保障其具有适用性和可操作性。如各要素及要素之间协同配合,各部门职责,各种资源数量、种类及获取途径,都必须事前明确,并加强演练,确保急时可用、急时管用。

(三)动态高效原则

突发事件具有不确定性、突发性和巨大危害性,如果不及时预防、控制和化解,不仅危害增加、损失加大,而且还可能衍生出其他事件,出现事件升级,后果不堪设想。因此,应急系统各要素实行动态管理显得特别重要。要随着应急管理各阶段任务要求的变化,不断更新各要素的制度设计,不断地进行资源调配和调用,不断地磨合各子系统的运转机制。如根据应急预案开展演练,锻炼应急队伍,并根据演练发现的问题及时更新和修订预案,已成为我国各级政府预案管理的一种制度。此外,要将时间作为一项十分重要的指标对待,对应急管理机制设计的每一项任务、每一项工作、每一个环节、每一个过程都要提出时间要求,达到高效运转目标。例如,在常态时,加强预防,尽可能在科学评估的限期内消除隐患;在非常态时,行动迅速,短时间内控制事态,及时开展抢险救援,以免耽误最佳时机。

三、应急管理机制的一般内容

突发事件应急管理是一个动态过程,涵盖了突发事件的事前、事发、事中、事后的各个阶段,包括了突发事件的预防与应急准备、监测与预警、应急处置与救援、事后恢复与重建及事故调查与责任追究等应对环节。

预防与应急准备是应急管理的基础,也是应对突发事件的最重要阶段,体现了预防为主、预防与应急并重、常态与非常态相结合的原则。在预防与应急准备阶段的主要应急管理机制包括风险管理、应急准备、宣传教育培训及社会动员、社会管理等,其中,风险管理是实现应急管理预防为主、关口前移的重要基础。

监测与预警是预防与应急准备的逻辑延伸。突发事件的早发现、早研判、早报告、早预警,是实现有效预防、减少突发事件的发生,控制、减轻和消除突发事件引起的严重社会危害的重要保障。在监测和预警阶段的主要应急管理内容包括监测、研判、信息报告、预警等。值得注意的是:监测、研判和信息报告等活动贯穿于突发事件的全过程。

应急处置与救援是应对突发事件的最关键阶段,旨在快速反应、有效应对,最大限度地保障人民生命财产安全,最大限度地减少突发事件造成的损失。在应急处置与救援阶段的主要应急管理内容包括应急处置、快速评估、决策指挥、协调联动、信息发布等。

事后恢复与重建旨在尽快回复正常的工作、生活和社会秩序,妥善解决应急处置过程中引发的矛盾和问题,提高防灾减灾能力和应急管理能力。在恢复与重建阶段的主要应急管理内容包括恢复重建、救助补偿、心理抚慰等。

调查评估与责任追究是指在应急管理相关工作中,建立一套组织、实施和应用调查评估的工作流程,以不断发现和改进在突发事件预案、应急管理法制、体制及机制等方面存在的问题和不足,并通过责任追究来预防出现不应有的失误和错误,以真正提高应急管理的能力和水平。

第二节　风险管理与应急准备

一、风险管理机制

(一)风险管理的定义

风险管理是根据风险评估和对法律、政治、社会、经济等综合考虑所采取的过程和活动,是对风险进行识别、估测、评价和有效控制,妥善处理风险所致损失,期望以最小的成本获得最大安全保障的一项管理活动。

风险管理通过识别和分析风险概率和可能的后果,结合受灾体的脆弱性,确定风险级别并决定哪些风险需要控制及如何控制,从而及时发现各种风险隐患,充分暴露各种问题,并有针对性地采取相应措施,避免和降低风险。

(二)风险管理的目标

风险管理的目标,是遵循系统性、专业性等原则,实现突发事件应对中的关口前移,提高对突发事件风险的预见能力和突发事件发生后的应对能力,保护公民的生命和财产安全,维护社会稳定,及时有效地防控公共风险。

风险管理是一项系统性、专业性、科学性和综合性很强的工作,是应急管理实现预防为主、关口前移的重要基础,对切实增强应急管理工作的预见性、针对性、科学性和主动性,实现应急管理工作的"关口再前移"具有重要意义。

(三)风险管理的原则

一是系统性。风险管理必须坚持系统性的工作原则,不能停留在"点"上,要尽可能运用系统的分析方法,统筹考虑各个流程、各个环节、各种类型的风险。

二是专业性。要充分发挥专家的作用,依托各专业科研机构,运用现代科学技术与方法,充分借鉴国内外相关理论和研究成果,开展风险管理工作。

三是综合性。风险的出现往往是多方面因素的耦合与叠加,要跳出单一类型突发事件的局限,充分考虑多方面的影响和各种次生、衍生灾害等因素,并注重运用综合分析手段。

四是针对性。要紧密结合各地区、各部门的实际需要和主要目标,按照风险等级、风险能否被消除或缓解、剩余风险能否被接受等有针对性地开展工作。

五是实用性。要紧密围绕突发事件应急管理工作的情况和需要,本着简便易行、实用优先的原则开展各项工作。

(四)风险管理的工作流程

风险管理是人们对各种风险的认识、控制和处理的主动行为,它是通过识别风险来源、分析风险发生的可能性和后果的严重程度(评估风险级别),并决定如何处置风险的全过程。

根据风险的生命周期,可把风险管理划分为计划准备、风险识别、风险评估(包括风险分析和风险评价)、风险处置、风险沟通与监测五个基本环节,这五个环节构成一个循环往复的过程。

1.计划准备

计划准备是风险管理的基础,是整个风险管理过程有效性的保证。不同部门对风险管理的实施过程可能存在不同的要求,在进行风险管理之前应进行充分的计划和准备,制定有效的风险管理工作方案,明确风险管理的目标和范围,建立相关的工作机制。计划准备阶段主要包括如下三项工作:了解组织的内外环境、建立风险评估标准、做好风险管理保障。

首先,了解组织内外环境。运用 SWOT 分析方法(strengths weaknesses opportunities threats),通过分析组织的优势、劣势、机会与威胁,确定组织与其环境之间的关系。

其次,建立风险评估标准。风险标准是评估风险重要程度时的参考条件,它包括操作性的、技术性的、经济性的、法律性的、社会性的及人道意义上的各种标准。设定风险标准需要综合考虑相关经费配备、法律及法令规定、社会经济及环境因素、利益相关者的关注程度、影响评估的先后次序以及其他外在因素。随着风险管理工作变得日益重要，西方国家纷纷制定全国性风险管理标准，以更好地指导和推动风险管理的发展。

最后，做好风险管理保障。包括风险识别、评估和处置过程中所必需的人、财、物及技术等各方面的资源保障。

2.风险识别

风险识别是指认识和确定需要管理的风险，即对各种潜在风险进行系统归类，分析风险的来源和产生风险的原因，确定风险可能的影响范围。风险识别是风险评估的基础，也是进行风险管理决策的基础。风险识别必须确定风险的责任人，由他们负责风险收集、分析、应对计划的制定等。

风险识别的对象，主要包括以下五个方面：

一是将可能发生哪些不利情况？针对某一种类的事件或区域，从不同层面、不同角度，分析、列举、细化此类事件或该区域可能发生的各种不利情况。

二是这些不利情况为什么会发生？分析可能导致不利事件发生的各种原因，包括自然原因（如自然灾害中的致灾因子）、物理原因（如基础设施本身存在的隐患）、技术原因（如系统工程问题）、管理原因（管理不善问题）、人为外力原因（如恐怖袭击、外力破坏）等。

三是这些不利情况是怎样发生的？分析不同的风险源发生作用的机理，即理清风险源是通过何种途径、何种机理，如何导致不利事件发生并产生影响的。

四是这些不利情况可能在何时何地发生？分析不同的不利情况发生和产生影响的时间、地点，确定不利情况发生及其影响的重点区域和时间段。

五是这些不利情况主要影响哪些对象？分析不利情况可能导致的后果和各种次生、衍生灾害，包括可能产生的客观损失（人员伤亡、经济损失、环境影响等）和主观影响（敏感程度、社会影响、政治影响、媒体关注度等），受不利影响的对象和可能的影响方式等。

风险识别的基本程序包括形成事件清单及分析风险产生的原因、可能导致的不利后果两个步骤。首先，详细记录风险识别情况，形成一个全面的事件清单，分析和认定哪些事件可能会发生，确定风险的来源及其可能的影响范围。其次，分析风险产生的原因及其可能导致的结果。在一个已认定的事件列表的基础上，要考虑风险可能的原因和设想可能的后果，在对风险进行筛选、排除的基础上确定潜在的风险处置措施。

3.风险评估

风险评估是指对不良结果或不期望事件发生的概率和造成的后果进行描述及量化的系统过程，也就是对一特定期间内安全、健康、生态、财产等受到损害的可能性及可能的损害程度做出评估的系统过程。风险评估通过分析风险的概率与后果来界定风险，在此基础上对各种风险进行综合排序，从而为避免或减轻风险提供一套科学、系统的方法。风险评估的目的是生成与特定风险诱因有关的信息，这些诱因具有不确定性，但有可能产生影响。风险评估的最终结果是对风险的判断,它以模拟影响的概率分布表现出来。风险的可能性和后果主要受三个因素决定:一是风险源(致灾因子)本身发生的可能性和危害程度;二是风险所作用对象(受灾体)的承受能力(脆弱性);三是控制和应对突发事件的能力。

风险评估包括风险分析和风险评价两方面。风险分析的目的,在于确定风险的概率与后果,以此作为确定风险级别(主要的风险、次要的可以接受的风险等)的基准,为风险的评价和处置提供支持。根据可使用的风险信息和数据,风险分析可以获得不同程度的精确性。

风险评价则是通过对从风险分析中获得的风险等级和预先设定的风险评估标准进行比较,对组织可能面临的各种风险进行综合排序,确定不同风险的重要程度和可接受水平。风险评价不能从一维的角度出发,而需要对风险可能性、后果及其影响因素等多维角度进行综合判断,确定不同风险的轻重缓急。此外,还需要对不同领域的风险因素进行量化和标准化,以使得不同领域的风险评价结果具有可比性。风险评价的结果为进一步的风险处置行动提供具有优先级的风险列表:如果风险被归类为低风险或可接受的风险类型,则它们就可以只进行最低程度的处理而被接受,并通过监控和定期审查确定它们继续保持可接受的程度;如果风险没有被归为低风险或可接受的风险类型,则应对它们采取措施进行处理。

4.风险处置

风险处置是指以风险等级为依据,根据对威胁来源、受灾体脆弱性、现有控制措施有效性及可能产生后果的分析,明确对不同的风险如何进行控制和管理,确定管理的优先级和风险处置策略,提出具体的风险处置措施和工作建议的过程。风险处置不仅要考虑风险水平和风险处置能力,而且要考虑风险处置的成本—收益问题,以最小成本获得最安全的水平。

风险处置的手段主要包括风险保留、风险规避、风险减缓、风险转移四个方面。风险保留是指经过慎重考虑而决定自己承担风险。这类风险一般为相对较小的风险,可能造成的损失微不足道,受灾体能够承担风险造成的损失。风险规避是指人们通过避免卷入某种风险状况或撤离某种风险状况的行动,设法回避损失发生的可能性,如放弃某些可能招致风险的活动和行为,或将风险源与外界隔离。在很多情况下,规避风险虽能限制风险的范围,却不可能杜绝一切风险。风险减缓是指通过对风险的分析,采取预防措施,以防止损失的发生,其目的在于努力减少发生概率和(或)可能造成损失的可能性。风险转移是指通过法律、协议、保险或其他途径向他人转移责任或损失的负担。风险转移是一种与他人共同分担特定风险的方法,参加保险是其中比较常见的办法。

5.风险沟通与监测

风险沟通与监测贯穿于风险管理的全过程。风险沟通是指不同利益相关者之间(如科技专家与普通大众之间、政府官员与社区或社会团体之间)就有关风险因素信息进行沟通的过程。由于风险具有主观性,涉及风险引致者(产生者)、风险承受者、风险处置者等多个利益相关方,不同利益主体对风险的感知是不同的,任何一方的行动都会对风险选择和处置结果产生影响,因此不同利益相关主体相互之间的信息沟通至关重要。为此,不但要在政府组织内部建立信息共享和沟通机制,还必须加强政府、技术专家、社会组织、媒体和公众之间的交流,建立面向社会、多方参与的风险管理模式。风险沟通的目标,是协助利益相关者更好地了解风险评价的结果和风险管理决策的基本原理。

风险监测包括对风险发生的监测和对风险管理的监测,前者是对已识别的风险源进行监视和控制,后者是在项目实施过程中对风险管理的过程、内容、技术措施与效果等进行监测。风险管理是一个动态持续的过程和一个循环闭合的系统,要对管理的过程和结果及时进行跟踪、沟通与反馈,定期、按要求更新评估内容。

二、应急准备机制

(一)应急准备的定义

应急准备是指为了有效开展突发事件应对活动,保障应急管理体系正常运行所需要的应急预案、城乡规划、应急队伍、经费、物资、设施、信息、科技等各类保障性资源的总和,是针对可能发生的突发事件,为迅速、有序地开展应急行动而预先进行的组织准备和应急保障工作。

(二)应急准备的目标

应急准备的目标,是立足于"防患于未然"的原则,强化服从任务需要意识、快速反应意识、灵活保障意识,主动跟进,做好应急任务的服务保障工作。在突发事件来临前,做好各项充分准备,包括思想准备、预案准备、组织机构准备、应急保障准备等,有利于防止突发事件升级或扩大,提高应急处置与救援的效率,最大限度地减少突发事件的发生及其造成的损失和影响。

(三)应急准备的原则

为保障突发事件应对的各项工作能够及时、有序、有效地开展,真正做到统一指挥、统一调度,分级负责、互相协作,确保安全、保障畅通,应急准备工作需要遵循以下原则:

1.综合集成、系统配套

应急准备是一个系统工程,包括知识准备、思想准备、规章制度准备、应急预案准备和应急装备准备,涉及机构与职责、应急设备设施与物资、应急人员培训、预案演练、公众教育和互助协议等方方面面。应急准备工作要务求全面。各地区、各部门要根据经济社会发展的特点及所面临的突发事件形势,合理布局,科学规划,做好物资储备保障制度、经费保障制度、通信保障体系等建设。同时,要实现不同地区、不同部门之间的资源共享,提高综合保障能力。

2.平战结合、常备不懈

各级政府及专业部门根据应急救援特点和需求,采取平战结合、常备不懈的原则,配备现场救援和工程抢险装备和器材,建立相应的维护、保养和调用等制度,保障各种突发事件的抢险和救援工作需要。建立具有应急保障能力的有线、无线相结合,固定、移动相结合,地面、空中相结合的通信网络,组成快速反应、平战结合的专业救援队伍和综合应急救援队伍,不断提高抢险救援的组织指挥能力、快速反应能力和综合保障能力。

3.多元参与、动态更新

应急准备要充分发挥企事业单位、社会团体和民众的积极作用。大型现场救援和工程抢险装备等应急资源,可采取与相关企业签订应急保障服务协议,综合运用政府资助、合同、委托等方式,每年由政府提供一定的设备维护、保养补助费用。要建立健全应急物资信息数据库、监测网络、预警体系和应急物资生产、储备、调拨及紧急配送体系,完善应急工作程序,确保应急所需物资和生活用品的及时供应,并加强对物资储备的监督管理,及时予以补充和更新,保障应急指挥调度准确、高效进行。

4.军民合作、军地协同

《突发事件应对法》和《军队参加抢险救灾条例》,对军队参加突发事件的应急救援和处置工作的主要任务、与地方人民政府的工作协调关系、动用军队的权限和程序、军地联合指挥、平时救灾准备和经费物资保障等作了明确规定。为此,应当打造资源共享平台,科学整合军地双方的人力、物力、技术等资源,建成地上地下结合、平战两用、设备设施配套的人防指挥中心,积极探索对口保障、随机保障、联合保障等多种灵活的保障方式,确保军地联合有效应对各种突发事件行动的需要。

(四)应急准备的要求

应急准备集中体现在应对突发事件的人力、物力、财力、交通运输、医疗卫生及通信保障等方面的工作,保证应急救援工作的需要和灾区群众的基本生活,以及恢复重建工作的顺利进行。应急准备应达到如下要求:

1.应急准备行动的快捷动态性

由于突发事件在时空上的不确定性,应急保障资源从资源储备地到事发地,要求在时间、空间和保障物资的数量、质量和品种上都要做到准确无误,使有限的人力、物力、财力发挥最大的保障效能。同时,还要考虑社会的发展和环境的变化,实行应急保障资源的动态管理。

2.应急准备方式的灵活多样性

突发事件往往由多个矛盾引发,内部原因和外部环境复杂。突发事件大小规模不一,种类各异;潜在的危害、衍生的灾害难以把握;加之地理、地域及周边环境的复杂性,应急准备的方式应当是灵活多样的。

3.应急准备的资源共享协同性

由于突发事件的特点决定了应急资源的稀缺性,同时应急资源又是突发事件赖以成功处置的最基本的要素。因此,突发事件发生后,应急组织体系内部成员在规定的范围和程序下可以使用应急保障资源,以实现保障资源的充分有效利用,避免重复配置,减少浪费。应急准备必须具有较强的协同性,要求指挥统一,运转协调,责任明确,程序简化。

4.应急准备的布局合理性

针对不同的地理位置、不同的自然环境、不同的经济区域、不同的城市类型、不同类型的突发事件高发区,应急资源应有不同的分布。应急资源的合理分布,不仅可以降低成本,而且可以保证应急救援的时效性,从而最大限度地减少人员伤亡和财产损失。应急资源布局合理的原则应该是"兼顾全面,保障重点",即在兼顾全面的基础上,保证突发事件处置的重点部门、重点任务和关键环节的资源需要,特别是稀有资源的最佳利用。

(五)应急准备的工作内容

1.应急预案

《突发事件应急预案管理办法》第二条规定:"本办法所称应急预案,是指各级人民政府及其部门、基层组织、企事业单位、社会团体等为依法、迅速、科学、有序应对突发事件,最大程度减少突发事件及其造成的损害而预先制定的工作方案。"第四条规定:"应急预案管理遵循统一规划、分类指导、分级负责、动态管理的原则。"

(1)完善预案管理机制。修订突发事件应急预案管理办法,完善突发事件分类与分级标准,规范预警等级和应急响应分级。加强应急预案的统一规划、衔接协调和分级分类管理,完善应急预案定期评估和动态修订机制。强化预案的刚性约束,根据突发事件类别和级别明确各方职责任务,强化上下级、同级别、军队与地方、政府与企业、相邻地区等相关预案之间的有效衔接。建设应急预案数字化管理平台,加强预案配套支撑性文件的编制和管理。

(2)加快预案的制定修订。制定突发事件应急预案编制指南,加强预案制修订过程中的风险评估、情景构建和应急资源调查。修订国家突发事件总体应急预案,组织指导专项、部门、地方应急预案修订,做好重要目标、重大危险源、重大活动、重大基础设施安全保障应急预案编制工作。有针对性地编制巨灾应对预案,开展应急能力评估。

(3)加强预案演练评估。制定突发事件应急预案评估管理办法和应急演练管理办法,完善应急预案及演练的评估程序和标准。对照预案加强队伍力量、装备物资、保障措施等检查评估,确保应急响应启动后预案规定任务措施能够迅速执行到位。加强应急预案宣传培训,制订落实应急演练计划,组织开展实战化的应急演练,鼓励形式多样、节约高效的常态化应急演练,重点加强针对重大灾害事故的应急演练,根据演练情况及时修订完善应急预案。

2.强化应急物资准备

(1)优化应急物资管理。按照中央满足应对特别重大灾害事故的应急物资保障峰值需求、地方满足启动本行政区域Ⅱ级应急响应的应急物资保障需求,健全完善应急物资保障体系,建立中央和地方、政府和社会、实物和产能相结合的应急物资储备模式,加强应急物资资产管理,建立健全使用和管理情况的报告制度。建立跨部门应急物资保障联动机制,健全跨区域应急物资协同保障机制。依法完善应急处置期间政府紧急采购制度,优化流程、简化手续,完善各类应急物资政府采购需求标准,细化技术规格和参数,加强应急物资分类编码及信息化管理。完善应急物资分类、生产、储备、装卸、运输、回收、报废、补充等相关管理规范。完善应急捐赠物资管理分配机制,规范进口捐赠物资审批流程。

(2)加强物资实物储备。完善中央、省、市、县、乡五级物资储备布局,建立健全包括重要民生商品在内的应急物资储备目录清单,合理确定储备品类、规模和结构并动态调整。建立完善应急物资更新轮换机制。扩大人口密集区域、灾害事故高风险区域和交通不便区域的应急物资储备规模,丰富储备物资品种,完善储备仓库布局,重点满足流域大洪水、超强台风及特别重大山洪灾害应急的物资需要。支持政企共建或委托企业代建应急物资储备库。

(3)提升物资产能保障。制定应急物资产能储备目录清单,加强生产能力动态监控,掌握重要物资企业供应链分布。实施应急产品生产能力储备工程,建设区域性应急物资生产保障基地。选择符合条件的企业纳入产能储备企业范围,建立动态更新调整机制。完善鼓励、引导重点应急物资产能储备企业扩能政策,持续完善应急物资产业链。加强对重大灾害事故物资需求的预判研判,完善应急物资储备和集中生产调度机制。

3.强化紧急运输准备

加强区域统筹调配,建立健全多部门联动、多方式协同、多主体参与的综合交通应急运输管理协调机制。制定运输资源调运、征用、灾后补偿等配套政策,完善调运经费结算方式。深化应急交通联动机制,落实铁路、公路、航空应急交通保障措施。依托大型骨干物流企业,统筹建立涵盖铁路、公路、水运、民航等各种运输方式的紧急运输储备力量,发挥高铁优势构建力量快速输送系统,保障重特大灾害事故应急资源快速高效投送。健全社会紧急运输力量动员机制。加快建立储备充足、反应迅速、抗冲击能力强的应急物流体系。优化紧急运输设施空间布局,加快专业设施改造与功能嵌入,健全应急物流基地和配送中心建设标准。发挥不同运输方式规模、速度、覆盖优势,构建快速通达、衔接有力、功能适配、安全可靠的综合交通应急运输网络。加强交通应急抢通能力建设,进一步提高紧急运输能力。加强紧急运输绿色通道建设,完善应急物资及人员运输车辆优先通行机制。建设政企联通的紧急运输调度指挥平台,提高供需匹配效率,减少物资转运环节,提高救灾物资运输、配送、分发和使用的调度管控水平。推广运用智能机器人、无人机等高技术配送装备,推动应急物资储运设备集装单元化发展,提升应急运输调度效率。

4.应急人才储备

(1)加强专业人才培养。建立应急管理专业人才目录清单,拓展急需紧缺人才培育供给渠道,完善人才评价体系。实施应急管理科技领军人才和技术带头人培养工程。加强应急管理智库建设,探索建立应急管理专家咨询委员会和重特大突发事件首席专家制度。将应急管理纳入各类职业培训内容,强化现场实操实训。加强注册安全工程师、注册消防工程师等职业资格管理,探索工程教育专业认证与国家职业资格证书衔接机制。依托应急管理系统所属院校,按程序和标准筹建应急管理类大学,建强中国消防救援学院。鼓励各地依托现有资源建设一批应急管理专业院校和应急管理职业学院。加强应急管理学科专业体系建设,鼓励高校开设应急管理相关专业。加强综合型、复合型、创新型、应用型、技能型应急管理人才培养。实施高危行业领域从业人员安全技能提升行动,严格执行安全技能培训合格后上岗、特种作业人员持证上岗制度,积极培养企业安全生产复合型人才和岗位能手。提升应急救援人员的多言多语能力,依托高校、科研院所、医疗机构、志愿服务组织等力量建设专业化应急语言服务队伍。

(2)加强干部队伍建设。坚持党管干部原则,坚持好干部标准,贯彻落实新时代党的组织路线,建立健全具有应急管理职业特点的"选、育、管、用"干部管理制度,树立讲担当重担当、重实干重实绩的用人导向,选优配强各级应急管理领导班子。将应急管理纳入地方党政领导干部必修内容,开发面向各级领导干部的应急管理能力培训课程。完善应急管理干部素质培养体系,建立定期培训和继续教育制度,提升应急管理系统干部政治素养和业务能力。加大专业人才招录和培养力度,提高应急管理干部队伍专业人才比例。推进应急管理系统、国家综合性消防救援队伍干部交流,加强优秀年轻干部的发现培养和选拔使用。建立健全符合应急管理职业特点的待遇保障机制,完善职业荣誉激励、表彰奖励和疗休养制度。

(六)应急准备的工作程序

1.资源的普查、分析和归类

各级政府主管部门和职能部门要对本地及周边地区的应急资源状况进行全面调查。

(1)建立应急保障资源分类细目表。组织专家或委托咨询单位,根据突发事件的分类,采用层次结构形式排列出应急保障资源目录,一直划分到最小的独立的应急保障资源统计单元,并给出目录中每一项目的定义或描述,确保工作人员能够正确理解和有效执行。

(2)建立应急保障资源统计表。在分类细目表的基础上,设计统计表,确定每一项目所要统计的内容和维度。如设备的型号、数量、功能和使用范围、条件等。

(3)应急保障资源统计。做好统计方法的设计和统计内容汇总的设计。可以用专项调查、抽样检查、全面检验等手段摸底搜集资料,再把搜集的资料进行统计、汇总、分析。

2.资源需求统计

按照突发事件的不同类别和不同级别,对其所在地应急体系中的所有资源进行分类分级,并建立相应的分类分级目录。通过相应的调查形式,汇总各应急组织在原有保障资源的基础上对应急保障资源的需求量和对质量、地点的要求,以利于应急保障资源的整合和优化工作。

3.资源的布局

资源的布局是根据各种潜在危险源的分布,在综合时间、成本和能力等因素的基础上,按照一定的规划,预先把一定种类和数量的应急物资储存在选定的地点。要保证在突发事件暴发后各类应急物资能够迅速、及时、准确地到达指定地点,就必须对应急保障物资的分布进行优化。应急保障物资的优化是在普查和整合的基础上,依据预案进行资源的科学配置和输送,使之发挥最大的应急效应。

应急资源的布局应重点考虑选址和配置两个方面。在选址时要考虑应急保障资源的优化配置问题,在资源配置时要考虑合理选址问题。因此,在优化应急资源布局时,要考虑两类因素:一是与应急保障资源密切相关的要素,包括应急资源的类型、载体、流向、流速、流量、流程等。这些要素有些可以确定,有些需要根据应急活动的变化来决定,带有一定的不确定性。二是与选址密切相关的要素,包括目标地址、源地址设施、空间、距离、环境等。另外,在应急保障资源布局时,还要考虑应急保障资源供给和资源调用的一体化优化过程。

有些突发事件具有次生、衍生特征,如果处置不及时或处置不当,所引起的次生、衍生危害可能具有更大、更强、更严重的危害程度。因此,在应急保障资源布局时,还要考虑突发事件的连锁反应,统筹配置,不能顾此失彼。同时,还要考虑突发事件的发展过程是一个动态过程,应当保障资源得到合理的应用,发挥其应急价值,实现有效处置突发事件的目标。

4.供给-需求平衡表

根据应急保障资源的布局和配置方案,制定供给-需求平衡表。主要包括三部分的内容:一是总量信息汇总表,包括应急保障资源的种类、数量、说明、相关描述及分布状况;二是各布局点的应急保障资源基本状况,如种类、数量、功能等;三是各布局点设施的基本状况,如对所属应急保障资源的供给方式、供给速度、流量及附近的交通设施状况等。

总之,各级政府及其各有关部门和单位,要按照职责分工和相关预案切实做好应对突发事件的人力、物力、财力、交通运输、医疗卫生及通信保障等工作,保证应急救援工作的需要和灾区群众的基本生活,以及恢复重建工作的顺利进行。

三、应急管理宣传教育培训机制

(一)宣传教育培训的定义

应急管理的宣传教育培训是指相关机构或单位在全社会普及和宣传应急知识、组织应急培训及演练、提供应急管理专业教育等,使民众提高安全意识和应急技能,能够自觉地采取适合本地区、本单位的有利于应对突发事件的行为,消除或减少危险因素,保护生命安全和健康,并对宣传教育培训后果做出评价的过程和活动。

1.公众的应急宣教和防灾减灾意识培养

将应急知识宣传教育工作纳入各级宣传教育部分工作计划;充分利用广播、电视、报纸、互联网等大众媒体,开展应急教育,增强公民防范意识,学习掌握应急基本知识和技能;建立和完善全国应急宣传教育网络,加强应急知识宣传教育进校园、进社区、进厂矿、进农村工作,提高基层宣传教育的普及面。各基层单位要充分利用活动室、文化站、文化广场及宣传栏等场所,通过多种形式广泛开展应急知识普及教育,提高群众公共安全意识和自救互救能力。生产经营企业要依法开展员工应急培训,使生产岗位上的员工能够严格执行安全生产规章制度和安全操作规程,熟练掌握有关防范和应对措施;高危行业企业要重点加强对从业人员的安全宣传和培训。有关部门要进一步采取有效措施,认真贯彻落实《大中小学国家安全教育指导纲要》,推进应急知识进学校、进教材、进课堂,使公共安全教育贯穿于学校教育的各个环节。

2.应急知识和应急能力提升

《突发事件应对法》第二十五条规定:"县级以上人民政府应当建立健全突发事件应急管理培训制度,对人民政府及其有关部门负有处置突发事件职责的工作人员定期进行培训。"《关于推进城市安全发展的意见》强调:"提升市民安全素质和技能。建立完善安全生产和职业健康相关法律法规、标准的查询、解读、公众互动交流信息平台。坚持谁执法谁普法的原则,加大普法力度,切实提升人民群众的安全法治意识。推进安全生产和职业健康宣传教育进企业、进机关、进学校、进社区、进农村、进家庭、进公共场所,推广普及安全常识和职业病危害防治知识,增强社会公众对应急预案的认知、协同能力及自救互救技能。积极开展安全文化创建活动,鼓励创作和传播安全生产主题公益广告、影视剧、微视频等作品。鼓励建设具有城市特色的安全文化教育体验基地、场馆,积极推进把安全文化元素融入公园、街道、社区,营造关爱生命、关注安全的浓厚社会氛围。"为此,要加强公务员、高危行业从业人员、应急救援队伍、志愿者等的应急知识培训工作,将应急知识的培训纳入年度工作计划。开展对与应急管理工作直接相关的领导、公务员、应急管理人员、高危行业从业人员、应急抢险救援队伍、志愿者和应急保障人员的培训,使有关人员熟悉应急职责、应急程序和相关技能。对于一般人员,要常态化、制度化地开展应急知识的培训工作,提升综合应急能力,将应对突发事件的能力纳入绩效考核的指标体系之中。

3.应急管理教育体系规划

开展应急管理的学科体系与培训机制的建设工作。针对中国的应急管理人才培养模式,从应急教育体系构成、内容设计、管理模式等角度进行规划;应急教育体系可由研究型、培训型和科普型三种应急教育组成;加强对学生应对突发事件能力的培养。

(二)宣传教育培训的目标

建设宣传教育培训机制的目标,是建立健全以实际需要为导向,政府主导和社会参与相结合,注重实效、充满活力的应急管理宣传教育培训工作格局,优化配置培训资源。依托各类高校、中小学校、远程教育培训阵地,将各级各类应急管理人才培养纳入教育培训总体安排,进行全面、系统的宣传教育培训,形成以应急管理理论为基础、以应急管理相关法律法规和应急预案为核心、以提高应急处置和安全防范能力为重点的宣传教育培训体系。同时,健全培训激励和约束机制,不断提高宣传教育培训质量;做好各类预案的宣传和解读工作;以应急知识普及为重点,提高公众的预防、避险、自救、互救和减灾等能力;以典型案例为素材,增强公众的公共安全意识,使应急常识进农村、进社区、进厂矿、进学校、进机关、进家庭。

(三)宣传教育培训的原则

宣传教育培训机制的建设工作需要遵循以下原则。

1.全面覆盖、分层分类

全体公众都是应急管理宣传教育培训工作的对象,但在具体实施时,需依据各类突发事件和受训对象的不同特点、要求,优化分级分类开展工作。要针对党政领导班子成员、机关公务员、企业领导人员、事业单位领导人员、专业技术人员、年轻干部、基层干部的不同特点采取分类的培训措施。同时,建立合理的应急知识结构,在纵向联系中从低到高,划分基础层次、中间层次和最高层次,没有基础层次,较高层次就会成为空中楼阁;没有高层次,则显示不出水平,因此任何层次都不能忽视。

2.整合资源、创新方式

宣传、教育、文化、广电、新闻出版等有关部门要通过图书、报刊、音像制品和电子出版物、广播、电视、网络等,广泛宣传应急法律法规和预防、避险、自救、互救、减灾等常识。要充分依托、利用现有培训资源开展应急管理培训,根据需要加强功能性建设。立足提高操作能力和实战水平,积极采取专题讲座、案例分析、情景模拟、预案演练、对策研究等方式开展培训,增强培训效果。

3.联系实际、学以致用

坚持培训与应用的统一,要着重增强公众的忧患意识、社会责任意识和自救、互救能力;要有计划地对应急救援和管理人员进行培训,切实提高受训对象应对突发事件的素质和专业技能;要着眼于提高应对突发事件的能力和推进切合实际的应急管理体系建设。而且,要通过实践,不断增强应急管理宣教培训的针对性、有效性。

4.有序推进、动态调整

发挥各级应急管理机构的综合协调作用,调动各部门、各行业和基层单位开展应急管理宣教培训的积极性。正确处理专项、专业培训与综合性、管理类培训的关系,坚持统筹规划、合理安排,形成良好的培训工作秩序。同时,宣教培训演练中提供的应急知识结构、内容和方法要与时俱进,要依靠现代科学技术,特别是现代信息化手段的应用,千万不可僵化。要建立健全宣教培训的自我调节机制,促进应急管理事业持续发展。

(四)宣传教育培训的体系

1.组织体系

组织体系是指应急管理宣传教育培训组织的结构设置,它包括培训的组织机构、人员配备、组织流程、培训部门人员职责分工和工作机制等。通过宣传教育培训组织体系,主要完成以下工作:根据不同时期的实际需要确立宣传教育培训目标;调查宣传教育培训需求;依据不同的目标和任务,制定长期、中期、短期宣传教育培训计划;根据实际需要及工作重点,调集宣传教育培训对象;根据不同的宣传教育培训任务和对象,指派具体承办单位负责任务的实施并监督落实;宣传教育培训评估结果的跟踪与运用。组织体系是宣传教育培训的基础,是实现宣传教育培训工作的载体。

2.宣传教育培训的对象

对宣传教育培训对象的划分是设置内容与选择方式的依据。因此,要根据对象承担的角色与职能并结合其自身的素质(知识背景、实战经验等),有针对性地设置并提供宣教培训的课程与内容,以提高培训的效果并满足培训对象快速、有效处理各种突发事件能力的需求。综合各国应急管理的经验,可以从不同的角度对宣传教育培训对象进行划分。从所属部门来看,可以划分为:政府部门、企事业单位、社会组织、社会公众。从应急管理流程来看,可以划分为:初始响应者与后期跟进者。从应急管理地域范围来看,可以划分为:国际性应急管理部门成员、全国性应急管理部门成员与地方应急管理部门成员。从最终的应用目的来看,可以划分为:应急管理培训师资队伍与一般应用人员。

结合实际,我国应急管理宣传教育培训的对象包括:党政领导干部、应急管理干部(包括各级各类应急管理机构负责人和工作人员)、新闻发言人、基层干部、其他公务员、企业负责人、岗位人员、应急救援队伍、应急救援及与恢复行动中提供紧急支撑性服务的人员(见表4-1)。

"第一响应者"主要分为10类人员(见表4-2),这种划分能够帮助政府明确突发事件发生的初始阶段所涉及的应对主体,从而实现在"黄金应对时期"就能有效地组织相关部门,避免人员的低效与缺位,全面、有效地应对灾难。

表 4-1　中国应急管理宣传教育培训的对象及其需重点掌握的内容

对象	需重点掌握的内容
党政领导干部	法律法规、应急预案、应急决策方法、应急指挥程序与交流沟通方式等
应急管理干部	熟悉、掌握应急预案和相关工作制度,提高为领导决策服务和开展应急工作的能力。需要有针对性地提高应急值守、信息报告、组织协调、技术通信、预案管理等方面的业务能力
新闻发言人	及时掌握突发事件的准确信息;掌握和理解应急管理专业术语;熟悉本单位的业务流程;了解媒体的运作规律;具有缜密的逻辑思维,较强的信息表达能力等
基层干部	增强公共安全意识,提高排查安全隐患和第一时间应急处置突发事件的能力
其他公务员	增强公共安全意识,提高排查安全隐患和第一时间应急处置突发事件的能力
企业负责人	增强风险防范意识,提高安全生产管理和重大事故应急处置能力

续表

对象	需重点掌握的内容
岗位人员	识别危险因素及事故发生的征兆;了解所涉及的事故发生的潜在后果;了解岗位人员自身的作用和责任;确认必需的应急资源;需要疏散时,应限制未经授权人员进入事故现场;熟悉现场安全区域的划分;了解基本的事故控制技术
应急救援队伍	了解相关危险品特征、病毒细菌防范、污染处理、具体技术设施等技术方面的内容,掌握现场救护与应急自救、应急设备操作、应急装备使用等技能方面的内容
应急救援志愿者	熟悉所在地的安全状况和急救联络方式,了解日常安全知识和应急知识的宣传普及,能预防和消除隐患;发生灾害时,能及时报警;熟练使用简易灭火器材;熟悉逃生路线和方法;协助组织群众安全疏散;掌握徒手心肺复苏、创伤救护等初级急救技能;可对伤员进行基本的救护
师资队伍	掌握应急管理相关知识与技能;掌握应急管理培训中的关键原理和技能;了解原理在实际应急管理环境中的运用;不断评价和改进教学活动和专业工作
普通公众	日常安全知识和应急自救、互救知识

表 4-2 TEI 对"第一响应者"的分类及界定

序号	培训对象类别	具体内容
1	执法者	全职、兼职或自愿在当地、市和州层次负责法律实施的政府工作人员
2	突发事件医护人员	全职、兼职或自愿作为第一响应者负责紧急医疗的专家和为院前护理提供服务的人员
3	应急管理机构	包括当地和州对各种灾难性事件进行准备、识别、响应与恢复的组织
4	消防人员	全职、兼职或自愿提供生命安全服务,包括灭火、营救、火灾调查和预防的人员
5	有害物质管理部门人员	全职、兼职或自愿负责辨别、界定有害物质特征,提供风险管理,缓解和控制有害物质或潜在有害物质的人员
6	公共建设工程负责人员或组织	负责对公共和私人基础设施的重建,或在联邦层级上负责管理、技术、监督等事务的管理人员
7	政府行政管理人员	在灾难期间负责管理公众健康、福利等公共事务的经选举或委任方式被任命的官员
8	公共安全与通信人员	全职、兼职或自愿运用科学技术服务于通信与沟通事务,辨别突发事件并提供与生命安全、犯罪、环境和设施等问题相关的解决方案的人员
9	卫生保健人员	在医院、内科室、诊所等医疗护理处所提供临床、法医和管理技能的人员,主要是提供监视(消极和积极)、诊断、实验室评估、治疗、心理健康、流行病学研究、证据收集及对人和动物进行管理等服务
10	公众健康服务人员	预防流行病等疾病传播、避免环境中有害物质的侵害、帮助灾害恢复并确保公众健康的人员

备注:TEI 指美国联邦应急管理署下属的培训与演练整合秘书处。

3.课程体系

课程体系是针对应急管理宣传教育培训需求而进行的课程设计、课程规划及相关内容配置。一个完整的应急管理宣传教育培训课程体系应该包括应急管理的课程内容设计、传授的形式选择等多个方面。

内容是应急管理宣传教育培训的核心,它的合理与完善决定着宣传教育培训目标的实现;同时,宣传教育培训的目标和对象直接决定着内容及其深度的设置。具体来说,宣传教育培训的内容应包括如下五个方面:

(1)对应急管理及相关领域基本理论的培训。不仅包括对应急管理意识和应急管理基本领域的介绍,还包括对管理科学和文化、民主与法制等基础理论知识的介绍,推动培训对象综合素质与能力的提高。

(2)对应急管理全流程的培训。包括预防、准备、响应(应对)和恢复整个管理流程,对政府应急管理人员的培训尤其应当如此。

(3)对应急管理专业技能的培训。旨在提高专业救援队伍的救援能力与效率。

(4)对应急管理沟通技能的培训。部门内及部门间的协同、互动与沟通的培训,旨在促使各方了解彼此的管理与运营机制,从而提高应急管理效率、避免无谓的伤亡与损失。

(5)对公众和志愿者的教育培训。由于公民自救与互救是实现救援的最好手段,因此为普通公众提供一般的应急管理技能培训能够帮助提高他们自救互救的效率。

根据受培训者的不同特点来确立不同的宣传教育培训模块,以"课题筐"的形式,由不同的培训对象、不同的班次依需要进行组合和任意选择(见表 4-3 及表 4-4)。

表 4-3 应急管理培训内容的模块设计示例

模 块	目 标	课程或专题
应急管理相关政策	解读国家关于应急管理的思路和发展进程;了解应急办的工作重点与难点	应急管理的现况及发展;《突发事件应对法》解读;应急预案编制与评估等
应急管理理论及国际应急前沿	了解应急管理的基本理论及国际应急管理前沿理论与未来发展;掌握实用化的应急管理手段和方法;开阔视野	四大类突发事件应急处理及应急管理工作程序;应急人员在灾害中的职责、义务和功能;国外应急的组织和技术;国外应急管理模式(包括监测预警、应急决策、指挥调度、应急演练等)
应急管理专业技术课程	掌握应对各种灾害的专业技能;建立安全应急救援体系	根据实际需求,设置应对各类灾害的专业技能培训,包括预测分析模型、风险分析模型、救援技能、消防技能、各种应急装备的使用等
应急平台体系架构与功能	熟悉应急平台的架构、体系与功能;了解应急平台在应急管理工作中的作用	应急平台的构成与功能;应急平台的数据和系统;应急平台的互联互通等

续表

模　块	目　标	课程或专题
公共安全科技内涵与发展	建立对公共安全科技的总体认识;了解科技对公共安全保障与应急管理的支撑作用	对公共安全科技核心的阐释;公共安全科技发展和现状;公共安全与科学发展观
应急中的媒体应对及公众沟通	熟悉媒体运作规律,了解与媒体沟通的技巧,提高临场应变能力和突发事件新闻处置水平;熟悉群体性心理,掌握群体性事件中公众沟通技巧	新闻发布政策与舆论引导;媒体新环境与应对策略;新闻发布会的策划与操作;突发事件的新闻处置与案例分析;媒体应对实战案例分析;社会心理沟通技巧;公众沟通案例分析;政府舆情评估与形象管理等
案例与情景模拟教学	通过实战模拟,了解在应急处置中一些环节的处置原则与方法	新闻发布会的模拟;群体性事件的模拟演练;重特大突发事件的处置过程;典型案例分析
参观考察及应急解决方案实践	了解各地应急工作实践和相关建设情况;建设本单位安全应急系统	参观专项应急培训机构、优秀的应急基层机构、应急办公室等

表 4-4　应急管理宣传教育培训的渠道与方法

渠道/方法	特点/目的	具体内容(示例)
培训演练	对参与应急行动所有相关人员进行的最低程度的应急培训	·课堂讲授、案例分析、参观考察、演练式培训等 ·要求应急人员了解和掌握如何识别危险、如何采取必要的应急措施、如何启动紧急警报系统、如何安全疏散人群等基本操作 ·因为火灾和危险品事故是常见的事故类型,尤其应重视火灾应急培训以及危险物质事故应急的培训
大众媒体	面向最广大的受众群体进行全民应急宣传教育的有效载体	·广播和电视具有快速的新闻时效,尤其是电视声画兼备,更具有生动形象的特点,现场感强烈、亲切度高,更要高度重视"第一时间"的报道,抢抓新闻,及时发布信息 ·互联网、手机短信、声讯电话等媒体具有很强的互动性,可以有效提高应急宣传教育培训的针对性和时效性 ·各级政府可通过政府门户网站进行应急宣传,比如中央人民政府网站的"应急管理"专栏、广东省的应急管理网站,以及基层社区的网上宣传教育内容

续表

渠道/方法	特点/目的	具体内容(示例)
发放应急手册	通过手册向公众提供内容全面的应急知识,免费发放应急手册是目前各地普遍采用的一种宣传教育方式	以广西壮族自治区人民政府应急办编写的《公众防灾避险手册》为例,其内容包括: ·应急管理常识,包括突发事件的分类和常见种类,政府、社会组织、公众的应急责任 ·家庭应急准备,指导公众做好家庭应对突发事件的计划和物资准备 ·突发事件应对知识,介绍常见和公众可能遇到的突发事件应急知识,包括18种自然灾害、15种事故灾难、20多种公共卫生事件、4种社会安全事件 ·灾后恢复重建知识 ·附录收录了各类紧急呼救电话号码、常见安全标志、常用急救技能和《中华人民共和国突发事件应对法》中有关社会公众责任、权利、义务规定的章节
建立应急科普宣教基地	组织公众在一个特定空间亲身体验、模拟灾害情境,并学习如何预防与自救应对	以2005年北京市海淀区建成全市第一个体验式公共安全馆为例: ·全馆展厅面积有8000平方米,分为交通、治安、消防、地震、人民防空、安全生产、水利、卫生健康8个主题展区 ·融各类自然、人为灾害的预防知识与自救、互救常识为一体,普及应对地震、洪水灾害、消防安全、交通安全、公共卫生、社会治安等方面的防范自救知识
宣传栏、展览、车载移动广告	提高公众的应急意识和公共安全意识	·在主要公共场所设立宣传栏,摆放展板,悬挂标语,发放宣传提纲 ·制作宣传海报,在公共场所广泛张贴 ·拍摄公益广告和应急知识短片,在各地电台、电视台播出,在公共汽车、地铁列车、民航班机等运输工具上广泛宣传 ·不定期开展应急知识和技术展览等活动
组织知识竞赛	促进大众更加积极学习并掌握应急知识,取得较好的社会效益	·通过竞赛活动,可以加大应急管理工作学习、研讨、交流和宣传的力度
在公共场所设置应急标志	提高公众的应急意识和公共安全意识,有利于风险隐患的源头治理	·在社区、高危企业、建筑群和车站、机场、码头、商场、宾馆等公共场所设置应急标志并将其深入普及到学校、社区、农村、企业
开展专题宣传活动	树立公共安全意识和社会责任意识	·国家通过设立"5·12"全国防灾减灾日、"11·9"消防日、6月安全宣传月和3月中小学安全教育周等,开展形式多样的公共安全主题宣传活动

4.师资队伍管理与建设

师资队伍建设与管理包括专职教师的培养、兼职教师的选拔、专兼职教师的整合及辅导员队伍建设等。应急管理工作的独特性决定了宣传教育培训不仅要关注与应急管理相关的一般性理论知识的传授,还要注意到针对某一类突发事件的专业性指导、应对中的经验技巧的传授及心理素质的提高。

5.效果评估体系

效果评估体系是运用科学的理论、方法和程序从宣传教育培训结果中收集数据,并将其与整个组织的需求、目标联系起来,以确定宣传教育培训项目的优势、价值和质量的过程。简言之,这是从多个层面的结果中来考量宣传教育培训是否有效的过程。一般包括反应评估、学习评估、行为评估和结果评估四个层面。

6.支持体系

支持体系包括软件系统和硬件系统两个部分。软件系统是指应急管理宣传教育培训管理的流程、政策及制度等,这是开展应急管理宣传教育培训的行动依据;硬件系统是指宣传教育培训的场地、设备、工具、培训费用支持、教材(案例)准备等,是应急管理宣传教育培训展开的物质保障。

第三节　监测与预警

一、监测机制

(一)监测的定义

广义的监测是对潜在风险、危险源、危险区域等进行实时跟踪,获取相关信息后及时报送、处理并发出预警的整个流程。狭义的监测是指以科学的方法,收集重大危险源、危险区域、关键基础设施和重要防护目标等的空间分布、运行状况及社会安全形势等有关信息,对可能引起突发事件的各种因素进行监测,及时掌握风险和突发事件变化的第一手信息,为科学预警和及时采取有效措施提供重要信息基础。监测是一项从源头上治理危害的保障工作。简言之,监测通过对某些可能引发不利事件的风险源进行观察和测量,预防不利事件的发生,是一个实时的动态过程。监测机制是指以监测活动为中心构建的工作机制。

(二)监测的目标与原则

1.监测的目标

监测的目标,是加强对各类突发事件发生、发展及衍生规律的掌控和研究,完善监测预警网络,提高综合监测和预警水平,确保风险隐患早发现、早研判、早报告、早处置、早解决。

2.监测的原则

加强突发事件监测机制建设,需要遵循以下工作原则:

一是依法监测的原则,要依据突发事件监测相关的法律、法规、规章开展监测工作。

二是客观、公正的原则,不断完善监测手段,如实、客观记录风险隐患情况,进行比较分析,真实反映突发事件趋势状况。

三是重点监测的原则,由于影响突发事件的因素繁多,因此,实际工作时应当主要对那些危害大、出现频率高的风险隐患实行优先重点监测。

四是信息保密的原则,对属于保密信息的监测数据,监测机构及其工作人员不得擅自泄露。

五是专业监测与社会监测相结合的原则,在重视基于科学基础的专业监测的同时,重视广大群众在风险监测中发挥的重要作用,构建全方位、立体式的监测体系。

六是线上与线下监测相合的原则。随着互联网特别是移动互联网的发展,社会治理模式正在从单向管理转向双向互动,从线下转向线上、线下融合,从单纯的政府监管向更加注重社会协同治理转变。进入"自媒体"时代,人人都能够到网上发声。通过关注网络舆情可以了解社会动态,了解群众对社会中各种现象、事件所表达的态度、意见和情绪等,有效应对网络突发舆情和网络安全事件。

(三)监测的工作内容及流程

1.监测的对象

通过对监测对象的监测,及时、准确地获取风险隐患的相关信息,为突发事件的早发现、早研判、早报告、早处置、早解决提供科学依据和技术支撑。

突发事件的监测首先需要确定监测的对象,如对重大危险源、关键基础设施、重点防护目标(国家重要部门、国家骨干线路、能源储备库、核设施、航天基地、重要交通枢纽、国家重点工程等,以及党政军机关要地、部队驻地、城市经济中心、电台、电视台等重点部门和重点单位,地铁、地下商场、人防工程等重要地下设施,以及供水、供电、供气、供热等生命线工程设施,重要有毒害污染物生产或仓储地,城区易积水交通干道及危房稠密居民区等,特别是与经济社会密切相关的场所,如金融机构、银行、商场、重要厂房等)进行实时监测,以获得这些单位、设施、目标的重要基础数据。在社会安全事件中,对恐怖势力和社情、舆情等也必须加强监测监控,以确保社会的安全稳定。

2.监测方法

监测的技术方法主要包括传统的群众监测方法和依靠科学技术的专业监测方法。

传统的群众监测方法是一种发动广大群众,特别是受到威胁的个体或集体,采用简单的设备通过观测直接参与潜在突发事件监测的监测方法。例如发动当地群众报告崩塌滑坡地区出现的各种细微变化,通过定期的目测监测和简易的观测发现潜在地质灾害风险,及时进行防范,避免发生重大损失。目前,在许多地质灾害多发的地区,数万名兼职信息员第一时间发出灾害信息,为保障人民生命财产安全做出了重要贡献。同时,通过群众监测信息的传递,可以采取专业监测的方法进行进一步的核实,进行精准的监测。

专业监测方法是指利用 3S、视频、无线、卫星遥感技术、GPS 定位技术、毒气监测技术、生物探测技术、信息监测技术等监测方法,对潜在风险或者突发事件的重要影响因素进行测量和监控。

从监测手段来看,亦可分为定量的和定性的监测。例如污染物浓度、洪水覆盖面积等属于定量监测,是通过对突发事件和承载体的各种参数和环境参数进行观察、测量、记录并对采集的数据进行分析,评估监测对象的风险水平。而突发事件的发展态势、网络舆论预警等一般属于定性监测的范畴。随着大数据、人工智能等科技的发展,原来属于定性监测的内容也逐渐转化为定量的监测。

在实际监测工作中,要注重专业监测与传统监测相结合,构建由各级政府、相关主管部门、专业机构、监测网点及基层部门等构成的综合监测体系,通过多种途径及时、全面、准确地收集突发事件信息。

二、预警机制

(一)预警的定义

预警是指根据突发事件过去和现在的数据、情报、资料等,运用逻辑推理和科学预测的方法和技术,对某些突发事件现象征兆信息度量的某种状态偏离预警线的强弱程度,对未来可能出现的风险因素、发展趋势和演变规律等做出估计与推断,并发出确切的警示信号或信息(即预警信号),使政府和公众提前了解事态发展的趋势,以便及时采取应对策略,防止或消除不利后果的一系列活动。预警必须依靠有关突发事件的预测信息和风险评估结果,依据突发事件可能造成的危害程度、紧急程度和发展趋势,确定相应的预警级别,通过公共媒体、政府内部信息渠道等,及时对特定的目标人群发布警示信息,灵敏、准确地昭示风险前兆,并采取相关的预警措施,从而把突发事件给特定的政府部门和潜在的受影响群体可能造成的损失降到最低。

(二)预警的目的

开展预警的目的有两个:一是对搜集到的信息进行快速分析处理,然后根据科学的信息判断标准和信息确认程序对暴发突发事件的可能性做出准确的预测和判断;二是及时向有关人员或公众发布突发事件可能发生或即将发生的信息,以引起有关人员或全社会的警惕。

(三)预警的原则

1.时效性

从突发事件的征兆到全面暴发具有很高的不确定性,事态演变极其迅速,需要借助现代先进信息技术,及时、准确、全面捕捉征兆,并对各类信息进行多角度、多层面的研判,及时向特定的群体传递并发出警示。因此预警工作的开展一般需要建立灵敏、快速的信息搜集、信息传递、信息处理、信息识别和信息发布系统,这一系统的任何一个环节都必须建立在"快速"的基础上,失去了实效性,预警就失去了意义。总结 2003 年非典及此次新冠肺炎疫情等突发公共卫生事件应对的经验教训,我国在处置传染病疫情时坚持"预防预警、及时发现、快速反应、有效处置、夯实基础"的防治策略,以及早发现、早报告、早隔离、早诊断、早治疗的"五早"原则,采取控制传染源,切断传播途径,保护易感人群的防控措施,在保障人民生命和健康方面取得了明显成效。

2.准确性

预警不仅要求快速搜集和处理信息,更重要的是要对复杂多变的信息尽可能做出准确或比较准确的判断,这关系到整个应急管理的成败。要在短时间内对复杂的信息做出正确判断,必须事先针对各种突发事件制定出科学、实用的信息判断标准和确认程序,并严格按照制定的标准和程序进行判断,避免信息判断及其过程的随意性。当然,提高预警准确性的关键是提高科学技术水平。

3.动态性

预警信息的收集和发布是一个动态的过程。由于预警信息采样的时点性特征和突发事件本身的动态性,使得某一时点发布的预警仅针对当时的研判结果。然而突发事件是在不断变化的,因此预警信息必须根据动态的研判结论进行相应调整。

4.覆盖性

突发事件预警机制建设必须有效地考虑各种潜在的不稳定因素及其相互关联等复杂问题与状况。同时,突发事件预警涉及政府、企业、公民等多个组织和多个系统,是一个复杂的、综合的系统工程,需要彼此之间的协调配合。要根据预警内容和受众对象,注意预警的通俗性,并通过多种方式、多条途径做到全覆盖。

5.层次性

预警机制建设必须根据突发事件的不同层次设置不同的层级系统,形成一个从低层级到高层级、从简单到复杂、从小范围到大范围的系统圈。同时,要注重采用内部预警与外部预警相结合的方式,对于敏感性、恐怖主义等相关信息以内部预警为主,对于地震、海啸等直接危害民众健康的事件,以外部预警为主,并着重落实预警后的疏散撤离等相关措施。

(四)预警的工作内容及流程

从预警的目标来看,预警信息内容包括突发事件的类别、预警级别、起始时间、可能影响范围、警示事项、应采取的措施和发布机关等。

从预警工作流程来看,预警信息依次包含信息收集、信息筛选、信息评价、阈值设定和报警等五项工作。从预警机制的建设方面看,还应包括预警级别的调整、预警制度的完善及预警措施的落实等相关工作内容。

1.预警信息的处理与发布

这个阶段的任务是在各部门与各专业的专家参与下,根据特定的预警现象收集有关信息,对收集的全部信息进行多次分析研究,完成筛选工作,之后进行评价,从而确定信息项的实际重要性。

在确定信息的准确性与重要性后,会同有关专家,根据经验和理论确定预警指标的临界值。当先兆信息的某些参数接近或达到这个阈值时,就意味着将有突发事件发生。一旦特性参数接近或达到阈值,系统就在合适的时点上发出某事件即将发生的警告。采用传统方法与科技方法相结合的手段,向相关工作人员和社会人员发出警报。

2.预警级别的划分

完善现有的预警级别划分标准,对各类突发事件的预警级别具体加以细化和规范化。完善预警级别的动态调整、重新发布和预警解除机制,提高预警信息的连续性。规范预警标志,多渠道设置规范而直观的预警标志。对突发事件进行更加科学合理的分类并逐步实现数字化,提高根据综合研判结果、快速确定事件预警级别的能力,实现对分级指标进行检索、添加、修改、查看、删除等功能。

3.预警发布制度的完善

根据即将或可能发生的突发事件的类型和特征,参照相关预案规定和预警级别,启动相应的预警信息发布流程。依据"属地管理为主、权责一致、接受上级领导统一指挥"三项原则,进一步明确预警警报的发布权和授权制度。规范预警信息的发布内容,如突发事件的类别、预警的级别、起始时间、可能影响的范围、警示事项、应采取的措施和发布机关等。扩大预警发布的渠道,充分利用广播、电视、报纸、电话、手机短信、街区显示屏和互联网等多种形式发布预警信息,确保广大人民群众第一时间掌握预警信息,使他们有机会采取有效防御措施。建立针对特殊群体的预警发布渠道,如对老、幼、病、残、孕等特殊人群及学校等特殊场所和警报盲区应采取有针对性的公告方式。

4.落实发布预警信息后的预警措施制度

根据风险评估和预警措施评估结果,深入分析风险隐患产生的主客观原因,及时修订、完善相关规章制度,有针对性地制定和完善切实可行的预警措施,提高预警措施的针对性、可行性、规范性和科学性。完善预警措施实施后的反馈和评估机制,适时对预警措施进行监督检查和评估,建立预警措施更新调整机制,根据措施的实际效果不断完善预防预警措施。

第四节　应急处置与救援

一、应急处置与救援的定义

应急处置与救援是应急管理的核心环节,也是应急管理过程中最困难、最复杂的阶段。能否有效处置突发事件,直接关系到社会的安危。

应急处置与救援是指突发事件发生后,政府及其部门等应急处置主体,为尽快控制和减缓突发事件造成的危害和影响,依据有关应急预案,采取应急行动和有效措施,控制事态发展或者消除突发事件的危害,最大限度地减少突发事件造成的损失,保护公众的生命和财产安全的过程及其活动。

应急处置与救援的目标是高效处置事故,化险为夷,尽可能地避免、减少人员的伤亡和经济损失。

二、应急处置与救援的原则

(一)以人为本,保障安全

突发事件存在多种威胁,会造成多种损失。因此,应对处置与救援时,要坚持以人为本的原则,先救人、后救物,把挽救生命与保障人们的基本生存条件放在首要位置,而不是舍本逐末。同时,必须高度关注应急救援人员的人身安全,有效保护应急处置者,避免次生、衍生事件的发生,这是应急处置"以人为本"的当然表现。

(二)统一领导,分级负责

应急处置与救援工作通常需要跨部门、跨地域调动资源,因而必须具有高度集中、统一领导与指挥的应急管理指挥系统,实现资源的整合,避免各自为战,确保政令畅通。对于应急指挥来说,统一领导的关键是要在党委的集中领导下,发挥政府的主导作用,调动全社会的力量,形成应急合力。同时,应急处置与救援要坚持分级负责的原则,即按照突发事件的具体分级,依据各级各类应急预案要求,由相应级别的应急指挥机构做出决策,具体进行处置。

(三)广泛动员,协调联动

突发事件具有涉及范围广、社会影响大、破坏性较强等特点,一般超出了某个政府部门甚至某级地方政府的控制能力,需要广泛开展社会动员、实现协调联动:一是整合政府、企业和第三部门力量,形成共同应对突发事件的网状化格局,发挥整体效能和作用。二是突发事件发生地政府同相邻地区政府建立应急协调联动关系,统筹调动人力、物力、财力资源。三是要充分发挥武装力量在应急救援中的突击队作用,体现军民结合、平战结合的精神。

(四)属地优先,先期处置

突发事件发生后,当地必须及时地展开先期处置,以防止突发事件事态进一步扩大、升级,尽可能地减少突发事件造成的损失。因为属地是突发事件的事发地,熟悉当地的情况;属地政府及有关部门第一时间赶赴突发事件事发现场,有助于把突发事件消灭在萌芽状态。

(五)依法管理,科学处置

在应急处置与救援过程中,要严格依照国家法律、法规、规章等规定采取应急措施处置。要充分利用和借鉴各种高科技成果,发挥专家的决策智力支撑作用,避免蛮干苦干。同时,也要充分利用专业人员的专业装备、专业知识、专业能力,实现突发事件的专业处置,体现专业处置的原则,使突发事件处置能够依法、科学、有序地进行,进而减少不必要的生命、财产损失。

(六)边处置、边报告

必须坚持边处置、边报告的原则,对没有明确规定、把握不准的问题,应当及时请示,情况紧急来不及请示时应当边处置、边报告或边报告、边处置。

三、应急处置与救援的主体、处置措施及流程

(一)应急处置与救援的主体

1.应急处置与救援的责任主体

根据《突发事件应对法》的规定,我国突发事件应急处置与救援的责任主体是履行统一领导职责或者组织处置突发事件的各级政府,这是由政府的本质、政府的职能和政府的能力所决定的。政府的本质特征表明维护公共安全、保护人民群众生命财产、保障社会秩序正常运转是政府的首要责任;政府的职能要求表明应急管理是政府的重要职能;政府的能力体现表明只有掌握了绝大部分社会资源的政府具备在应对突发事件中承担领导责任和主要责任的能力。由于突发事件发生后,往往造成人民生命财产和国家财产的巨大损失,正常的社会功能受到破坏,人们的心理也受到损伤,在这种情况下,事发地有关政府有必要实施应急处置措施,以使各种抢险救援工作得到有力的组织和有序的开展。法律赋予政府采取应急处置措施,目的在于突发事件发生后,政府必须第一时间组织各方面力量,依法及时采取有力措施控制事态发展,开展应急救援工作,组织营救和救治受伤人员,防止事态扩大和次生、衍生事件的发生,努力减轻和消除其对人民生命财产造成的损害。

2.应急处置与救援的相关义务主体

尽管应急处置与救援的责任主体是各级政府,但政府不是开展应急管理的唯一主体,应急处置与救援需要全社会的共同参与和积极协作,更需要形成政府与全社会协调互动的良性关系,因此,各种社会组织、基层单位和公民在应急处置与救援中都应承担并履行相关义务。

居(村)民委员会是城市居民和乡村村民开展自我管理、自我教育、自我服务的基层群众性自治组织,其他社会组织包括工会、共青团、妇联等群众团体,是聚居在一定地域范围内的公众所组成的社会生活共同体,担负着传达落实上级领导机关政策措施、促进和谐社区和乡村建设、为群众服务的重要任务。由于突发事件几乎都是发生在社区和乡村,基层的居民群众必然是突发事件发生后的第一知情人,各种基层组织也必然是突发事件的先期处置者,在政府采取应急行动中,居(村)民委员会和其他组织理所当然地成为行动力量的一个组成部分。应急处置与救援是个复杂的系统,政府在应急处置与

救援中扮演主角,但居(村)民委员会和其他组织在应急处置与救援中也发挥着独特作用。居(村)民委员会和其他组织的相关义务是:按照当地政府的决定、命令进行宣传动员,组织群众开展自救和互救,协助维护社会秩序。在应对突发事件时,充分发挥居(村)民委员会和其他组织的作用,可以更好地把公众组织起来,有效地进行自救和互救,最大限度地减少损失。各种社会组织在应急处置与救援中发挥作用,在我国应急处置与救援中的例子屡见不鲜。如汶川地震、玉树地震发生后,参加应急处置与救援的除专业机构外,有多个志愿者组织参加了应急救援行动。有时在应急处置与救援中,仅有政府的专业队伍是远远不够的,还需要大量的民间组织和志愿者组织的参与。如2004年12月发生的印度洋海啸,受灾人数达数百万,职业和专业救援队伍相对严重不足,因此,有大量的民间组织和志愿者组织参与了救援工作。有些民间组织,如红十字会早已成为各种突发事件的重要救援力量。

基层单位是社会的基础细胞和根本物资来源之一,也是突发事件威胁的主要利益相关者,在应急处置与救援中,应当承担起第一时间处置突发事件的责任,最大限度地减少人员伤亡和财产损失。按照《突发事件应对法》的规定,受到自然灾害危害或者发生事故灾难、公共卫生事件的单位,应当根据具体情况,立即组织本单位应急救援队伍和工作人员营救受害人员,疏散、撤离、安置受到威胁的人员,排除险情。对于仍在对人民生命财产安全造成威胁的危险源、危险场所,应采取必要措施予以控制或封锁,并采取措施防止危害扩大。这些基层单位应当立即将应急处置与救援情况向所在地县级政府报告。对因本单位的问题引发的或者主体是本单位人员的社会安全事件,有关单位应当按照规定上报情况,并迅速派出负责人赶赴现场开展劝解、疏导工作,积极配合处置。事发地其他单位,在突发事件发生后,应当服从相关政府发布的决定、命令,配合政府采取的各项应急处置措施;按照政府要求,积极组织人员参加所在地的应急救援工作;本单位受到突发事件影响的,应做好本单位的应急救援工作。

公民既是突发事件的直接受众,又是重要的应对主体。参与、配合、支持突发事件应急处置与救援成为当前每位公民义不容辞的职责和义务。按照《突发事件应对法》的规定,公民应当服从所在地政府、居(村)民委员会或者所属单位的指挥和安排,配合政府采取应急处置与救援措施,积极参加应急救援工作,协助维护社会秩序。为了防止、减轻突发事件引起的危害,政府需要采取必要的应急处置与救援措施,如疏散、撤离人员、限制使用有关场所等。这些措施在一定程度上对公民权利有所限制,但其目的是避免突发事件所引起的对公民生命财产的危害。公民应服从政府的决定、命令,以及关于疏散、撤离的安排,同时还应在政府的领导下,积极参加应急救援工作,协助维护社会秩序。

(二)应急处置与救援措施

应急处置与救援措施是行政机关为有效应对各类突发事件而采取的各种紧急性措施的总称。突发事件发生后,行政机关采用何种措施进行应急处置,由《突发事件应对法》和其他单行的应急管理法律、法规、规章、预案等予以规定。其中,《突发事件应对法》是应对突发事件的综合性法律。根据该法规定,采取应急处置与救援措施的法定条件是突发事件发生,具体要求是应当针对突发事件的性质、特点和危害程度,有效方式是履行统一领导职责或者组织处置突发事件的政府有关部门,调动应急救援队伍和社会力量。实施应急处置与救援措施属于一种国家紧急权力,这种国家紧急权力是与限制公民相应的权利相联系的。为了保护公民的权利不因国家机关滥用权力而被侵犯,在法律上做出规定既有利于保护公民权利,又能够保证国家机关在突发事件发生后,及时采取应急处置与救援措施,有效地组织应急处置与救援。由于在自然灾害、事故灾难、公共卫生事件、社会安全事件4类突发事件中,自然灾害、事故灾难和公共卫生事件在应对措施上具有更多的相似性和共通性,《突发事件应对法》将这3类事件放在一起,规定了一些必要措施。对于社会安全事件则单独规定了应急处置措施。

1.自然灾害、事故灾难和公共卫生事件的应急处置与救援措施

自然灾害、事故灾难或者公共卫生事件发生后,政府必须第一时间组织各方面力量,依法及时采取有力措施控制事态发展,有效开展应急处置与救援,避免其事态进一步扩大,努力减轻和消除其对人民生命财产造成的损害。

(1)救助性措施。人的生命是最宝贵的,应急处置必须坚持以人为本的原则,将社会公众的生命安全放在首位。在突发事件已经发生或即将发生时,应急管理部门必须有效地组织人员对伤者进行救治,对受到或可能受到突发事件影响的社会公众进行安全疏散,并予以妥善安置。在应急处置与救援过程中要先避险、后抢险,先救人、后救物。

(2)控制性措施。突发事件发生后,应急管理部门应当迅速对危险源、危险区域和所划定的警戒区逐层实施有效的静态控制,同时进行交通管制以实施有效的动态控制。这样,应急处置与救援活动就会有个相对有利的外部环境,突发事件的扩散和升级就能够得到有效遏制,应急救援队伍、装备和物资也能够顺利地到达事发现场,从而防止危险继续蔓延而造成更为严重的后果。

(3)保障性措施。突发事件发生后,基础设施管理部门应当及时修复被损毁的公共设施,如公路、机场、码头、铁路、供排水、供电、通信等。在应急处置过程中,对基础设施应当格外重视,基础设施的修复可以稳定社会公众情绪,并有效保障应急救援队伍、装备和物资的运输。此外,在处置过程中,应急管理部门还要采取特殊的管理措施,确保食品、饮用水、燃料等基本生活必需品的供应,使社会公众有水喝、有饭吃、有地方住,患病可及时得到医治,实现大灾之后无大疫。这些是保障民生的基本措施,可防止灾区社会矛盾激化。如湖南省在抗击特大雨雪冰冻灾害期间,保供电、保交通、保民生的"三保"政策有效防止了突发事件的扩大升级。

(4)预防性措施。在应急处置与救援过程中,应急管理部门不仅要着力减轻已造成的损害结果,还要排查有关设备、设施及活动场所潜在的风险,并采取有效的预防性措施,防止公众遭受新的损失。例如伦敦地铁爆炸案发生后,现场禁止使用手机,目的是防止手机信号引爆未被发现的炸弹。此外,应急管理部门还要注意防止各种次生、衍生事件的发生。

（5）动员性措施。应急处置与救援不能缺少强有力的人力、物力和财力保障。应急管理部门需要启用本级政府的财政预备和应急物资储备。必要时，可开展应急社会动员，紧急征用企业、社会所储备的物资、设备、设施、工具。同时，应急处置结束后，政府应给予被征用单位适当的补偿。这样，紧急征用活动才具有可持续性。此外，社会公众有义务参与突发事件的处置工作。特别是有特定技术专长的社会公众，更应发挥其积极作用。

（6）稳定性措施。突发事件发生后，商品供应可能出现短暂性的紧缺，可能有人会囤积居奇、哄抬物价、制假售假，扰乱市场秩序。甚至有些不法分子趁火打劫，利用突发事件造成的混乱局面进行违法犯罪活动。这些都会造成不必要的社会混乱，干扰应急处置与救援工作的开展。因此，《突发事件应对法》专门就此做出规定，应急指挥机构应协调国家执法机关，采取有效的稳定性措施，严厉打击违法犯罪活动，为突发事件的应急处置创造一个良好的外部环境。

2.社会安全事件处置措施

根据《突发事件应对法》的规定，社会安全事件，包括重大刑事案件、涉外突发事件、恐怖袭击事件、经济安全事件、规模较大的群体性事件等，其处置措施包括以下5种：

（1）强制隔离措施。社会安全事件发生后，应急指挥机构应协调公安机关根据事件性质和危害程度，依法采取果断行动，进行强制干预，将冲突双方隔离，有效控制现场事态，维持正常的社会秩序。

（2）保护控制措施。社会安全事件发生后，特定区域内的建筑物、交通工具、设备、设施等可能会成为破坏对象，需要进行重点保护。燃料、燃气、电力、水等供应关系着千家万户，涉及国计民生，应急指挥机构应协调公安部门，对其采取必要的控制性措施，避免社会安全事件影响的扩散。

（3）封锁限制措施。社会安全事件发生后，必须实施现场管制，对出入封锁区域人员的证件、车辆、物品依法进行检查，限制有关公共场所内的活动。这有助于及时维持处置现场秩序，抓获犯罪嫌疑人，避免新的社会安全事件的发生。

（4）重点保卫措施。国家机关、军事机关、通讯社、广播电台、电视台、外国使领馆是易受社会安全事件冲击的关键部门，也经常是群体性事件中公众表达利益诉求、发泄不满情绪的对象。不仅如此，它们还因具有较高的象征性价值，是敏感地点，容易成为恐怖袭击等暴力活动的对象。为此，在处置社会安全事件的过程中，应当重点加强对以上机关的保卫工作。

（5）其他合法措施。《突发事件应对法》规定，在必要的情况下，可依照法律、行政法规和国务院的规定，采取以上4种措施之外的其他措施。如金融危机对全球经济的影响明显，它可以被视为严重影响经济运行的事件。这可以被看做社会安全事件中的一种。《突发事件应对法》规定，发生突发事件，严重影响国民经济正常运行时，国务院或者国务院授权的有关主管部门可以采取保障、控制等必要的应急措施，保障人民群众的基本生活需要，最大限度地减轻突发事件的影响。

第五节 恢复与重建

一、恢复重建机制

(一)恢复重建的定义

恢复重建是指在突发事件发生后,为保障正常的社会和经济活动,修复各类生命线工程,修复各类公共基础设施,恢复正常的生活、生产秩序而采取的相关措施,以及当突发事件应急处置工作基本结束,为恢复受影响地区与群众的生活、生产,促进受影响区域经济社会可持续发展所做的规划和实施等工作。

恢复重建机制就是指在突发事件应急处置和救援基本结束后,围绕受影响区域社会秩序及人民生活、生产的恢复,围绕受影响区域重建工作,建立一套从过渡性安置、调查评估、规划、实施到相关监督管理的工作流程。这是应急管理的核心机制之一。

(二)恢复重建的目标

恢复重建机制的目标是使受影响区域的生命线和其他各类基础设施尽早恢复正常运行,使受影响群众的生活、生产、学习、工作条件积极、稳妥地恢复正常,重建受影响区域经济和社会发展所需要的各类要素,促进受影响区域和受影响群众实现社会、经济和文化的可持续发展等。

(三)恢复重建的原则

1.以人为本,生命至上

恢复重建的中心是帮助受突发事件影响群众的恢复和重建。因此,必须关爱受到突发事件影响的群众,把保护人的生命安全和健康作为恢复重建的首要任务。恢复重建过程中,无论是规划还是实施,都需要首先注重受影响群众的感受、参与和最终评价。

2.及时高效,重视质量

突发事件发生后,恢复重建工作就已经进入议程,因此有必要根据需要随时开展相应的恢复工作,特别是受影响区域社会秩序的恢复、受影响群众基本生活的保障和救助及水电气热等生命线的运行等。突发事件应急处置和救援后,应尽快恢复社会、生活和生产秩序的正常运行,对效率的要求高于常规性的建设。当然,必须确保恢复重建的质量,坚持确保质量与注重效率相结合。

3.统筹协调,科学规划

重大及以上级别的突发事件的恢复重建工作通常会涉及多个社会系统,难免出现多个目标间的矛盾,如以生存为导向的紧急恢复和以发展为导向的持续恢复间的矛盾、物质层面(各类基础设施、服务设施及住房等)恢复与非物质层面(社会层面和心理精神层面)恢复间的矛盾等,因此需要格外重视统筹协调工作。

突发事件的恢复重建工作不仅是对事件前受影响区域的简单恢复,而且是面向受影响区域的未来发展,需要全面通盘考虑区域内经济和社会发展的需要,因此必须坚持在科学规划的指导下进行,通过规划的合理布局,确保重建的科学性、规范性。

4.突出重点,分类指导

突发事件后的恢复重建工作涉及面广、影响范围大,因此从政府应急管理工作体系出发,不可能完全包揽突发事件后恢复重建的所有工作,必须将工作重心放在那些在恢复重建中关键性、标志性、支柱性的重点对象上,如生命线工程、医院学校等重大民生设施及支柱性产业项目等,对这些重要对象实施重点协调。而对于量大面广的恢复重建内容,则更多通过制定符合实际、具有导向性的相关政策,根据不同恢复重建内容的特点,提出有针对性的措施,分类指导推动恢复重建工作的开展。

5.因地制宜,地方为主

突发事件的恢复重建既需要宏观的整体规划,也需要结合受影响区域的实际情况和特点,因地制宜地开展恢复重建工作。特别是对于影响区域大的重大及其以上级别的突发事件,由于恢复重建涉及的地方多,恢复重建的整体规划更主要的是发挥一般性的指导作用,而具体实施中还需要各个地方进一步根据各自实际情况,制定符合自身特点的详细规划。恢复重建的实施工作也应以地方为主,中央及其他省(区、市)政府主要发挥宏观协调和支援协助作用。

6.广泛参与,社会协同

突发事件的恢复重建工作同样需要形成党委领导、政府负责、社会协同、公众参与的工作格局。应充分发挥企事业单位、保险机构、人民团体、社会组织、慈善机构、基层社区、各界人士及志愿者等各类组织和公民的作用,动员多方面资源,协同开展恢复重建工作。既要发挥政府的主导作用,又要减轻其不合理的负担,动员多方力量。

7.立足自救,多方帮扶

突发事件的恢复重建工作的基础是受影响区域的自助自救,恢复重建的主体也是受影响群众,否则恢复重建工作就丧失了最根本的意义。由于突发事件的破坏,给受影响群众的自救工作带来了很大的困难,所以也需要积极动员和鼓励从中央到其他省(区、市),从企事业单位到社会组织,以及海内外志愿者的多方帮扶。

8.公开公正,依法监督

突发事件的恢复重建不仅是各级政府应急管理体系中的重要工作内容,更受到全国人民的普遍关注,对于重大及以上级别的突发事件尤为如此。因此,无论受影响区域遭受损失的程度和需求如何,所拨付的恢复重建物资和资金多少,相关经办部门和工作人员都必须自觉和充分接受监督,确保恢复重建工作的公开公正、合法合情。对于在恢复重建过程中违反法律法规规定,如未及时组织开展生产自救等工作,造成各种不良后果的当事人和有关政府部门,应依据有关法律、党纪和行政规定,给予相应的责任追究和法律惩罚。

(四)恢复重建的工作内容

根据《突发事件应对法》,当突发事件的威胁和危害得到控制或者消除后,恢复重建工作即开始。恢复重建工作不仅包括受影响区域的恢复及经济和社会等方面的重建,也包括与恢复和重建工作密切相关的防止次生(衍生)事件发生、灾情调查和损失评估及重建规划等内容。

1.防止次生(衍生)事件发生

恢复重建工作在停止执行应急处置措施之后,仍存在出现次生、衍生事件或者重新引发突发事件的可能。因此恢复重建工作应包含防止发生自然灾害、事故灾难、公共卫生事件的次生、衍生事件或者重新引发社会安全事件的内容,需要采取或者继续实施相关的必要措施。

2.社会秩序恢复

突发事件尤其是重大及以上级别的突发事件,不但对人民生命财产造成极大损失,而且还破坏了原有的生活、生产和社会正常秩序,容易引发违法、犯罪乃至群体性事件等社会安全问题,使社会秩序处于不稳定状态。这种情况不仅会出现在应急处置和救援阶段,也可能会延续至恢复重建阶段,所以,即便在应急处置措施结束之后,公安部门及其他相关部门依然需要根据突发事件影响区域的实际情况加强治安管理和安全保卫工作,预防和制止各种破坏与犯罪活动,并及时有效组织相关力量,确保救火和重建物资,特别是生活必需品的调拨、运输、存储及发放的安全、有秩序进行。社会秩序恢复工作的重点是对实施盗窃、抢劫、损毁公私财物,哄抢救灾物资,制造、散布谣言和虚假信息,借突发事件用手机短信和网络诈骗敛财,违法经营,阻碍执行公务等行为坚决予以打击,并依法从重处罚;情节较轻的,依照《中华人民共和国治安管理处罚法》予以处罚;情节严重,构成犯罪的,依法追究刑事责任。在此基础上,有效威慑违法犯罪人员和破坏分子,迅速稳定突发事件影响区域的人心、民心,尽快恢复社会正常的生活、生产和社会治安秩序。

3.公共设施恢复

恢复重建工作的首要基础是恢复各类公共设施的运行,特别是公共基础设施的运行,包括交通、通信、供水、排水、供电、供气、供热、广播、电视、学校及医院等公共设施。公共设施的恢复应分轻重缓急,有计划、有步骤地开展。其中,水、电、气、热等与人民生活密切相关的公共基础设施又称为生命线设施,应予以优先恢复;移动无线通信已经成为当代社会运行和人民生活须臾不可离的基础性服务,因此也应予以优先恢复;学校和医院,特别是公立的学校和医院,与人民日常生活息息相关,它们的正常运行对于安定受影响区域的人心、增强受影响人群的信心有着重要作用,因此也需要尽快恢复正常运行。

4.生产和经济的恢复

灾区经济和社会等方面的重建,是恢复重建工作的中心内容。但在此基础上,还需要格外强调灾区生产和经济的恢复。社会生产和经济活动是一个社会最基础的运行活动。在救灾阶段,一切社会活动都让路于救灾工作,社会生产和经济活动基本处于停滞的状态,相应的人们的心理也持续处于灾难状态。从救灾进入恢复重建阶段后,即便不考虑维持基本生活的需要,如果没有社会生产和经济活动,一个社会就无法从人心稳定和运行井然两方面实现向常态的恢复。因此,即便仅从恢复社会常态的角度,也需要尽快恢复社会生产和经济活动。通过社会生产和经济活动的恢复,还可以让人们恢复到正常的工作状态,不仅保证了人们获得收入可以维持生活需要,而且本身直接促进了社会秩序的产生。因此,强调生产和经济的恢复,对于恢复重建有重大意义。

5.组织架构的恢复重建

对于恢复重建工作较为繁重的重大及以上级别的突发事件,有必要根据突发事件灾情状况和恢复重建需求,成立相应层面的恢复重建组织架构,总体负责有关突发事件后恢复重建的所有工作,统筹协调灾后恢复重建相关工作体系的建立。如在突发事件影响区域内各级地方政府相应成立恢复重建工作委员会,并承接于突发事件应急指挥机构,完成恢复重建组织上的有机转换。恢复重建的组织架构建设的核心目的是保障受突发事件影响区域内实现灾区的恢复重建与经济社会整体发展两类不同工作互不干扰、有序开展的工作格局。

6.突发事件的灾情调查和损失评估

突发事件的灾情调查和损失评估是保证恢复重建工作有序进行的基础工作,直接为恢复重建方案的制定和具体实施提供数据支持,以确定恢复重建所需要的资源与扶助的种类与数量。调查评估的目的是获得突发事件影响的准确信息,以确定突发事件影响区域恢复重建工作所需资金、人员、资源及服务等方面的需求。

7.恢复重建规划的制定

为了保障突发事件受影响区域恢复重建工作的有序进行,使灾区恢复重建与可持续发展融合,有必要在恢复重建工作开展前进行细致的规划。对于重大及以上级别的突发事件,恢复重建规划尤为重要。恢复重建规划的开展,应依据相关法律法规和预案规定,在突发事件后调查评估的基础上,由各级政府和部门分级分类进行。通常先进行总体规划,之后再编制详细规划。恢复重建规划遵循一般性的规划规律,应包括职责分工、工作目标、资源配置、监督检查等内容,用以指导恢复重建实践。恢复重建规划应当坚持短期恢复与长期发展并重的方针,按照因地制宜、合理布局、科学规划、分类指导、区别对待、突出重点的原则,在有关人民政府统一领导下,有计划、有步骤地实施。

8.恢复重建工作的实施

恢复重建工作的实施是指受突发事件影响区域的各级恢复重建组织架构,在恢复重建规划的指导下,充分调动和发挥当地各政府部门、企事业单位及人民群众的主动性和积极性,在上级政府、对口支援省(区、市)及广大社会力量的支持、支援和扶助下,实现正常生活、生产和社会秩序的恢复,重建正常的社会、经济和文化发展的过程。

9.恢复重建相关优惠政策的制定及实施

恢复重建工作的主要抓手是恢复重建相关优惠政策的制定及实施。在针对受影响区域的优惠政策的制定及实施过程中,既要照顾到受影响区域特点和行业特点,也要考虑宏观经济的发展需要。这些优惠政策主要包括对受影响区域的财政支持措施;对受影响区域群众的就业和创业的优惠措施;对参与对口救援省(区、市)政府、组织和个人的鼓励措施;对受影响区域增加资金供给的金融类措施;对支持恢复重建工作捐助的组织和个人的免税措施;对受影响区域企事业单位、社会组织和个人的税费减免、贷款贴息、财政补助等政策措施;对赴受影响区域投资建厂的组织和个人的各项优惠措施等。

二、救助补偿机制

(一)救助补偿的定义

救助是指给需要被帮助的人一定物资上的支援或精神上的安慰,保障其基本生活和心理安定;补偿的基本意思是抵消损失,就是弥补在突发事件中受影响群众或其他人员的损失。救助补偿就是通过各种方式对在灾难中受到生存影响的社会成员提供衣、食、住、行、医疗等基本生活资料以维持其基本生活水平,并且利用财政资金、必要的行政手段和市场行为等工具,对灾难造成的损失进行补偿的应急管理机制,尽量把突发事件的影响和损害降到最低限度。

(二)救助补偿的目标

救助补偿的目标是降低突发事件对群众或其他人员的影响和损害。救助补偿应当与突发事件造成的社会危害的性质、程度和范围相适应,有多种措施可供选择,应当选择有利于最大限度地保护公民、企业事业单位和其他组织权益的措施。

(三)救助补偿的原则

救助补偿应当遵循以下工作原则:一是坚持以重点受灾对象救助为主,兼顾受益面,既减轻受灾最严重的对象的负担(受益程度),又兼顾所有救助对象获得基本的救助服务。二是科学测算救助补偿比例和程度,按照国家规定和实际需要来确定救助补偿的标准。三是坚持逐步调整、保障适度的补偿原则,防止出现补偿比例过高造成透支或补偿比例过低而补偿不足的现象。四是坚持专项管理、科学管理、定期审计、民主监督,严格补偿救助资金和物质的使用范围,防止资金和物资的滥用。

(四)救助补偿的工作内容

《突发事件应对法》第六十一条规定:受突发事件影响地区的人民政府应当根据本地区遭受损失的情况,制定救助、补偿、抚慰、抚恤、安置等善后工作计划并组织实施,妥善解决因处置突发事件引发的矛盾纠纷。

由于在突发事件以后,救助与补偿具有及时性、应急性甚至强制性等特点,并且政府在救助补偿中具有特殊性,必须通过立法的形式来保障。在很多国家都制定了专门的法律,例如日本制定了专门的《灾害救助法》,其本质在于灾害发生后,给受灾民众紧急提供食品及其他生活必需品,对民众因灾害导致的伤病紧急治疗,对住房损坏的灾区民众提供临时性住处,还要发放一定的救助金等。我国《自然灾害救助条例》(2019年修订)第三条规定:"自然灾害救助工作实行各级人民政府行政领导负责制。国家减灾委员会负责组织、领导全国的自然灾害救助工作,协调开展重大自然灾害救助活动。国务院应急管理部门负责全国的自然灾害救助工作,承担国家减灾委员会的具体工作。国务院有关部门按照各自职责做好全国的自然灾害救助相关工作。县级以上地方人民政府或者人民政府的自然灾害救助应急综合协调机构,组织、协调本行政区域的自然灾害救助工作。县级以上地方人民政府应急管理部门负责本行政区域的自然灾害救助工作。县级以上地方人民政府有关部门按照各自职责做好本行政区域的自然灾害救助相关工作。"

1.救助

对受突发事件影响的群众施行救助措施,属地政府应该及时制定这方面的安置计划,提供最基本的生活条件,以尽快满足灾区群众最基本的生活需求。对受突发事件影响的"孤儿、孤老和孤残"人员进行积极的救助。公民参加应急救援工作或者协助维护社会秩序期间,其在本单位的工资待遇和福利不变。没有工作单位的,由所在地区、县人民政府给予补贴。属地政府对在应急救援工作中伤亡的人员,依法给予抚恤。属地政府及其部门应当将突发事件损失情况及时向保险监督管理机构和保险服务机构通报,协助做好保险理赔工作。

2.补偿

建立完善应急资源征收、征用补偿制度,解决基层群众和综合应急队伍的实际困难和后顾之忧。属地政府因应对突发事件采取措施造成公民、企事业单位和其他组织财产损失的,应当按照国家规定给予补偿;国家没有规定的,属地政府应当组织制定补偿办法。根据有关规定,结合实际情况,暂时制定补偿标准和补偿办法,完善补偿程序,建立补偿评估机制,必要时召开由受损者参加的听证会,确定补偿方式、补偿标准和补偿数额,并进行公示。审计、监察等部门应当对补偿物资和资金的安排、拨付和使用进行监督。

3.救助补偿的主要形式

(1)设置紧急避难所,紧急转移安置受灾人员。

(2)紧急调拨、运输灾害救助应急资金和物资,及时向受灾人员提供食品、饮用水、衣被、临时住所、医疗防疫等应急救助,保障受灾人员基本生活。

(3)发放慰问金和抚恤金。

(4)抚慰受灾人员,处理遇难人员善后事宜。

(5)组织受灾人员开展自救互救。

(6)组织灾害救助捐赠活动。

(7)减免税赋和提供低利息贷款。

（8）组织重建或者修缮因灾损毁的居民住房,对恢复重建确有困难的家庭予以重点帮扶。向经审核确认的居民住房恢复重建补助对象发放补助资金、物资和提供其他技术支持等。

三、心理抚慰机制

（一）心理危机与心理抚慰的定义

心理危机是一连串的平衡的打破。往往因为情绪压力过大,乃至个体不能应对,引发平衡打破而出现心理危机。

心理抚慰,又称心理援助,是指对受突发事件影响的群众及时给予适当、适时的心理援助,以最大限度地减少突发事件对心理造成的危害,使之尽快摆脱困难或尽量减轻痛苦。

（二）心理抚慰的目标

依据心理创伤的相关理论,基于世界各国灾后心理抚慰的经验,心理抚慰总的目标是,在灾区建立心理抚慰工作的长期机制,降低受灾群众的心理创伤程度,激发内在的潜能,增进受灾群众面对灾难和挫折的能力,培养积极、乐观、向上的心理品质,帮助深刻认识生命的意义和价值,促进个体顺利发展。

具体目标可以归纳为以下几个方面。

第一,依据灾难幸存者心理反应建立起来的理论,为受灾群众提供及时的心理援助,帮助受灾群众心理康复,激发内在积极的心理资源,重建对自我和生活的自信心,增强承受挫折和适应环境的能力。

第二,发现、鉴别心理创伤严重的受灾群众。给予科学、有效的心理咨询和治疗,使他们尽快摆脱灾难带来的阴影。预防和减少心理疾患的发生比例。

第三,重点协助儿童、教师、其他弱势群体,以及救灾人员面对灾后悲伤失落的情绪体验,减轻灾后心理压力,以尽快适应日后生活。

第四,为社会大众提供重大灾害发生后的心理健康知识,减低社会的心理恐慌,增强自我调节能力。

第五,为政府相关部门的救灾方案提供心理学补充和具体措施。

（三）心理抚慰的原则

根据对大规模灾害的心理援助的经验,结合灾害对人类心理的影响及文化特点,心理援助应遵循以下原则:

第一,正常化。恰当地向幸存者说明其灾害后的反应和表现是正常的、绝大多数幸存者都会出现的,使其正确地认识自身的应激反应,从而主动参与调整自己的情绪。

第二,协同化。心理援助的专业人员和幸存者双方是一种协作互动的关系,幸存者的自尊感和安全感明显降低,此时必要的肯定和适当的安慰、鼓励,有助于其恢复自信、增强安全感和确定感。互助原则还指心理援助人员之间要互相沟通、互相支持和帮助。

第三，个性化。心理援助必须遵循"以完整人为中心"的服务原则。心理援助者应当设身处地、换位思考，结合幸存者的躯体、心理、社会层面的具体情况，进行正确的评估。个体化原则还指心理抚慰的方法必须符合幸存者当地文化风俗。

第四，理论化。心理援助是一项专业性很强的工作，必须遵循灾后心理康复的发展阶段和过程，依据心理创伤理论与技术，科学、有序、持续地进行，避免产生二次伤害。

第五，分类化。在面向全体受灾群众开展多种形式的心理干预和促进的同时，重点关注儿童、老年人、妇女、残疾人和创伤较严重的受灾群众，另外，还应重视教师和在救灾一线的政府工作人员及受到情绪困扰的救灾人员和志愿者等。

第六，阶段化。心理援助要注意不同时间和空间序列的特点，对受灾群众的心理创伤程度进行诊断、转介和治疗后，转向发现、建构和发挥个体的积极的心理潜质和内在自我恢复的能力，激发良好的心理素质，实现灾后心理重建中他助和自助的结合。

第七，尊重本地文化的背景。每个人都是一定文化下的个体，其性格和表达情感的方式渗透着文化的烙印。因此，心理援助一定要结合当地民俗，尊重当地文化。

(四)心理抚慰的工作内容及流程

1.心理抚慰的对象

灾难发生后，需要心理抚慰的对象包括：

(1)第一级受害者，指第一现场亲身经历灾难事件者；

(2)第二级受害者，指有亲属在灾难中遭受伤亡者；

(3)第三级受害者，指与前两级人群有关的人；

(4)第四级受害者，指参与营救与救护的人员，主要有医生、护士、精神卫生人员、战士、警察、受灾区域的公务人员、报道灾难事件的记者等。

这四类人员均需要进行心理抚慰。因为，作为抚慰者与灾难处置者，目睹灾难现场和死难者，情绪受到创伤场面的冲击，同时他们还担负着紧迫而繁重的工作任务，容易造成身心疲惫、心情压抑，他们同样是灾难的受害者。

2.心理援助站的人员配置

根据我国心理学领域的现有资源和受灾地区的情况，心理援助站工作人员主要构成为：(1)专业心理咨询师，进行心理咨询和个体危机干预；(2)心理辅导员，进行团体心理辅导；(3)志愿者工作人员，负责站点的行政事务，他们具备一定的心理学知识，可以做一些记录日报、内外联络、后勤保障、实地寻访等辅助性工作；(4)精神科医生，诊断并转院精神病患者。

3.心理援助站的组织机制

(1)轮换工作制：定期轮流工作。

(2)人员招募：通过已建立心理援助专家人才库，并通过适当渠道广泛招募志愿者。

(3)人员筛选：援助站人员由志愿者构成，志愿者需要具备以下条件：由××单位统一组织招募和筛选；所有志愿者在上岗前都需要进行危机干预和心理援助的专业培训，获得相关资质。

（4）督导机制：建立完善的督导机制和常规转介途径，保护心理援助人员的身心健康。

4.心理援助的相关管理制度

及时制定相应的规章制度对于心理援助站点的正常运行非常关键，应包括建站单位（法人）和前方指挥系统两个层级的组织管理制度及站点心理援助实施细则。这些制度应该包括：财务管理办法、人事调配管理办法、物资管理办法和心理援助站工作人员守则和工作细则。

第六节　调查评估与责任追究

一、调查评估机制

（一）调查评估的定义

调查是指在一定的流程指导下，由特定的人或者小组、委员会等，获得被调查事件、部门、项目、政策等相关信息的过程。但获取信息并非目的，而是一种手段，通过获得相关信息，进而可对这些信息加以规范性的判断，而这一判断的过程就是评估。在应急管理工作中，也广泛应用调查评估，并贯穿于多类应急管理工作中。综合而言，可以给应急管理调查评估做如下的定义：为了增强应急管理能力、了解突发事件发生原因和损失情况、借鉴突发事件应急处置和救援中的经验教训及其他目的，而按照一定的流程、依据一定的指标体系及遵循相关法律法规，进行数据收集、信息获取及情况调查等活动，进而根据相关要求对应急能力高低、突发事件性质和责任认定、突发事件处置的经验教训及其他需要评估的问题给出明确结论。

2003 年以来，我国开始全面加强应急管理工作及应急管理体系建设，因此急切需要通过调查评估来不断发现和改进在突发事件预案、应急管理法制、体制及机制等方面存在的问题和不足。应急管理领域直接涉及重大的生命财产责任，问责固然是紧迫和必不可少的，但改进性目标是应急管理调查评估首要的任务。

调查评估机制就是指在应急管理相关工作中，建立一套组织、实施和应用调查评估的工作流程。这是应急管理的核心机制之一。

（二）调查评估的目标

从一般的调查评估理论出发，评估主要可以发挥出四类作用：改进性作用、问责性作用、辅助传播作用和促进启发作用。总体而言，可以将应急管理评估分为三种不同的目标。

1.应急管理能力和应急管理工作相关的调查评估

这一类调查评估主要是针对各级政府和政府各相关部门应对突发事件的能力及其常态应急管理工作的开展情况展开的。评估的目的是监督、检查、考核和推动政府及相关部门的应急管理工作的开展,促进应急能力的提高。

2.突发事件相关的调查评估

这一类评估的对象直接与突发事件相关,既包括事件发生的经过、原因、人员伤亡情况、直接经济损失等,也包括突发事件事前、事发、事中、事后全过程的应对和处置工作。这类评估又分为两个子类:一是针对突发事件本身的调查评估,以事件定性、责任认定、损失补偿为目的;二是针对突发事件应急处置的调查评估,目的在于改进应急处置的各个环节,包括预案设计、组织体制、程序流程、预测预警、善后措施、保障准备及其他相关工作。

3.其他应急管理工作相关的调查评估

这一类评估包括所有其他与应急管理工作相关的各类评估,其对象多样,如风险、危险源或突发事件所造成社会影响和环境损害等。这一类评估的目的是配合、完善、改进特定的应急管理工作。

在应急管理工作实践中,以上几类调查评估各有其意义和价值,但所有类别的调查评估最终的目的是一致的,即通过调查评估,查找、发现常态和非常态应急管理工作中的问题和薄弱环节,进而改进和推动应急管理整体工作的开展,完善应急管理体系建设。

(三)调查评估的原则

调查评估是一种应用非常广泛的社会活动,应急管理的调查评估同样遵循调查评估的一般性原则。具体而言,包括如下几个方面:

1.独立性原则

调查评估是一个信息发现和整理的过程,调查评估活动的意义就是提供有别于常规的信息渠道,因此独立性是调查评估的重要原则。这种独立性主要表现在几方面:不应受到决策层政治倾向的影响;不应受到执行部门态度的影响;不应受到利益群体的影响;不应受到社会公众或媒体压力的影响;不应受到物质和经济利益的影响。保证调查评估的独立性主要依靠调查评估机制的设计,例如要求由高一级政府组织评估,或者适当引入第三方评估的方式,当然对于评估者的慎重选择也至关重要。

2.客观性原则

独立性原则的目的之一在于客观性,要求调查评估主体在既有知识、信息、技术和方法等客观条件下,尽量维持调查评估活动和结果的客观性。虽然任何调查评估均具有规范性的部分,但是调查评估活动更多是一个辅助性环节,而非决策性环节,调查评估的目的是发现整理信息,并在此基础上进行符合逻辑和有限度的推理,应尽量避免掺杂调查评估者主观性的论断。

3.科学性原则

实现客观性原则的主要保障是在调查评估过程中坚持科学性,采用科学的工具和方法调查获取应急管理和突发事件相关信息,杜绝主观、武断、缺乏证据而做出判断。在客观事实、证据和结论之间要给予科学、符合逻辑的论证。

4.规范性原则

为了获得独立性和客观性原则,调查评估活动必须遵循一定的规范,需要对评估主体、评估程序、评估原则、评估经费的使用、评估责任的追究及评估结果的使用和公开等内容,都做出明确、详细的规定,以此保证评估的科学性、有效性,规范评估者的行为。

5.经济性原则

调查评估活动发现获取信息是需要成本的,并且这种信息、成本的关系并非线性的。为了获得更为详细、具体的信息,付出的成本可能会成倍增加。此时,就需要考虑发现信息与付出成本之间的平衡,即经济性原则。评估者把调查评估的范围、深度和精度控制在一个有效的、可接受的程度即可。

6.政治性原则

任何调查评估活动均来自于一个充满政治性的环境,因此需要清醒认识到调查评估活动首先是一种政治性的活动。调查评估活动要真正发挥它的作用,就必须积极地从政治的角度呼应应急管理过程和体系所提出的内在需求。但调查评估并非一种单纯性的政治活动,它是作为一种基于实证的规范性判断出现在决策过程之中的,它的作用和力量都来自它实证性的部分,因此调查评估的政治性原则又要求调查评估必须坚持独立性、客观性、规范性等其他原则,也只有坚持这些原则,才能够保证调查评估活动实现其政治性原则。

7.发展性原则

调查评估不仅一般地服务于调查评估设立的特殊性目标,还在一定程度上担负着探索、发现一般性知识和规律的任务。通过这种一般性知识和规律发现的过程,可以实现对调查评估对象更深层次的认知,从而为调查评估对象的改进和发展提供更大的可能性。因此,无论何种调查评估都必须将改进和完善应急管理工作列为最核心的目的,建设性地开展相关调查评估工作。

8.公众参与原则

应急管理和突发事件处置的根本原则是以人为本。处于基层和第一线的群体往往能更深刻地感受到日常应急管理工作中存在的问题,对于解决已有问题也较有发言权,突发事件涉及的群体对于事件处置的感受、理解和评价是决定处置效果的一个重要因素,同时他们也是获取突发事件和处置过程的相关事实的重要信息来源。不重视公众参与,往往使得调查评估流于形式,发挥不出知识挖掘、问题发现的功能。因此无论哪一类突发事件的调查评估都必须重视公众参与,最大可能地采取多种主动措施推动公众参与到调查评估中来。

《中共中央、国务院关于推进安全生产领域改革发展的意见》深刻指出:"完善事故调查处理机制。坚持问责与整改并重,充分发挥事故查处对加强和改进安全生产工作的促进作用。完善生产安全事故调查组组长负责制。健全典型事故提级调查、跨地区协同调查和工作督导机制。建立事故调查分析技术支撑体系,所有事故调查报告要设立技术和管理问题专篇,详细分析原因并全文发布,做好解读,回应公众关切。对事故调查发现有漏洞、缺陷的有关法律法规和标准制度,及时启动制定修订工作。建立事故暴露问题整改督办制度,事故结案后一年内,负责事故调查的地方政府和国务院有关部门要组织开展评估,及时向社会公开,对履职不力、整改措施不落实的,依法依规严肃追究有关单位和人员责任。"调查评估应当采用全面调查评估、实地调查评估、综合评估的方法,确保数据资料的真实性、准确性、及时性和评估结论的可靠性。

(四)调查评估的工作流程

突发事件调查评估工作,应在不影响事件应急处置的前提下尽快开展。理想状态下,调查评估工作组应在突发事件发生后即全过程参与事件应急处置过程,以保证第一手资料的获得。但通常情况下,突发事件调查评估工作在突发事件处置结束后才组织开展。

突发事件调查评估工作的组织者应根据突发事件的性质、规模等因素,确定合适人选担任评估工作组组长,并确定工作组的组员。同时,应根据评估工作组组长制定的调查评估工作方案、计划和经费预算,提供相关工作经费和其他工作条件。

根据突发事件的级别,特别重大突发事件(Ⅰ级),评估工作周期在4~6个月;重大突发事件(Ⅱ级),评估工作周期在2~4个月;较大突发事件(Ⅲ级),评估工作周期在1~2个月;一般突发事件(Ⅳ级),评估工作周期在1个月以内。

调查评估报告完成后,应提交给突发事件评估的组织者,以作为相关决策和问责的重要依据。同级应急管理领导机构和办事机构应当把评估报告纳入奖惩考评等绩效考核体系中,同时应采取适当措施对评估报告提出的各项改进措施和工作建议给予回应,并对其中有参考价值的部分适时开展后继的可行性研究和政策制定(修订)工作。

突发事件评估组织者应当将评估报告递交给上级人民政府,并应当以适当的形式向同级人民代表大会(或其常委会)进行报告;若受到社会公众广泛关注,可适时以适当的方式将评估报告向公众公布。

二、责任追究机制

(一)责任追究的定义

应急管理责任追究是指在突发事件发生过程中或者突发事件应急处置过程中,由于工作失误或错误,未履行应有职责或未正确履行职责,而造成不良影响或后果时,依据党纪、政纪、法律或者道义追究相应责任的工作。有权就有责,责任追究不仅是应急管理的工作内容,而且是非常普遍的社会现象。

责任追究机制就是指在突发事件后,围绕追究相关人员责任的工作,建立一套决定、公布及执行责任追究措施的工作流程。这是应急管理的核心机制之一。

《中华人民共和国行政监察法》和《中华人民共和国公务员法》等国家法律对责任追究都有着明确的相关条文。中共中央办公厅、国务院办公厅也发布了《关于实行党政领导干部责任追究问责的暂行规定》和《党政领导干部选拔任用工作责任追究办法(试行)》等法规。针对应急管理,《突发事件应对法》对责任追究也有着明确规定,此外,《国家突发公共事件总体应急预案》《生产安全事故报告和调查处理条例》及《国务院关于特大安全事故行政责任追究的规定》等法规对责任追究也都有所表述。

(二)责任追究的目标

责任追究的目标,不仅仅是追究责任,更是为了通过责任追究形成对领导干部和工作人员的约束和激励,预防他们出现不应有的失误和错误,以真正提高应急管理的能力和水平。责任追究总是与特定的权力使用或职责履行相对应的,是为了规范和制约这种权力的运行或职责的完成。与这一目标相对应,责任追究也总是包含确责、履责和问责的系统性过程。

(三)责任追究的原则

1.严格要求、实事求是

责任追究主要是针对各级领导干部。领导干部所拥有的权力具有不对称性的结构,即掌握权力者做出决策和行使权力所造成的社会后果要远远超过其个人的能力范围,并且权力越大,这种不对称性越突出。因此,对于领导干部的责任追究必须严格要求,并且越是级别高的领导干部,要求应当越严格。同时,这种责任追究必须建立在事实的基础上,必须坚持实事求是的原则,不能因为严格要求而把责任追究建立在猜测、想象、莫须有或自由心证等之上,更不能为了追责而追责。

2.权责一致、惩教结合

虽然领导干部的权力和其个人能力存在不对称性,但责任追究的前提是领导干部所拥有的权力。一个领导干部有多大的权力,就必须承担对其权力的行使及其造成后果对应的责任,也必须承担完成其权力所规定的职责所对应的责任,但也只能承担与其权力所对应的责任。责任追究总是针对一定的权力而言。

同时,又由于领导干部权力和其个人能力的不对称性,所以责任追究的目的不是简单的惩罚,而是为了预防领导干部出现不应有的失误和错误,为了从负向激励的角度提高应急管理的能力和水平。因此,责任追究不仅包括事后惩罚的部分,也必须包括事前的教育工作。要让领导干部首先明确认知到责任追究的范围和内容、严肃性和有序性,再辅以严密、完整的责任追究过程,才能够真正达到责任追究最终的目的。

3.依靠群众、依法依规

为了确保责任追究目的的达成,以及以上两个原则的实现,仅仅依靠责任追究的专职部门是不够的,也不符合中国共产党的工作原则。有效的责任追究机制,必然需要依靠群众,也只能依靠群众。否则责任追究往往会流于形式,丧失应有的价值。

然而,责任追究不能变成群众运动,不能网上要求怎么问责就怎么问责。责任追究必须建立在明确、清晰及合理的规范之上，建立在完善的制度体系之上。目前，我国已经初步建立起一套责任追究的法律法规体系，初步形成了有序统一的责任追究制度框架。责任追究必须在这一框架下依法依规有序进行。

除了以上基本原则外，在工作实践中，为了更好地推进责任追究工作的进行，还需要遵循下面的工作原则：

（1）分级追究原则。根据失误或错误的程度，或者未履行或未正确履行职责的程度，责任人所需要承担的责任不尽相同，需要分级追究。最严重的是承担违法犯罪的责任，其次是承担党纪政纪的责任，最后是承担政治和道义层面的责任。不同层级的责任不能相互替代，也不能混同追究。

（2）公开透明原则。实施民主监督的一个最起码的必要条件，就是要让民众知情，让民众知情的前提是事情的全部经过必须公开透明。同时追究责任的目的并非单纯的惩罚犯错误者，而更多是警示未来者，追究责任的过程不公开透明就无法实现这一目的。因此坚持公开透明，是确保问责制发挥实质性作用的关键所在。

（3）适用性原则。责任追究的过程需要有理、有据，合法、合规、合理、合情，因此每一项责任追究条款的确定，都必须以是否适用作为基本标准。

（四）责任追究的工作程序

对于领导干部的责任追究，一般按照以下程序进行：

1.启动

责任追究主体根据领导的指示和批示，上级的通报，人大代表和政协委员提出的议案、提案和建议、批评、意见，公民、法人和其他组织的检举控告，新闻媒体的报道，有关部门和人员提出的意见，巡视、工作检查或工作目标考核中发现的问题，或通过其他渠道发现的应该追究责任的情形，由纪检检察机关或者其他相关法律、法规确定的责任追究部门进行初步核实，视需要按程序启动责任追究。

2.调查

责任追究程序启动后，事实基本清楚的，责任追究主体组织相关部门人员参加的责任追究调查组，对事实进行调查核实，并形成责任追究调查报告。

3.决定

实施责任追究的单位和部门接到调查报告后，在规定时间内由领导班子集体研究，做出追究责任或不予追究责任的决定，并决定责任追究的方式。

4.申诉

被追究责任的对象对责任追究决定不服的，可自收到决定书之日起在规定时间内向做出责任追究决定的机关和部门或其上级机关和部门提出申诉。

5.复议、复查

责任追究主体收到被追究责任人的申诉后，应及时组织进行复议、复查，在规定时间内做出决定。申诉、复查期间，原责任追究决定不停止执行。

？ 思考题

1.比较 2008 年北京夏季奥运会和 2022 年北京冬季奥运会,北京市开展了哪些内容的风险评估与控制工作? 形成了哪些风险评估报告? 对于奥运会的顺利举办有何重要意义?

2.请阐述风险管理的内涵与流程、基本环节,以及风险处置的手段。

3.厦门市的应急避难场所有哪些? 对于完善厦门市应急避难场所的设置和建设,你有何意见或建议?

4.近期福建省开展建设"五个一百"安全应急保障提升工程,这一工程对于贯彻落实习近平总书记关于安全生产、防灾减灾救灾、应急救援等应急管理重要指示精神有何重要意义?

备注:"五个一百"为:100 个应急避灾示范点、100 个应急物资储备站、100 个微型消防站、100 个安全宣教体验场所、100 个安全文化公园。

5.在新冠肺炎疫情的防治中,采取了哪些监测、检测手段? 取得了哪些成效? 如何评价这些监测、检测技术在疫情防控中的作用?

6.突发事件的调查评估工作有何意义?

7.何谓应急管理责任追究? 实施突发事件的责任追究对于加强应急管理有何重要意义?

第五章

应急管理法制

第一节　应急管理法制概述

应急管理法制是指人们为了防范和应对各类突发事件而制定的各种法律制度所形成的法律体系。我国应急管理法制是一个庞大的系统,包含了众多的法律法规。按照效力等级,可以分为三个层次:《中华人民共和国宪法》,其中包括有关紧急状态的条款;2007 年颁布实施的《中华人民共和国突发事件应对法》,是我国应对突发事件应急管理的基本法;部门单行的法律、法规,如《中华人民共和国传染病防治法》《突发公共卫生事件应急条例》《中华人民共和国防震减灾法》等。

一、应急管理法制的基本范畴

(一)应急管理法制的概念

在应急管理过程中,为了实现克服危机和保障人权的双重目的,有必要对国家机构之间、国家与公民之间、不同公民之间的权利义务关系做出有别于平时的重新安排。对这些权利义务关系加以补充和重新安排的法律制度,就是应急管理法制。有鉴于此,可以对应急管理法制做如下定义:它是调整因突发事件而展开的危机管理过程中各种社会关系(包括国家机构间、国家与公民间、不同公民间关系)的法律规范和法律原则的总和。要深刻地理解这一概念,必须从应急管理法制在整个应急管理体系,也就是在"一案三制"中的地位出发,从应急管理法制和"一案三制"中的其他三个元素的关系出发。

在"一案三制"的四个组成部分中(应急预案、应急管理体制、应急管理机制和应急管理法制),应急管理体系的"龙头"和起点是应急管理机制。应急管理机制是人类应对突发事件的历史经验总结、概括和提炼之后形成的相对稳定的部分;应急管理体制是应急管理机制运行的组织载体;应急管理法制是应急管理机制及作为其组织载体的应急管理体制的最核心部分经过进一步凝练后的法律化表现形式;应急预案则是应急机制,尤其是通过法律固定下来的那一部分方法,与特定地域、部门、行业、单位应急管理的特点相结合之后,形成的具体应急操作方案。

法律是由国家制定或认可的,以国家强制力为保证,用于指引和约束人们的行为,调整各种社会关系的规范和原则的总称。学者们对应急管理法制核心含义的认识基本上是趋于一致的,认为它是"关于突发事件引起的公共紧急情况下如何处理国家权力之间、国家权力与公民权利之间、不同公民权利之间的各种社会关系的法律规范和原则的总和"。但是,这种认识只是套用法律的概念对应急法制所做出的一般性描述,并没有真正将应急法制的本质揭示出来。我们认为,从法律在整个应急管理体系中的地位和作用来看,应急管理法制在本质上就是应急管理机制及作为其组织载体的应急管理体制的法律化表现形式。正如上文所述,应急管理机制是一种相对固定化、制度化的策略和方法,那么,法律就是其制度化的最高表现形式。正因为应急管理机制被证明是人类应对突发事件的较为成熟、有效的方法,那么,为了使人们能够真正掌握并运用这些方法来治理危机,就需要赋予其中最核心的部分以法的效力,从而能够在应急管理过程中指引和约束国家机关、单位和个人的行为。将最重要的那一部分应急机制及作为其组织载体的应急体制上升为法律并加以有效实施,正是将应急管理机制和应急管理体制贯彻于应急管理实践的最重要途径。

因此,必须明确,应急管理法制并不是应急管理体制、应急管理机制之外的其他东西,甚至是互斥的东西,而必须认识到,应急管理法制恰恰就在应急管理体制、应急管理机制当中,就是应急管理体制、应急管理机制中最重要的那一部分,只不过是将这一部分上升为法律,赋予其法律的效力以保证其实施而已。把握好这一点,对于理解整个应急管理法制的原理和体系至关重要。

(二)应急管理法制的性质

1.应急管理法制是常态法制与非常态法制的结合

一个国家的法律制度,包括常态法制与非常态法制,前者用于安排平常的法律秩序,而后者用于安排突发事件发生后的法律秩序。我们知道,应急管理法制作用于应急管理的全过程,而完整的突发事件应对过程则包括事前、事发、事中和事后的不同阶段。其中,对突发事件的预防、准备、监测、预警等事前管理环节的制度安排,基本上仍属于常态法制;对事件处置、救援、恢复、重建、善后等事中与事后管理环节的制度安排,则属于非常态法制。当然,应急管理法制的主要属性仍是一种非常态法制,其建立的根本目的在于实现应急管理状态下法治的常态与非常态的统一。由于兼具常态法制和非常态法制的属性,因此,一个国家的应急管理法制应当解决两个重要问题:一是确定常态法制与非常态法制间转变与恢复的基本原则,从而确保应急状态只能是一种法律上的临时状态,从根本上杜绝紧急权力常态化的可能;二是确定应急状态下公民权利与国家权力的新边界,从而保障法治基本价值在非常状态下的实现。

2.应急管理法制主要是一种公法制度

应急管理法制是一个综合性、交叉性的法律分支,其调整对象包括宪法关系、行政法律关系、民事法律关系和刑事法律关系等。例如,对突发事件产生和应对过程中的犯罪行为给予惩罚,对应急管理过程中的民事侵权赔偿给予规定,都属于应急法制的内容。但从整体上看,应急管理法制主要调整的是应急管理过程中国家机构之间、国家机构与公民之间的权利义务关系。具体包括:①调整突发事件事前管理和事后管理中行政机关与公民之间的法律关系。这是一种行政法律关系,例如,确定行政机关在危机预防、应急准备、恢复重建、事后救助中的职责,规定公民参与应急演练、接受应急教育的义务,获得应急救助、参与重建规划的权利等。②调整普通突发事件处置过程中行政机关与公民之间的法律关系。普通突发事件的处置通常只引起行政管理秩序的改变,因此法律的调整对象仍然是一种行政法律关系,如规定行政机关的紧急强制权、紧急征用权等。③调整紧急状态下的宪法关系。因为处置极其重大突发事件而进入紧急状态时,整个国家的宪法秩序不仅仅是行政法律关系将受到改变,此时应急法制还将涉及对宪法秩序的重新安排。例如规定行政机关代行立法机关权力、暂停选举、停止部分公民基本权利的行使等。由此可见,应急管理法制的调整对象主要是行政法律关系和一定条件下的宪法关系,在性质上是一种公法制度。而由于需要宣告紧急状态从而改变宪法秩序的极其重大突发事件是很少的,绝大部分突发事件的应对过程只涉及改变一般的行政管理秩序,而这些突发事件的应对职责又主要落在政府身上,因此,在应急管理法制中占绝大多数的公法部分,其主体又是行政法。

3.应急管理法制是一系列法律规范和法律原则的总和

应急管理法制是调整应急管理过程中各种社会关系的规则,这些规则的表现形式既包括具体的法律规范,也包括一系列法律的基本原则。一个完整的应急法律规范体系应当包括:①宪法上的紧急权条款;②应急管理基本法;③各种应急管理单行法,包括应对某一种类突发事件的法律和规范应急管理某一环节的法律,此外还有规范某一种类突发事件某一应对环节的法律;④其他法律中有关应急管理的制度和规范;⑤有关应急管理的国家条约和协定。

应急管理的基本法律原则包括:①法治原则;②权力优先原则;③人权保障原则;④比例原则;⑤信息公开原则;等等。

(三)应急法制的特征

1.应急管理法制同时兼具规范性和工具性

应急管理法制属于国家法律体系的一部分,首先必然具有法律的规范性,就是要受到法律价值的规训。和其他领域的法律制度一样,应急管理法制应当以人权、法治、民主、自由、秩序、安全等作为自己的价值目标,在应急管理领域的立法、执法、司法和守法过程中都应当贯彻和平衡好这些价值目标。在应急管理领域,对各类主体"应当如何""可以如何""不得如何"等行为进行规范和指引,都必须以上述法律的价值作为最终判断标准。但与此同时,应急管理法制又是应急管理机制、应急管理体制等管理方法和策略中最核心部分的法律表现形式,应急机制和应急管理体制又是突发事件应对实践经验总结、沉淀的结果,因此,应急管理法制又具有经验性、工具性的特征,要为应急管理工作实践服务。基于应急管理法制的工具性,应急管理领域的法律、法规在立法中应当较为具体、详细、有可操作性。

2.应急管理法制同时具有刚性和弹性

一方面,应急管理法制是人类与突发事件长期斗争中产生的知识升华和方法积累,人们通过赋予其法的效力来指引个体和集体的行动;另一方面,在人们应对新的突发事件时,应急管理法制又构成了一种外在的制度性约束条件,限制了人们在应急管理中的决策选择空间。面对不确定程度较低的常规突发事件,法律的确定性、普遍性、调整方式很少受到挑战。在应急管理过程中,法律凭借"以不变应万变"的方式实现公正与效率、秩序与自由等目标之间的平衡。对于非常规突发事件来说,由于其前兆不充分,具有明显的复杂性特征和潜在的次生、衍生危害,破坏性严重,采用常规管理方式难以克服,超过应对主体既有的风险认知范围和常规手段下的可控程度,从而需要使用非常规方式予以应对。因此,非常规事件的发生一方面可能动摇人类已经取得并确认下来的经验法则,另一方面也将迫使人们突破现有的制度约束去寻求更加广阔的应急决策空间,从而对应急管理中的法律系统形成冲击。法律的确定性与突发事件的不确定性间的紧张关系一旦加剧,应急管理体制就很难按照法律预设的方式运作,法定的应急管理机制所蕴含的经验法则也将纷纷失灵。此时,如果仍旧遵循法律行事,将可能招致灾难性的后果;如果在法律之外寻求新的解决之道,又将因决策后果难以预料而面临承担法律责任的巨大压力;如果允许人们摒弃法律而不择手段,又必将在战胜危机的同时制造出威力强大而不被法律驯服的权力武器,产生颠覆民主制度的危险。因此,在非常规突发事件情景下,要继续发挥法律系统在应急管理中的保障和支持功能,就需要其具备足够的弹性和适应性。这样的应急法系统,既能够在常规应急管理中指引人们如何克服困难;也可以于非常情况下,在保留法治目标所必需的少数核心规则的同时,摒弃一切成法,为人们释放出足够的策略选择空间。

3.应急管理法制同时具有稳定性和变动性

法律一旦制定,就需要相对稳定,不能频繁修改,以便保持其稳定性。法律的稳定性和权威性是联系在一起的,法律的频繁变动,会破坏民众对法律后果的预期,使其无所适从,最终损坏法律的权威性,影响其实施效果。但是,应急管理法制又有其特殊性,因为其调整的是突发事件的应对过程,而突发事件最本质的特征就是不确定性。新的突发事件类型的出现,突发事件发生和演变形态的变化,都会导致法律出现滞后、不适应的地方。为了保持法律制度的有效性,需要我们及时总结经验教训,及时制定新的法律,修改或者废止旧的法律。而且,随着人类社会在后工业化时代进入风险社会,突发事件的这种变化会发生得越来越快、越来越大,法律的滞后性会越来越明显,需要修改的次数也会越来越频繁。例如,日本的《灾害对策基本法》自出台以来,大大小小的修改已超 60 次,几乎每次重大灾害处置完毕,都要做出一定的修改。因此不能用看待一般法律的眼光来看待应急法制的稳定性,其变动的频率必然要高于一般法律,稳定性必然要低于一般法律,这是由突发事件的不确定性这一特殊本质所决定的。因此,应急管理法制必须在稳定性和变动性之间保持微妙的平衡。

4.应急管理法制具有补充性和优先性

虽然应急管理法制是常态法制和非常态法制的结合,但终究是围绕突发事件应对全过程而建立的法律体系。突发事件毕竟是社会运行中的非常态,一般的法律制度在立法、司法、执法、守法的运行全过程中,仍然是以社会的常态作为背景假设和前提条件的。而应急管理法制就是在一般法律体系的基础上,加入了突发事件这个非常态的因素进行制度设计。因此,应急管理法制是对一般法律制度的补充,是一种例外的、特别的法律制度。应急管理法制的这一属性决定了在与突发事件应对有关的问题上,当应急管理法制与一般法制的规定存在冲突时,按照特别法优先于一般法的原理,应当优先适用应急管理法制的相关规定。

(四)应急管理法制的体系

国家建立应急管理法制的最终目的是追求非常状态下的法治,即应急管理法治。而实现这一目标的基础,是存在一套相对完整的应急管理法律规范,从而保证应急管理"有法可依""依法应急"。结合我国应急管理的现状,应急管理法制体系主要包括以下几个方面:

1.宪法上的紧急权制度

多数国家的宪法都规定了紧急权制度,这是一个国家建立应急管理法制的基础。但是,不同国家宪法对紧急权的规定大不相同:①某些国家的宪法将上至战争状态、下至普通突发事件应急管理的各种非常法律状态统一规定为紧急状态;②某些国家的宪法将战争状态与紧急状态分别予以规定;③某些国家将战争状态、紧急状态和普通突发事件应急管理分别予以规定。我国现行宪法上的紧急权制度包括:①决定并宣布战争状态的制度;②决定并宣布紧急状态的制度,另依《突发事件应对法》第六十九条规定,普通突发事件的应急管理不属于紧急状态。因此,我国宪法上的紧急权制度仅适用于战争状态和足以引起平常宪法秩序改变的特大非战争危机,应对其他普通突发事件的法律和行为,均不得突破平常的宪法秩序。

2.应急管理基本法

部分国家在通过宪法确立紧急权制度的基础上,制定了一部或多部应急管理的基本法律,为应对各种突发事件提供了相对完整、统一的制度框架,如美国的《国家紧急状态法》、英国的《紧急状态权力法》和《民防法》、法国的《紧急状态法》、加拿大的《危机法》等。这些法律之所以被称为应急管理基本法,是因为:①其调整范围覆盖了全部或多数突发事件;②其调整范围包括了应对这些突发事件的全部或多数阶段;③在法律适用上,这些法律居于一般法的地位,在适用顺序上次于各种单行性的应急法律,我国现有的应急管理基本法是 2007 年 11 月开始实施的《突发事件应对法》,它适用于应对各类普通突发事件的全过程。

3.应急管理单行法

单行性的应急管理法律在大多数国家都广泛存在、数量众多,主要包括三类:①"一事一法"适用于某一种类突发事件的法律,其基础是不同种类突发事件的性质和应对方式存在重大差异,如日本应对某类突发事件的《灾害对策基本法》、我国应对某种突发事件的《防震减灾法》。②"一阶段一法",适用于应急管理某一阶段的法律,其前提往往是国家希望通过整合资源建立起某一应急管理阶段的综合性系统,如加拿大的《危机准备法》、美国的《灾害救助与紧急援助法》、日本的《灾害救助法》。③"一事一阶段一法",适用于某一种类突发事件某一应对阶段的法律,其所针对的通常是对该国具有特殊影响的突发事件,用于推行针对该事件的某项特殊政策,如美国的《全国洪水保险法》、日本的《地震保险法》。我国的单行性应急管理法律绝大多数属于"一事法";部分为了实施法律而制定的法规、规章属于"一事一阶段一法",如《汶川地震灾后恢复重建条例》;"一阶段一法"的应急类法律比较少,比较有代表性的是《自然灾害救助条例》《军队参加抢险救灾条例》等。这反映了我国应急工作长期以来以行业管理、分散治理为主的历史传统,也是造成应急管理资源整合不足、综合协调不力的重要原因之一。

4.应急管理相关法

应急管理法制是一个庞大、复杂的规范体系,除了专门的应急管理法律之外,其他法律中也广泛存在着某些与应急管理相关的制度。这些制度可能是某部法律的个别章节,也可能仅是个别条款。我国的《刑法》《治安管理处罚法》《人民警察法》《劳动法》《道路交通安全法》《环境保护法》《公益事业捐赠法》《慈善法》等许多法律中都有应急管理的相关条款。

5.有关国际条约和协定

国际条约和协定中有关应急管理的制度主要包括两类:①有关共同应对某类突发事件的条约和协定,如针对恐怖袭击、劫持航空器、海难、海啸等事件的国家法规范;②国际人权公约中对紧急状态下人权克减的规定,《公民权利和政治权利公约》《欧洲人权公约》《美洲人权公约》中均有相应规定。

6.应急预案

对应急预案是否属于应急管理法制体系的一部分,或者说如何确定应急预案的效力,人们在认识上还存在分歧。我们认为应当历史地看,辩证地看。在我国,特别是《突发事件应对法》颁布之前,一定级别的应急预案在早期曾经具有相当于行政法规或规章的效力,曾经属于应急管理法制的法律渊源。从原则上看,国务院制定的预案相当于行政法规;国务院有关部门制定的预案相当于部门规章;省级或较大市政府制定的预案相当于地方政府规章;其他应急预案是一般行政规范性文件。这在一定程度上促进了应急管理体系的建设,但确实存在着"以案代法"的情况。2007年颁布实施的《突发事件应对法》第十七条规定"国家建立健全突发事件应急预案体系","地方各级人民政府和县级以上地方各级人民政府有关部门根据有关法律、法规、规章、上级人民政府及其有关部门的应急预案及本地区的实际情况,制定相应的突发事件应急预案"。2013年国务院颁布的《突发事件应急预案管理办法》第二条明确规定:"本办法所称应急预案,是指各级人民政府及其部门、基层组织、企事业单位、社会团体等为依法、迅速、科学、有序应对突发事件,最大程度减少突发事件及其造成的损害而预先制定的工作方案。"应急预案作为工作方案及其与法律的关系得以明确。

二、应急管理法制的功能

(一)应急管理法制的作用

应急法制的功能,在学术论著中,可能被表述为应急法制(或紧急状态法制、紧急法制、公共危机法制等)的功能、任务、作用等。尽管在不同名目下的论述侧重点确实有所不同,但其基本指向仍然是一致的。在这一问题上,代表性的观点有:

1.一元说

这种观点在公法学者中广泛流行,他们强调应急法制的主要目标是防止政府滥用紧急权力以保障公民的基本权利免于遭受紧急权力的不当侵害,而不是用于增强政府对抗危机的能力,后者显然属于公共管理的范畴而不是法律的任务。国家紧急状态法律制度的目的则是保障国家紧急权行使的有效及合理;设置对国家紧急权行使的限制和监督制度,以克服或削弱权力滥用可能带来的危险,最大限度地保障公民自由权利。政府的应急能力分为危机克服能力和法律能力。危机克服能力,是在面对突发公共事件对国家和人民生命财产造成的严重社会危害和威胁,采取有效措施控制、减轻和消除社会危害,尽快恢复正常社会秩序的能力。危机克服能力的衡量标准是有效性和及时性,主要是政府措施的应急效率问题。法律能力关注的中心问题是政府的应急措施对公民自由和权利,包括经济、社会、政治、家庭和其他方面的自由和权利限制或者中止;对国家决策和监督活动民主制度的影响,提出法律能力的基础是政府采取应急措施不能没有任何道德和社会约束,不能为了克服危机而无所顾忌为所欲为,也不能以克服危机为由不计任何物质和社会代价。所以政府应对危机的法律能力是政府实施应急行为取得社会普遍认可和取得合法性评价的能力。在《突发事件应对法》立法活动前期,尤其是以制定《紧急状态法》为目标的阶段,这种观点表现出了对立法取向的强烈影响。

2.有重点的二元说

这种观点同样居于主流地位,它肯定了法律对应急管理具有支持和保障功能,但同时强调其控权功能更加重要、更具终极意义。该观点认为,首先,公共危机管理需要法制,一个直接的意义在于法制作为应对危机的手段更为有效和有序。其次,公共危机管理需要法制,更为深远的意义在于它是避免法治危机、保障人权所必需的。较之一元说,这种观点无疑更加全面,但并无本质上的差别,仍然认为控制紧急权力、保障公民权利是应急法的基本功能。

3.平行的二元说

有些学者较早地注意到应急法上述两个目标之间存在紧张关系,并对这一问题的认识呈现出折中的态度。这种观点平行地描述应急法的各种功能,认为其功能包括"配置协调紧急权力,调动整合应急资源;建立完善应急机制,规范应急管理过程;约束限制行政权力,保障公民合法权益"。有的学者进一步明确指出这两种目标之间的矛盾,认为两者的张力可能存在于公共利益与私人利益、公共秩序与公民自由、合意与强制之间。当法律尚未规定政府如何应对突发事件,或者规定的方式不切实际时,政府应当服从法律还是服从事实,这将导致合法性与正当性之间的张力。而应急管理法制的价值就在于缓解这些矛盾,从各种不可避免的张力之间寻找一种微妙的平衡。这种观点将应急管理法制的目标定位于配置紧急权与控制紧急权两者之间的平衡协调。但问题在于,法律对应急管理的保障和支撑,以及对国家紧急权力的规制,两者绝不可能总是并行不悖、相安无事的。在这两种目标出现矛盾的情况下,一厢情愿设想的"微妙的平衡"也不见得总是能够被获得。在许多时候,"不是东风压倒西风,就是西风压倒东风"。一旦在实践中出现价值冲突,就必然面临着目标排序的问题。平行的二元说实际上回避了这一棘手的问题。在《突发事件应对法》立法活动后期,特别是其立法目标集中于规范非紧急状态的一般应急管理行为之后,上述观点开始成为立法的主导思想。为了解决这种目标冲突,持平行二元说的学者提出:应当在行政法的基本原则体系中引入行政应急性原则用于必要时抗衡行政合法性等其他原则,允许行政主体为保障重大公共利益和公民根本利益,在面临重大突发事件威胁时实施一些没有具体法律规范甚至停止某些宪法权利和法律权利、中断某些宪法和法律条款实施的行为。但是,这种行为仍然必须以法律的授权为前提、以相应的救济机制为保障,而在没有授权时也可采取行政指导等非强制性的应急管理措施。这种观点具有突破意义,但仍不彻底。原因在于,应急处置措施的采取并不总是具有法律授权,而现实情势迫使政府采取的也往往并不是非强制性措施,而是可能损害公民权利甚至招致危害后果的强制性措施。

应急管理法制的发展历史已经表明,人们对法治的诉求并不因社会进入非常状态而有所减弱。法治的核心追求,便是对公共权力滥用的有效控制。因此,对国家紧急权力的规制与平衡确实是应急法的重要目标之一,但这种目标只是第二位的。如果以政府为核心的各种危机应对主体不能获得战胜公共危机的足够能力,任何控制国家紧急权的努力都只能是奢谈。公共危机应对能力的获得与提升并不仅仅是一个公共管理上的问题,其离不开法律的保障与支撑。这一点正是国家构建应急法制体系,即实现应急管理法治化第一位的目标所在。

(二)应急管理法制对应急体制、机制的价值

应急管理法制的本质是应急管理机制及作为其组织载体的应急管理体制主要内容的法律表现形式。那么,应急管理机制、应急管理体制作为人类应对突发事件的核心经验积累、固化下来的成果,其主要内容为什么不能仅仅以政策文件、工作规程或其他的形式存在,而必须上升为某一层次的法律规范并加以实施呢? 换言之,法律对于公共应急管理机制、体制的建立和运行,究竟价值何在? 我们认为,其价值主要体现在以下三个方面:

1.引导和约束人们应对突发事件的行为,保障应急管理机制、体制的有效运行

应急管理机制、体制是人类在历次突发事件应对实践中付出巨大代价所获得的,为

实践证明为行之有效的、相对稳定的对抗公共危机的策略和方法及其组织形式。换言之，这是一种经过历史积淀的经验法则。但对于每一次突发事件中的各方应对主体而言，这种策略和方法往往并非源于其自身的感性经验，因此未必能够获得其高度认同和自觉遵行。面对每一次突发事件，人们的感性认知和行为选择必然是五花八门的，而突发事件一旦来临，又要求那些相对稳定的策略和方法在最短的时间内被有效地实施，而不能放任人们各行其是。因此，只有将这些机制、体制中最重要的部分上升为法律，借助于法的权威及其背后的国家强制力，才能确保人们按照这些策略和方法行事，有效应对新的公共危机。

2.明晰人们在突发事件应对中的角色，保障应急管理机制、体制的有序运行

应急管理机制、体制的实施，往往要求各类社会主体做出一定的角色转换，即人们在应急管理机制、体制的实施过程中可能需要扮演某种有别于平常的角色。这种转变可能表现为政府权力的扩张和责任的增强，政府将比平常更加强烈地干预每个人的生活；各种公共主体的权力界限被打破，政府可能代行立法机关的部分职责而拥有发布紧急命令的权力，而在政府瘫痪的情况下，执政党机关甚至军队又可能暂时代行行政管理上的职能；公民权利受到克减而公民义务被增加，主要表现为公民的人身自由权、财产权和部分政治权利的行使将暂时受到限制，同时又被赋予了配合、服从政府实施应急处置并在必要时参加应急救援、提供专业服务的义务；非政府组织可能临时获得某种行政职权并承担相应的义务。这些角色的转变既重大又复杂，不可能在突发事件来临后再临时确定，必须在法律上做出预先安排。我们很难想象，离开了法律上的安排，这种角色的转换在突发事件来临时将如何实现。

3.确保各种应急资源必要的准备和投入，保障应急管理机制、体制的有力运行

应急管理机制、体制的运行，无论是事前的预防和准备，还是事中的处置和救援，抑或是事后的恢复与重建，都需要以消耗惊人的人财物资源为代价。在人力方面，国家需要建立各级各类综合性、专业性应急救援队伍并经常加以训练，需要在各级政府、各类机关配备充足的应急指挥和应急管理人员，需要使普通民众接受必要的应急教育和训练；在财力方面，突发事件的暴发将带来大量处置、救援、重建、救助、抚恤方面的开支，无事时的危机预防所需要耗费的资金则更加惊人；在物力方面，既要开辟和建设各种应急避难场所，又要配备大量用于应急监测和应急救援的装置和设备，还要储备足够的应急救援物资。在危机的事前管理中，这些投入的资源还极有可能因久备不用而导致一定的"浪费"。上述这些资源无论是来自公共财政的投入，还是商业渠道的统筹运作，或者对个人的劝募和征收，如果没有法律提供的依据和工具，其保障都将变得十分脆弱。如果这些资源的投入不能得到满足，任何设计精致的应急管理机制、体制都将无法运转，沦为空谈。

三、应急管理法制的基本原则

法制体系既包括具体的法律规范,也包括抽象的法律原则。人们在应急管理过程中的各种活动,除了受具体法律规范的调整之外,还应当遵循某些基本的法律原则。这些内容之所以被确定为应急管理法制的基本原则,原因在于:①这些原则在应急管理过程中贯穿始终,足以对整个应急管理法制的建立和实施发挥指导作用;②在具体的法律规范缺位时,这些原则可以直接成为规范和指引人们实施应急活动的依据;③这些原则为应急法制所特有,如权力优先原则,或者虽然为其他法律制度所共有但在应急法制中具有特殊含义,如法治原则、人权保障原则、比例原则和信息公开原则。

应急管理法制主要属于公法,在公法中又主要属于行政法。因此,公法原则,特别是行政法原则,自然也适用于应急管理法制领域。但是,应急法制又是一种特殊的公法、特殊的行政法,因此,这些法律原则在应急管理法制领域中又多多少少有其特殊的表现形式。因此,应急管理法制的法律原则表现为一般性和特殊性的辩证统一。

(一)法治原则

现代民主国家的应急管理行为必须具备合法性与正当性基础,从而有别于作为事实性强权行为的传统应急管理。因此,法治原则是应急管理法制的首要原则。其具体含义包括:①一切应急状态都是临时性状态,必须也只能根据宪法和法律的规定进入和结束;②一切应急法律规范必须由有权机关按照其立法权限制定,应急管理领域的立法权应当适用必要的宪法保留和法律保留;③紧急权力的行使必须有明确的法律依据,或者在行使了没有明确依据的紧急权之后及时获得有权机关的追认;④违法行使紧急权或不依法履行应急职责的国家机关和个人必须承担相应的法律责任。

上述内容基本上是行政法上合法行政原则,特别是其法律优先和法律保留的内涵,在应急管理领域的具体体现,作为一般情况下的法律原则同样适用于应急管理领域。但在应急管理法制领域,僵化地强调和适用上述原则会导致某些不足,甚至产生严重的缺陷。在应急管理法制的支持下,针对大部分常规突发事件的、可以常态化的应急决策活动可以被完整地纳入法治轨道。但由于非常规突发事件的存在,以及突发事件发展过程的不确定性,使得这种"常态化"的努力只能永远处于"现在进行时"的状态。突发事件的性质、模式和后果完全可能超出立法者的考虑,因此,政府的应急管理决策溢出现有法律体制之外的现象仍会不断出现。非常规突发事件发生之后,对政治社会经济环境方方面面造成的影响都处于不确定的、难以预知的状态,此时应急管理决策机关应当首先考虑"眼前利益",即着眼于控制突发事件的蔓延发展,所谓"急则治标""事急从权"正是此意。对于这种"治标性"的应急决策活动,包括必要的形式上"违法""越权"的应急管理决策活动及实施这些决策的活动,应急管理法制应当提供必要的空间,从法律上给予支持和正面承认。特别是就法律对应急管理决策活动的支撑和保障作用而言,法律一方面必须强调行政机关及其工作人员应当依法开展应急决策和应急处置活动,另一方面也要为行政机关及其工作人员在必要时做出的"形式上违法而实质上正当"的决策活动提供正面激励。为此,应当在应急管理决策制度中建构起相应的事后追认、责任豁免和权力滥用控制机制,为这种必要但形式上"违法"的决策行为提供制度空间。

(二)权力优先原则

权力优先针对的是应急管理过程中国家权力与公民权利间的关系,即打破常态下二者之间的均衡,向国家权力一方相对倾斜。具体表现在:①基于应急管理的需要,必要时可以暂时中止某些正常的法律活动,如中止(准)司法程序的进行,中止立法机关对行政活动的监督审查;②为了维护重大的公共利益和国家利益,国家机关可以采取措施限制和中止某些公民合法权利甚至宪法权利的行使;③政府在必要时可以先行采取某些没有法律明确授权的应急管理措施,事后再争取立法机关的承认;④多数情况下,政府的应急管理活动可以遵循比平时相对宽松的简易程序。

相对应地,对于国家机关为了应对突发事件而行使紧急权力做出的行为,公民、法人和其他组织有配合义务,而且由此造成的损失,往往不能够按照通常情况下的标准获得补偿。如果这种损失是普遍的,则视为社会整体为了克服公共危机而集体做出的忍让和牺牲,一般不予补偿。例如,在"非典"、新冠肺炎疫情防控期间,为了防止病毒传染而限制人员密集场所的活动,以及对病人、疑似病人和密切接触者的隔离治疗、观察,就属于这种情况。如果这种损失是部分的、个别的,应当给予适当补偿,但考虑到损失相抵的情况,其补偿标准也会低于通常情况。例如,政府部门在禽流感中对禽类进行扑杀,固然给禽类养殖户造成了损失,但由于这一措施有利于及时结束禽流感的传播,也有利于养殖户及时止损,养殖户同时也是受益者。在这种情况下,对养殖户的补偿就必须权衡这种损益关系,其补偿标准就不可能完全按照被扑杀禽只的市场价值来确定。

(三)人权保障原则

应急管理中的人权保障和公民权利克减是一对矛盾,如果说适当限制乃至中止部分公民基本权利的行使是行使行政紧急权力的必然结果,也是实施应急管理的必需手段,那么,最大限度地实现对公民权利的保护,就是国家实施应急管理的终极目的。这一目的的达到与否,是衡量一个国家应急管理系统成败得失的标准,也是衡量一个国家是否在非常状态下实现法治价值的最高标准。应急管理中的公民权利保障主要通过下列途径来实现:

1.将公民权利保障确立为应急管理的最高价值

国家实施应急管理的最终目的在于保护公民的生命财产安全,否则应急管理活动就丧失了其正当性。即使在特定条件下对部分公民权利加以必要限制和克减,其背后的追求仍应是某种更重大、更根本、更紧迫的公民权利。因此,一个建立在正确价值选择基础上的应急管理法制体系,决不允许国家为了实现某些较小的利益而牺牲更加重大的公民权利。

2.限定克减公民基本权利的条件

是否需要克减公民权利？在何种时间和空间范围内克减公民权利？将公民权利克减至何种程度？对这些问题的回答都要求充分考虑必要性原则。正如1984年在意大利召开的"关于《公民权利与政治权利国家公约》限制和克减条款研讨会"上所通过的"希拉库萨原则"第五十一条所指出的那样："克减措施的严重性、事件和地域应当为消除危机国家生存的威胁所必需，并且与这种威胁的性质和程序相适应。"

3.画出公民权利克减的底线

在公民的基本权利体系中，有一部分基本权利提供了人之所以称其为人的最基本要素，这些基本人权在任何时候，包括在应急状态下都不应当受到剥夺和限制。如果国家以实施应急管理为由剥夺或限制了公民的这部分基本权利，则对于这些公民而言，他们因此所遭受的损害甚至将超过突发事件本身所带来的损害。国际人权公约和很多国家的宪法对人权克减底线的规定不尽相同，但一般包括生命权、生存权、平等权、人格尊严、精神自由、免受酷刑的自由、免受奴役的自由、免受刑事追溯的自由等。

4.突出强调对某些公民基本权利的保护

公共应急管理法制在允许行政机关对一部分公民权利加以必要克减的同时，也强调对另一部分公民权利的保护。对这部分公民权利加以特别保障，一方面具体体现了应急管理的根本目的，另一方面也为应急管理的顺利、依法实施所必需。受到特别保障的基本权利至少包括知情权、监督权、赔偿和补偿请求权、基于生命权的救援请求权、基于生存权的救助请求权等。

5.为受到违法应急管理行为侵害的公民权利提供救济

尽管应急状态下的法律秩序有着各种各样的特殊之处，但都不足以使其成为"有权利必有救济"这一朴素法律原则的例外。虽然在应急管理过程中，尤其在紧急状态下，为了充分保障紧急权的效率，可能暂时中止对行政活动的司法审查，甚至中止一切行政纠纷解决机制。但这毕竟是一种暂时性的权宜之计，在应急状态结束后，受到侵害的公民仍有权通过各种正常途径寻求法律救济。解决因应急措施而引起的各种矛盾纠纷并对受到侵害的合法权益提供救济，已被多数国家的法律确定为危机后管理的一项重要制度。

(四)比例原则

应急管理法制中的比例原则，是指国家机关在行使紧急权力时应当全面权衡有关的公共利益和个人权益，采取对公民权益造成限制或者损害最小的行为，并且使其造成的损害、付出的成本与所追求的目的相适应。一般认为，比例原则包括以下三个方面的子原则，即适合性原则、必要性原则、均衡性原则。

1.适合性原则

适合性原则的基本含义，是要求国家机关所实施的每一职权行为都必须以实现宪法或法律所规定的职能为目标，并且每一职权行为都有利于其法定职能和目标的实现。在突发事件应对中，适合性原则具体体现为：任何行政权力的行使都必须以事实状态的存在为前提,只有存在特定的事实状态使国家或社会公共利益面临受到损害的现实危险时,政府才有正当理由对公民个人的权利进行一定的限制,当社会状态处于有序运行时,国家对公民个人的权利进行限制或干预即是权力滥用。

2.必要性原则

必要性原则的基本含义,是要求国家机关在实现某一职能目标时如果必须对公民个人权利进行限制、干预,则应当选择对公民权利损害最小的手段。也就是说,如果对于实现同一职能目标,同时存在多种可供选择的手段,这些手段都能同样地实现法定目的,但其对于公民权利的限制程度各不相同,那么,国家机关就应当选择对公民权利限制最小的手段。

3.均衡性原则

均衡性原则的基本要求,是指国家机关在实施任何职权行为的过程中,其对公民所造成的损害或所付出的行政成本与其所实现的社会公共利益之间应保持一定的比例关系。如果国家机关的手段对公民权利造成的损害或所付出的社会成本明显高于行政活动所保护、实现的社会利益,这种手段就是违反均衡性原则基本要求的。

均衡性原则作为公法上一项重要的基本原则,为我国《突发事件应对法》第十一条所采纳,其具体要求包括:①应急管理措施的方式、强度和持续时间,应当与突发事件的类型、级别、发展阶段相适应,以有效控制危机为必要;②如果有多种手段可以同等地实现某一应急管理目的,应当选择其中对公民权益影响最小的一种;③采取应急管理措施所付出的代价不得与突发事件本身所可能造成的损害显失均衡。应急法制对均衡性原则的最集中体现,是在突发事件分类、分级、分阶段的基础上,规定了与其相匹配的管理方式和应对措施。当然,基于公共危机的突然性和复杂性,均衡性原则在应急管理中的适用应留有相对灵活的余地,以免造成行政机关畏首畏尾、消极作为的情况,结果适得其反。

(五)信息公开原则

公开突发事件应对过程中的政府信息,对于满足公众知情权、确保行政应急权力正当行使、防止行政应急权力滥用发挥了举足轻重的作用。除此以外,它还具有常态下的信息公开所不具有的特殊功能。首先,信息公开能够为相对地采取合理的处置措施应对突发事件提供充裕的资讯;其次,公开突发事件信息是提高公众对应急管理措施认同度的有效方式;最后,公开突发事件信息可以防止应急工作的形势因谣言的产生和传播而恶化。

突发事件中的信息公开有其特殊性,主要体现在两个方面:

1.突发事件中信息公开的准确性与及时性之间存在矛盾

在突发事件中公开信息,行政机关掌握准确信息的难度较常态下大大增强,而公开信息的期限又较常态下大大缩短。行政机关可能无法在第一时间获取最为准确的信息,而且对已经获取的信息也无法判断与确认是否准确,而与此同时行政机关又必须在第一时间公开信息。解决这一矛盾,应该坚持及时性优先并尽量提高信息的准确性原则。

首先,在应急管理过程中,行政机关准确掌握突发事件信息有时候是一项不可能完成的任务。

其次,效率是应急管理的生命线,处置危机必须迅速反应,高效行动,否则难以达到应对紧急危险的目的。信息的及时发布能为应急工作赢得时间、提高效率,对拯救生命、减少损失、稳定人心至关重要。

再次,即使行政机关不能掌握完全准确的信息,但是相对而言,行政机关拥有其他任何公众都不可比拟的资源优势,是掌握最为接近准确信息的唯一主体。也就是说,如果行政机关都不能准确掌握的信息,那么基本上就没有人能准确掌握。在要么公开这些不太准确的信息,要么没有任何政府信息任凭虚假信息广为传播的两难选择之下,公开政府信息毫无疑问地成为退而求其次的选择。

最后,及时公开本身是提高信息准确性的手段之一,也是提高政府公信力的必然选择。及时公开要求行政机关对公开的信息还要及时地、持续地更新,而通过这种不断的更新能够促进信息一步一步地走向准确。

2.突发事件中信息公开全面性与选择性之间存在矛盾

许多国家在信息公开的立法或是司法实践中普遍设立了区分处理、部分公开制度。美国著名的沃恩索引制度正是基于可以对政府信息进行区分处理这一前提才得以存在并被广泛应用的。基于突发事件的特殊性及突发事件中政府信息公开制度肩负的特殊使命和发挥的特殊功能,行政机关应该有所选择地部分公开突发事件的信息。

首先,突发事件一旦发生会影响到社会生活的方方面面,牵动着重大社会公共利益,行政机关也会拥有来自方方面面的各种各样的庞大信息。如果毫无保留、不加选择地全部公开所有信息,一方面,不但会增加行政机关工作压力,过多地占用可供信息公开的各种资源,而且各种信息本身可能相互矛盾;另一方面,从整体上来说,我国公众的信息识别和自控能力还比较差,特别是公共危机事件发生后,人们的生活方式、思维方式必然有所变化,心理上也会产生一定压力,对信息真伪的辨别能力相对降低,流言谣言也会相对增多。面对如此浩瀚的信息,公众难以在分析、筛选、加工处理信息的基础上从容理性地应对危机。因此,对那些相对次要的、不是公众应对危机迫切需要了解的应对突发事件的信息,行政机关可以选择性地不予公开或是推迟公开,这样既能合理地利用资源,又能最大限度地发挥信息公开对突发事件的关键作用,完成其双重使命。

其次,突发事件不可避免地伴随着人员伤亡、组织消失、财产损失和环境破坏,而且还会对社会心理和个人信息造成破坏性的巨大冲击,进而渗透到社会生活的各个层面,自然也包括对突发事件的应对处理。在此背景之下,行政机关如果没有选择地将所有信息包括那些过于惨烈血腥的负面信息公之于众的话,无疑会给民众受伤和脆弱的心灵带来更为沉重的打击,也使得步履维艰的应急管理工作雪上加霜,在某些社会安全危机的特殊情况之下,甚至有可能激化矛盾,使事态进一步恶化。因此,对这些信息进行有选择性的处理后部分公开,不仅不影响公众的知情权,反而促进了危机的应对处理。所以,《总体应急预案》明确规定:"突发公共事件的信息发布应当及时、准确、客观、全面。事件发生的第一时间要向社会发布简要信息,随后发布初步核实情况、政府应对措施和公众防范措施等,并根据事件处置情况做好后续发布工作。信息发布形式主要包括授权发布、散发新闻稿、组织报道、接受记者采访、举行新闻发布会等。"

第二节　应急管理法制体系

一、应急管理法制体系概述

从 1954 年颁布实施《中华人民共和国戒严法》以来,我国的应急管理法制体系经历了从无到有、从分散到系统的不断发展与完善的过程。目前,我国的应急管理法制体系主要包括四个层次的内容:宪法当中关于紧急状态的条款;作为基本法的《突发事件应对法》;按照突发事件的种类或者突发事件管理的各个环节制定的单行法律、法规、规章;一般法律或者国际条约当中有关紧急状态或突发事件应对的条款。

(一)我国应急法制体系发展的三个重要时期

1.体系形成阶段:"非典"危机暴露出的应急管理立法需求

发生在 2003 年的"非典"疫情,是触发我国应急管理体系发展进入"快车道"的加速器,我国应急管理法制体系的发展同样如此。2003 年以前,我国的应急管理立法处于分散状态,这与我国当时实行的应急管理体制是相对应的。长期以来,我国一直实行部门分工负责为主、议事协调机构和部际联席会议负责协调的应急体制,在法律体系上,基本也是按照突发事件的类型和负责部门进行分别立法,形成了一类事件制定一部法律、行政法规(或者一部法律配套若干部行政法规),并主要由一个部门负责应对的体制和法律对应关系,缺乏综合应对和统筹协调的理念和相应的制度设计。这种"一事一法"立法方式的缺陷在 2003 年暴发的"非典"危机中暴露无遗。"非典"疫情虽然表现为一个公共卫生事件,但其应对工作却不仅仅涉及主管的卫生部门,而是广泛涉及交通、公安、教育、民航、民政、市场监管、商务等其他部门和广大基层政府,需要通过政府发挥综合协调作用才能有效应对。为了应对该次危机,国务院仅用一个月的时间就制定了《突发公共卫生事件应急条例》,全国人大常委会也修订了《传染病防治法》,地方政府也及时出台了一系列规章,用于保证"非典"中的资源调配、政令畅通和正常生产、生活秩序的恢复。应对该次危机的经验告诉了我们依靠法律应对突发事件的必要性。一方面,法律能够保证应急机制的有序运行,为行政紧急权力的行使提供支撑;另一方面,法律能够在公共紧急情况下提供制度约束,通过规定法律后果保证公共部门的权责统一,通过规定保障性措施保证公民在危机应对中的基本权利。

2003 年之后,我国的应急管理体系与法治理念、现代应急管理理念逐渐接轨,以

"一案三制"为核心的应急管理体系开始形成,同时也逐步建立起了应急法制的基本框架。这一阶段的代表性立法成果有二:一是 2004 年的《宪法》修正案将"戒严"制度修改为"紧急状态"制度;二是 2007 年应急管理领域的综合性法律《突发事件应对法》颁布实施。

2.快速发展阶段:"5·12"汶川大地震后的密集立法

2008 年的"5·12"汶川大地震之后,人们开始普遍意识到,对于不确定程度较低的常规突发事件,应急管理相关法律可以凭借"以不变应万变"的方式小心翼翼地实现各种目标,如公正与效率、秩序与自由之间的平衡。而非常规突发事件的发生,将使这一切重新面临考验。事实证明,在"非典"危机之后制定的《突发事件应对法》在新型、重大、非常规突发事件的考验和冲击之下暴露出了一系列缺点和不足。行政法学者马怀德等人指出,现行应急法制存在对应急组织体系的规定不够健全、对社会和市场力量参与制度规定不足、对应急预案编制和演练的要求不够明确、对预防重大突发事件准备工作的保障不到位,以及对事后恢复和重建制度的规定存在空白等五大问题。从那时起,我国更加重视对应急管理法制体系的完善,针对地震等重大突发事件应对及灾害管理中出现的立法空白进行了密集的立法活动。地方人大常委会和地方政府也纷纷颁布适用于本行政区域的地方性法规、地方政府规章。据不完全统计,汶川地震后关于地震的规范性法律文件 7 个月内激增 94 部,灾后 10 年全国出台的关于地震的规范性法律文件数目高达 309 部。

3.体系革新阶段:应急管理体制改革之后的立法趋势

2018 年国家机构改革组建了应急管理部,整合了此前分散在 11 个部门的 13 项应急管理职能。随后,地方各级政府的应急管理部门也相继挂牌运行。应急管理部门的设立是我国应急管理体制的重大改革,在我国应急管理体系的发展史上是一个重大事件。体制的变革必然要求法制体系做出相应的调整,可以预见,机构改革后我国的应急法制体系必将进入一个新的密集立法期。例如,《消防法》已经在 2019 年修改,《安全生产法》的修订也在 2019 年进入了全国人大常委会的立法程序当中,将《危险化学品安全管理条例》升格为《危险化学品安全法》和起草《自然灾害防治法》的立法工作也已经启动。在这个新阶段,立法将呈现两个显著特点:一是综合性立法增多,这和应急管理部门所承担的在自然灾害防治、安全生产、应急救援等方面的综合性职能是密切相关的;二是更多地反映国家治理体系和治理能力现代化进程中的新成果,特别是简政放权、放管结合、优化服务的"放管服"的改革成果,"告知承诺制""双随机、一公开""互联网+监管""失信联合惩戒""黑名单"等制度有望在新制定、新修订的一批法律、法规中得到体现。

(二)中国应急管理法制体系的主要内容

2004 年,十届全国人大二次会议对 1982 年《宪法》做了第四次修改,将《宪法》中规定的"戒严"修改为"紧急状态",并对紧急状态的决定与宣布做出了规定,这次修改结束了《宪法》非常法制条款规定不周延的局面,修改之前的《宪法》仅规定了战争、动员、戒

严这三种情况,为此后应急管理相关法律的制定提供了立法依据。目前我国应急法制体系的基本情况可以概括如下:

1.以突发事件的种类作为分类标准

第一类:自然灾害类。我国自然灾害类的立法主要按照灾种划分,目前还没有一部跨灾种的综合性立法。现有的立法主要包括法律层面的《防洪法》《防沙治沙法》《防震减灾法》《气象法》《大气污染防治法》等,行政法规层面的《防汛条例》《抗旱条例》《破坏性地震应急条例》《森林防火条例》《草原防火条例》《森林病虫害防治条例》《地质灾害防治条例》等,规章层面的《水库地震监测管理办法》《地质环境监测管理办法》等。总体来说,我国的自然灾害类立法体现了这几个特点:①以单灾种立法为主,缺乏跨灾种综合立法;②以行政法规、规章为主,法律的数量比较少;③各灾种之间立法数量极不均衡,如针对水旱灾害的单行法共有 9 部,而针对海洋灾害的单行法数量为零。

第二类:事故灾难类。我国事故灾难类的立法相对于其他三种类型的立法而言发展得最为成熟。其中,《安全生产法》作为本领域内的综合性立法,以专章规定了事故灾难管理的内容;除此之外,还包括《建筑法》《消防法》《矿山安全法》《特种设备安全法》《海上交通安全法》《放射性污染防治法》等行业法律及《生产安全事故报告和调查处理条例》《安全生产许可证条例》《生产安全事故应急条例》《危险化学品安全管理条例》《放射性同位素与射线装置安全和防护条例》《国务院关于预防煤矿生产安全事故的特别规定》《建设工程安全生产管理条例》《道路运输条例》《内河交通安全管理条例》《渔业船舶检验条例》《河道管理条例》等一系列涉及生产经营、特种作业监督、矿山和危化品日常管理、交通安全、从业人员救援保障的行政法规、规章。事故灾难领域立法的问题主要有两点:首先,主要法律中对应急管理的规定不足,应急管理理念比较陈旧;其次,由于存在诸多行业性立法,难免存在"多头立法",导致下位法与上位法的规定存在不一致甚至冲突之处,对此,当务之急要以应急管理部的成立为契机加快修法进程,修改《安全生产法》等相关法律,及时删除不合时宜的规定,将非常态下的应急管理作为《安全生产法》中一个独立章节加以充实。与此同时,应当尽快进行法规清理,废除年代久远、不再适用的法律文件,或者删除与上位法冲突的条款。

第三类:社会安全事件类。突发性社会安全事件并不是一个精确的法律概念,只是对同类现象的概括,也可以认为只要是由于人为的因素造成或者可能造成一定区域内的人身或者财产损失的事件就可称为社会安全事件。目前,社会安全事件主要包括恐怖袭击、群体性冲突或暴力事件、经济安全事件、网络安全事件和涉外突发事件等。我国还没有专门针对突发性社会安全事件应急管理的专门立法,将来制定这样一部法律的可能性也比较小,但有大量法律法规规章等涉及社会安全事件的应急管理。具体而言,我国《宪法》规定了动员和紧急状态的决定和宣布问题;在法律层面,《价格法》《戒严法》《国防法》《国家安全法》《反恐怖主义法》等分别规定了当正常的经济秩序、社会秩序、国家管理秩序进入非常状态时的紧急处置措施;在行政法规层面主要有《信访条例》《民用爆炸物管理条例》《农药管理条例》《中央储备粮管理条例》等。除了以上国内法,我国加入的《制止恐怖主义爆炸的国际公约》等也在实践中规范着社会安全事件的应急管理活动。

第四类：公共卫生事件类。公共卫生类突发事件的管理以 2003 年《突发公共卫生事件应急条例》的出台作为法治化的标志。在法律层面主要包括《传染病防治法》《食品安全法》《动物防疫法》《进出境动植物检疫法》《国境卫生检疫法》等；在行政法规层面主要包括《重大动物疫情应急条例》《突发公共卫生事件应急条例》《植物检疫条例》等；在规章层面有《国境卫生检疫法实施细则》等。

2.以应急管理的阶段作为区分标准

第一类：事前及事发预防、准备、监测、预警阶段。这是突发事件发生之前的事前管理阶段，突发事件并没有实际发生或者只是刚刚发现，公共危机处于尚未发生或者向发生演变的过程中。在这一阶段，应急管理部门主要履行三种职能：第一，为将来有可能发生的突发事件进行准备性工作，如进行应急预案编制、应急资源储备、应急场所建设、救援队伍建设与演练等；第二，对可能发生的突发事件进行日常监测；第三，在监测过程中发现突发事件已经发生或者有极大的可能发生，向有可能受到突发事件影响的地区或者人员发出警报。目前，相关的立法主要有《气象法》《防震减灾法》《地震安全性评价管理条例》《中央储备粮管理条例》《城市供水条例》《海洋观测站点管理办法》《粮食流通管理条例》《森林防火条例》《草原防火条例》《气象灾害防御条例》等。

第二类：事中处置、救援阶段。进入这一阶段标志着突发事件已经实际发生，正常秩序被破坏，应急行动开始启动，行政紧急权力得到扩大。2018 年应急管理部成立之后，原公安消防部队、武警森林部队退出现役，与安全生产救援队伍共同组成了综合性常备应急救援力量。因此，这一阶段的立法可以细分为两部分：第一部分是侧重于规定救援措施开展的，如《破坏性地震应急条例》《生产安全事故应急条例》《铁路交通事故应急救援和调查处理条例》《民用运输机场应急救援规则》等；第二部分是侧重于规定救援人员的，如《消防法》（该法主要针对火灾救援，但是消防部队转制后，消防承担综合性应急救援的职责，因此将该法列在此处）《军队参加抢险救灾条例》等。

第三类：事后恢复救助阶段。突发事件的危险源基本得到控制，人员和财产救援活动基本结束之后，政府及其相关部门的主要职责是将应急状态恢复到正常状态。目前，我国关于这一阶段的立法非常少，在法律层面上主要是在《慈善法》当中有个别条款涉及，另外在 2008 年汶川地震之后先后出台了《汶川地震灾后恢复重建条例》《自然灾害救助条例》《社会救助暂行办法》等行政法规。除此之外，这一阶段的主要立法文件基本上是各省区市根据《自然灾害救助条例》制定的具体实施办法。

二、应急管理法制体系的构成

我国从 1954 年首次规定戒严制度至今，已经颁布了一系列与应急管理有关的法律、行政法规、部门规章，各地方根据这些法律、法规又颁布了适用于本行政区域的地方立法,从而构建了一个从中央到地方的应急管理法制规范体系。

(一)法律

1.综合类

(1)《宪法》中的原则性规定

我国《宪法》第八十条规定,中华人民共和国主席根据全国人民代表大会的决定和全国人民代表大会常务委员会的决定"宣布进入紧急状态";第八十九条的国务院职权第十六项规定,"依照法律规定决定省、自治区、直辖市的范围内部分地区进入紧急状态"。

(2)《突发事件应对法》

2007 年十届全国人民代表大会常务委员会第二十九次会议通过的《突发事件应对法》立法初衷是将从在我国发生概率很小的紧急状态转为集中规范普通的应急管理,涉及的突发事件包括自然灾害、事故灾难、公共卫生事件和社会安全事件四类,即将焦点由小概率事件转为对高发频率应急事件的管理与关注,对我国行政应急法制的建设具有里程碑式的意义。

综合类法律如公民权利救济法律规范,即涉及公民、法人和其他组织的合法权益受到损害之后的补救机制,包括行政复议、行政诉讼、国家赔偿和补偿方案的法律规范,还包括《保守国家秘密法》《公益事业捐赠法》《产品质量法》《国务院组织法》等,但一般情况下我们认为主要为宪法原则性规定和《突发事件应对法》。

2.突发事件单项应急法

根据突发事件的发生过程、性质和机理,突发事件主要分为以下四类:自然灾害、事故灾难、公共卫生事件和社会安全事件。

(1)自然灾害类

自然灾害主要包括水旱灾害、气象灾害、地震灾害、地质灾害、海洋灾害、生物灾害和森林草原火灾等,相关的法律为《防洪法》《防沙治沙法》《防震减灾法》《气象法》《森林法》《水法》《水土保持法》等。

(2)事故灾难类

事故灾难主要包括工矿商贸等企业的各类安全事故、交通运输事故、公共设施和设备事故、环境污染和生态破坏事件等,相关的法律为《水污染防治法》《安全生产法》《大气污染防治法》《海洋环境保护法》《道路交通安全法》等。

(3)公共卫生事件类

公共卫生事件主要包括传染病疫情、群体性不明原因疾病、食品安全和职业危害、动物疫情及其他严重影响公众健康和生命安全的事件,相关的法律为《食品安全法》《传染病防治法》《动物防疫法》《国境卫生检疫法》《药品管理法》等。

(4)社会安全事件类

社会安全事件主要包括恐怖袭击事件、经济安全事件和涉外突发事件等,相关的法律包括《紧急状态法》《反分裂国家法》《国家安全法》《人民防空法》《银行业监督管理法》《中国人民银行法》《公民出境入境管理法》等。

(二)行政规范

应急管理法制还包括行政规范,这类规范较多,除具有规范指引作用外,还具有实践指导功能,是应急管理法制中重要的组成部分。应急行政规范主要包括如何处理四大类突发事件的具体规定。我国针对各种突发事件制定了大量应急管理行政规范,立法范围非常广泛,立法形式涉及行政法规、行政规章。

1.综合类

综合类行政规范主要包括《信息公开条例》《工伤保险条例》《国务院关于特大安全事故行政责任追究的规定》《汶川地震灾后恢复重建条例》等。

2.突发事件单项应急行政规范

(1)自然灾害类

自然灾害相关的行政规范为《气象灾害防御条例》《抗旱条例》《森林防火条例》《草原防火条例》《水文条例》《地质灾害防治条例》《森林病虫害防治条例》《自然保护区条例》《水土保持法实施条例》等。

(2)事故灾难类

事故灾难相关的行政规范为《石油天然气管道保护条例》《烟花爆竹安全管理条例》《使用有毒物品作业场所劳动保护条例》《防治拆船污染环境管理条例》《防治海岸工程建设项目污染损害海洋环境管理条例》《国务院关于预防煤矿生产安全事故的特别规定》《民用核设施安全监督管理条例》《水污染防治法实施细则》等。

(3)公共卫生事件类

公共卫生事件相关的行政规范为《药品管理法实施条例》《麻醉药品和精神药品管理条例》《农药管理条例》《农业转基因生物安全管理条例》《突发公共卫生事件应急条例》《重大动物疫情应急条例》《兽药管理条例》等。

(4)社会安全事件类

社会安全事件相关的行政规范包括《非法金融机构和非法金融业务活动取缔办法》《人民币管理条例》《娱乐场所管理条例》《民用爆炸物品安全管理条例》《计算机信息系统安全保护条例》《民用航空安全保卫条例》《营业性演出管理条例》等。

(三)香港、澳门基本法中的原则性规定

《中华人民共和国香港特别行政区基本法》第十八条规定:"全国人民代表大会常务委员会决定宣布战争状态或因香港特别行政区内发生香港特别行政区政府不能控制的危及国家统一或安全的动乱而决定香港特别行政区进入紧急状态,中央人民政府可发布命令将有关全国性法律在香港特别行政区实施。"《中华人民共和国澳门特别行政区基本法》第十八条规定:"在全国人民代表大会常务委员会决定宣布战争状态或因澳门特别行政区内发生澳门特别行政区不能控制的危及国家统一或安全的动乱而决定澳门特别行政区进入紧急状态时,中央人民政府可发布命令将有关全国性法律在澳门特别行政区实施。"

三、我国应急管理法制体系的发展和完善

应急管理法制作为典型的回应型法,其不断完善的过程就是在保持法制体系完整性、自治性的基础上不断回应应急管理现实需求的过程。纵观世界各主要国家的应急管理法,很容易发现这样一个普遍的规律,在某一次重大的突发事件后往往会启动一轮密集的立法、修法活动。以日本为例,2011 年日本东部发生"3·11"大地震之后,日本连续三次修改《灾害对策基本法》,先后颁布实施了《海啸对策推进法》(2011 年)、《创建海啸防灾区域法》(2012 年)、《原子力规制委员会设置法》(2012 年)、《大规模灾害复兴法》(2013 年)、《大规模灾害的受灾地区借地借家特别措置法》(2013 年)及《首都直下型地震对策特别措置法》(2013 年)六部法律。

党的十八大以来,习近平总书记多次强调,建设中国特色社会主义法治体系,必须坚持立法先行,发挥立法的引领和推动作用。虽然我国应急立法的进程总体上在不断加快,尤其是在 2018 年应急管理部成立以后,出于法制与体制相配套的需要,应急管理领域的立法、修法活动和法律法规清理工作步入了"高速路、快车道",但目前我国的应急管理法制体系还存在着几个亟待思考和解决的问题。应急管理部在全面清理现有应急管理法律法规,广泛听取有关方面意见的基础上,提出通过若干年的努力,逐步形成"1+4"应急管理法律框架体系。其中,"1"指的是制定一部《应急管理法》,"4"指的是在已有的《安全生产法》和《消防法》的基础上,增加《自然灾害防治法》和《应急救援组织法》两部法律,以这个"1+4"的框架统率自然灾害防治、事故灾难应对、综合应急救援几个领域的单行性法律、法规。当然,虽然应急管理部的职责只涉及自然灾害防治、事故灾难应对和综合应急救援,但在以后的公共卫生安全、社会安全等领域,以及涉及宪法秩序的紧急状态层面,也面临着若干立法任务。在这里,我们对未来一个阶段我国应急管理领域重要的立法任务择要加以讨论。

(一)制定《紧急状态法》的问题

在我国当前的应急管理法制体系中,《突发事件应对法》是非常态行政法律制度的基本法,但在我国《宪法》中并无"突发事件"的表述,只有"紧急状态"的表述,造成立法逆位现象,上下位法之间的关系不协调。在《突发事件法》立法活动前期,本来要制定的是《紧急状态法》,后来也曾更名为《突发事件和紧急状态法》,但是由于种种原因,正式出台时这部法律当中关于紧急状态的实质性规定都被删除了。随着理论研究的不断深入及应急管理理念的革新,我们开始逐渐认识到对《宪法》当中明确提出的紧急状态不能采取回避的态度,而近年来暴发的很多非常规突发事件的处置实际上也有宣告紧急状态的必要性,仅仅依靠《突发事件应对法》难以保证一些特殊应对措施的合法性。因此,在我国应急法制体系基本法的位置上,除了既有的《突发事件应对法》之外,还应当增加一部《紧急状态法》。或者采取过渡性的做法,修改《突发事件应对法》,增加关于紧急状态的规定。

(二)修订《突发事件应对法》的问题

长期以来,人们都认为法律的效力是与其安定性成正比的,效力越高的法律文件安定性越高,越不能频繁修改。这种观念与应急法需要回应频繁变动的现实需求的特点是存在矛盾的。随着时间的推移,《突发事件应对法》的时代局限性已经越加明显。衡量一部应急法律是否良法,最主要的指标是看其是否显著提升了全社会的突发事件应对能力,是否具有可操作性。因此,增强可操作性,革新应急管理的理念,回应应急管理体制改革,是下一步《突发事件应对法》修订的核心目标。

《突发事件应对法》在我国应急管理法制体系中的重要地位是不言而喻的,对于这部法律颁布实施十多年来的得失成败,在实务界和理论界都有很多讨论。在2018年的国家机构改革决定设立应急管理部之后,我国的应急管理法制体系又面临着新一轮发展完善的重要契机,如何对待《突发事件应对法》就成为一个十分关键的问题。对此,有几种主要思路可供讨论。

第一,修改《突发事件应对法》,着重加强两个方面。一是增加应对非常规突发事件的制度内容,主要就是紧急状态制度,即通过这部法律一并解决紧急状态的问题,这样就无须再单独制定《紧急状态法》了;二是增强突发事件应对具体制度的可操作性,细化制度内容,更新对突发事件应对新的规律性认识。

第二,废止《突发事件应对法》,代之以其他的相关法律。这种观点建立在《突发事件应对法》基本没用也难以通过修改解决问题的判断上,其主张是在废止《突发事件应对法》之后,代之以《应急管理法》《自然灾害防治法》《应急救援组织法》等一系列法律的组合。

第三,搁置《突发事件应对法》,制定新的法律,主要依靠新的法律发挥作用。这种观点考虑到废止《突发事件应对法》这样的重要法律可能遭遇的阻力、代价都比较大,因此希望采取折中的办法,也就是既不废止、实际上也不再适用该法,转而通过制定《紧急状态法》《应急管理法》《自然灾害防治法》等作为突发事件应对活动的主要法律依据。

(三)制定《自然灾害防治法》的问题

在应急管理部提出的"1+4"立法框架中,包括《自然灾害防治法》。制定《自然灾害防治法》是非常必要的,但应该将其定位为自然灾害防治领域的一部"综合法",而不是一部"总法"。

所谓制定"总法",就是在各灾种单行法的基础上,把自然灾害防治中共同的、一般性的制度内容提取出来加以规定,提取"最大公约数",成为本领域中一部总括性的基本法。在此基础上,再就各灾种防治中具有特殊性的问题及实施这部"总法"的问题,分别制定自己的单行法,形成一个"总分结构"的自然灾害防治法律体系。这一思路的缺点在于:第一,提取"最大公约数"所得到的内容必然较为原则、抽象,可操作性较差,立法之后,在自然灾害防治的实践中主要还要靠各灾种的单行法发挥作用,"总法""中看不中用"。第二,一部"总法"固然有助于统一自然灾害防治的制度框架,并对那些没有制定单行法的小灾种、罕见灾种防治发挥兜底作用,但要考虑到我国已经有了一部《突发事件应对法》,已经能够发挥这方面的作用了,再按照类似思路制定一部《自然灾害防治法》,不免重复。第三,"总分结构"的自然灾害防治法律体系本来有利于节约立法资源,但我们是在各主要灾种单行法比较齐备的情况下制定《自然灾害防治法》的,这部法律出台之后,并不可能去大规模地修订、删节各种单行法,会造成法律体系内部大量内容重复,叠床架屋,反而给法律的宣贯和执行带来困难。

而将《自然灾害防治法》制定为一部"综合法",则是另外一种思路,就是主要围绕"综合减灾"来立法。这里的"综合减灾"较为广义,包括综合地防灾、减灾、救灾,简而言之就是指自然灾害防治中那些需要进行跨灾种综合统筹、资源整合、"合"胜于"分"的工作。将《自然灾害防治法》的调整范围聚焦在灾害防治的综合性工作上,有这样几点优势:第一,有利于凸显立法的必要性。自然灾害防治工作,有的需要综合统筹,"合"胜于"分",有的则强调专业分工,"分"胜于"合"。当前,我国的自然灾害防治法律体系并不缺少单行法,也不缺少兜底法,缺少的是调整灾害综合防治工作的法,这才是《自然灾害防治法》需要填补的空白。至于那些本来就适合按灾种"分而治之"的工作,已经由各种单行法进行调整了,再将这些法律制度概括汇总之后写入《自然灾害防治法》,只有形式上的意义,实质上还是重复。第二,有利于厘清和其他法律的关系。在上有《突发事件应对法》、下有各单行法的情况下,再制定一部《自然灾害防治法》,厘清和这些"左邻右舍"的关系非常重要。简单地说,《突发事件应对法》调整的是"多灾种未经综合的全过程";单行性立法调整的是"单灾种的全过程";《自然灾害防治法》调整的是"多灾种经过综合的关键过程"。这样,三者定位的差别就比较明显了。第三,有利于界分应急管理部门和其他部门的职责。机构改革之后,应急管理部整合了多项自然灾害防治职能,甚至被误认为"包揽"了全部自然灾害防治职能。但实际上,应急管理部门整合的只是灾种,不是也不可能整合自然灾害应对的全部过程,而只能是整合"宜合不宜分"的这部分关键过程。所以按照"综合法"的思路来制定《自然灾害防治法》,这部法律的调整范围和应急管理部门在灾害防治方面的职责范围,基本上就是对应的。这部法律出台之后,也主要由应急管理部门来牵头执行,这样权责就比较分明,实施效果也比较有保证。

(四)填补单行法上的立法空白

应急管理法制体系中的单行法分为"一事一法"和"一阶段一法"两种类型,这两种类型的立法目前仍然存在不少空白。对于"一事一法"来说,其调整对象针对的是各种突发事件及其分支。以自然灾害类突发事件立法为例,各灾种的立法数量极不平衡,在现行 27 部法律中,最多的是关于水旱灾害的,共有 9 部;最少的是关于海洋灾害的,目前还没有。在 95 部行政法规中,最多的是关于地震灾害和气象灾害的,分别是 27 部和 25 部;最少的是关于生物灾害的,只有 1 部。从长期来看,单灾种立法仍然是自然灾害立法的重要形式,通过制定《海洋灾害防治条例》等尽快填补单行法中的空白地带,仍十分必要。对于"一阶段一法"来说,大致可以分为应急准备类、处置救援类、恢复重建类的立法。根据应急管理工作的实际需求，至少应当增加风险管理、应急资源储备、突发事件保险、应急救援队伍建设等方面的专门立法。

思考题

1.应急管理法制的基本范畴是什么?

2.应急管理法制的原则是什么?

3.简述我国应急管理法制发展的三个时期。

4.我国应急管理法制体系的主要内容是什么?

5.应急管理法制体系包括哪些构成要素?

第六章

应急预案

第一节 应急预案概述

在中国应急管理体系设计之初,应急预案不仅为有效应对各类突发事件提供了迅速、有效、有序的行动方案,更重要的是,应急预案还成为建立健全应急管理体制、机制、法制的重要抓手。因此,中国的应急预案体系不仅是应急管理的基础,更是应急管理体系建设的重要内容。

国家级、省级应急预案发布后,在应急管理实践中发挥着重要的规范和指引作用,并在应急管理法制体系建设中发挥了重要作用。国家总体预案中的重要内容直接成为其后颁布的《突发事件应对法》中的相关条款。总之,以"一案三制"为核心的应急管理体系在促进中国应急管理从单一性到综合性、临时性到制度性、封闭性到开放性、处置性到准备性的转变中发挥了关键作用。

随着应急管理法律法规的逐步完善,应急管理体制机制的改革,国家应急预案体系也得到完善,各级各类应急预案不断修订完善,应急预案牵引应急准备的重要作用日益突显。

第二节 应急预案的概念与分类

一、应急预案的概念

应急预案,有时简称"预案",是针对可能发生的突发事件,为保证依法、迅速、科学、有序地开展应急与救援行动、降低人员伤亡和经济损失,控制、减轻和消除突发事件引起的严重社会危害,同时规范突发事件应对活动而预先制定的方案。

应急预案是在辨识和评估潜在的重大危险、事件类型、发生的可能性及发生过程、事件后果及影响严重程度的基础上,对应急机构与职责、人员、技术、装备、设施(备)、物资、救援行动及其指挥与协调等方面做出的具体安排;它明确了在突发事件发生之前、发生过程中及刚刚结束之后,谁负责做什么、何时做,以及相应的处置方法和资源准备等。

二、应急预案的内涵

应急预案的内涵包括以下两方面:

(一)预防

在常态下,通过危险源辨识和风险分析,采用技术和管理手段降低突发事件发生的可能性,或使已经发生的突发事件控制在局部或可控范围内,防止突发事件蔓延,并预防次生、衍生事件的发生;通过编制应急预案并开展相应的培训,可以进一步提高各层次人员的安全意识;同时,通过编制应急预案,落实应急保障措施,加强人员培训和演练等,达到在常态下预防突发事件的目的。

(二)应对

突发事件往往是防不胜防的,故在一定诱因或条件下,突发事件一旦发生,就要求必须采取及时有效的处置、救援措施,并按照有关规定和职责开展恢复重建工作等,实现对突发事件的有效应对。

应急预案是依据国家相关法律法规和标准规范要求制定的,预案本身也是具有一定法规效力的文件。建立健全在突发事件准备和应对中的组织体系、承担相关职责的各种角色,规范预警和响应程序,明确应急资源和保障要求等,是应急管理准备工作系统化和具体化的表现。

三、应急预案的分类

应急预案按照制定主体划分,分为政府及其部门应急预案、单位和基层组织应急预案两大类。

政府及其部门应急预案由各级人民政府及其部门制定,包括总体应急预案、专项应急预案、部门应急预案等。

单位和基层组织应急预案由机关、企业、事业单位、社会团体和居委会、村委会等法人和基层组织制定。

大型企业集团可根据相关标准规范和实际工作需要建立集团应急预案。

第三节　应急预案的编制

一、应急预案的编制目标

应急预案的编制目标,是实现在突发事件发生之前的有效准备及在突发事件发生时的合理应对和处置,最大限度地降低其后果和负面影响。

所谓发生前的有效准备,是将应对处置所需要的各种安排、资源、培训、演练都落实到位;所谓合理应对和处置,是在突发事件发生前、发生中、发生后的完整过程中,应对者能够采取尽可能合理、科学的应对手段和方法,并且具备实施这些手段和方法的物质条件。这些手段、方法和物质条件,都是应急预案中已经确定和安排好的。

二、应急预案的制定主体

各级政府及其组成部门、相关基层单位和组织是应急预案的制定主体。各级政府之所以要制定应急预案,是因为政府是社会治理和公共服务的主体,承担着防范化解公共安全风险和突发事件处置与救援、保护人民群众生命财产安全等重要职责,编制并实施应急预案就是为了提前做好应急准备,以便在发生突发事件后可以依法、迅速、科学、有序地组织应对。

各级政府及其有关部门的预案编制和发布要依据有关法律法规的要求,通常遵循法规或规范性文件的制定和发布过程。承担应急预案编制职责的政府部门通常会组织专门的预案编制工作团队,遵循规范的程序,经过一定的编制、评审和审批程序,广泛征求相关各方的意见建议,并以适当的形式发布。

政府作为制定应急预案的主体,其编制与实施过程必须体现政府的责任心和公信力。责任心要求政府必须以人民为中心,从保护人民群众和公共利益的立场出发,切实按照科学的方法和手段制定应急预案;公信力要求政府切实承担起制定和实施应急预案的责任,要确保应急预案的有效性并对实施的后果负责。

各类企业、事业单位、社会团体和居委会、村委会等法人和基层组织是单位和基层组织应急预案的制定主体。各类单位和基层组织是社会的基本单元,是各类潜在重大危险的所在,也是绝大多数突发事件的发生场所,承担着预防及化解各类突发事件和组织开展先期处置的主体责任,因此必须按照有关法律法规要求制定本单位、本组织、本社区的应急预案。各类企事业单位和基层组织要强化应急管理职责,加强应急能力建设。

重大活动应急预案按照“谁主办谁负责”的原则,由主办或承办单位负责制定。如果是政府主办或承办的大型活动,应该由负责主办或承办活动的政府或其部门负责编制应急预案。

三、应急预案的编制原则

(一)以人为本,健全机制

要把保障人民群众的生命安全和身体健康作为应急工作的出发点和落脚点,最大限度地减少突发事件造成的人员伤亡和社会危害。要不断改进和完善应急救援的装备、设施和手段,切实加强应急救援人员的安全防护和科学指挥。要充分发挥人的主观能动性,充分依靠各级领导、专家和群众,充分认识社会力量的基础性作用,建立健全组织和动员人民群众参与应对突发事件的有效机制。

(二)依靠科学,依法规范

制定、修订应急预案要充分发挥社会各方面,尤其是专家的作用,实行科学民主决策,采用先进的预测、预警、预防和应急处置技术,提高预防和应对突发事件的科技水平,提高预案的科技含量。

应急预案要符合有关法律、法规、规章,与相关政策相衔接;与完善政府社会治理和公共服务职能、深化行政管理体制改革相结合;按照有关程序制定、修订应急预案;依法行政,依法实施应急预案。加强公共安全的科学研究,采用先进的预测、预警、预防和应急处置技术,以及大数据、人工智能、物联网、云计算等现代信息技术,提高预防和应对突发事件的科技水平、内容和范围,确保应急预案的全局性、规范性、科学性和可操作性。

(三)统一领导,分级负责

对于总体预案,要在党中央、国务院的统一领导下,坚持分级管理、分级响应、条块结合、属地管理为主的原则。省(区、市)人民政府是处置本行政区域重大、特别重大突发事件的主体。根据突发事件的严重性、可控性、所需动用的资源、影响范围等因素,分级设定和启动应急预案,落实岗位责任制,明确责任人及其指挥权限。

对于部门预案,要在国务院统一领导下,组织有关部门、单位制定和修订本部门的突发事件应急预案。要按照分级负责、属地为主和分类应对、协调联动的原则,落实各级应急响应的岗位责任制,明确责任人及其指挥权限。

(四)协调配合,快速反应

对于总体预案,要加强资源整合。按照条块结合、资源整合和降低行政成本的要求,运用现代科技及管理技术,共享应急资源及信息,避免重复建设;要明确不同类型突发事件应急处置的牵头部门及其职责和权限,其他相关部门、单位密切配合;要充分依靠和发挥军队、武警部队在处置突发实践中的骨干作用和突击队作用,充分发挥民兵在处置突发事件中的重要作用。

对于专项和部门预案,应急预案的制定和修订是一项系统工程,要明确不同类型突发事件应急处置的牵头部门或单位,其他有关部门和单位要主动配合、密切协同、形成合力;要明确各有关部门和单位的职责和权限;涉及关系全局、跨部门、跨地区或多领域的,预案制定、修订部门要主动协调有关各方;要确保突发事件信息及时准确传递,应急处置工作反应灵敏、快速有效;充分依靠和发挥人民解放军和武警部队在处置突发事件中的骨干作用和突击队作用;充分发挥民兵在处置突发事件中的重要作用。

(五)预防为主,平战结合

要贯彻预防为主的思想,树立常备不懈的观念,经常性地做好应对突发事件的思想准备、预案准备、机制准备和工作准备。加强培训演练,做到常备不懈。要重点建立健全信息报告体系、科学决策体系、防灾减灾体系和恢复重建体系。要建立健全应急处置队伍,加强专业队伍和志愿队伍的培训,做好对广大人民群众的宣传教育工作,并定期进行培训、演练。要完善值班值守和应急联动机制,发生事件后快速启动响应,最大限度减少生命、财产和环境等方面的损失。

(六)借鉴国外经验,符合我国实际

认真借鉴国外处置突发事件的有益经验,深入研究我国实际情况,切实加强我国应急能力和机制建设,提高社会治理水平,要充分发挥我们的政治优势、组织优势,在各级党委和政府的领导下,发挥基层组织的作用,建立健全社会治安综合治理、城乡社区管理等社会治理机制。

四、应急预案的编制要素

一般来说,应急预案的内容是围绕其基本要素展开的。应急预案分为两类,一类是政府及其部门应急预案,另一类是单位和基层组织应急预案。

政府及其部门应急预案由各级人民政府及其部门制定,包括总体应急预案、专项应急预案、部门应急预案等。单位和基层组织应急预案由机关、企业、事业单位、社会团体和居委会、村委会等法人和基层组织制定。

不同类别、不同层级的应急预案其内容有不同的侧重点。例如,政府总体应急预案主要规定突发事件应对的基本原则、组织体系、运行机制,以及应急保障的总体安排等,明确相关各方的职责和任务;专项和部门应急预案侧重明确突发事件的应对原则、组织指挥机制、预警分级和事件分级标准、信息报告要求、分级响应及响应行动、应急保障措施等。

一般来说,专项应急预案的基本内容包括以下四个主要方面:首先,突发事件的情景,即发生了什么样的突发事件(包括事件的种类、规模和影响等);其次,必须参与应急处置的机构和人员(机构包括主责机构、辅助机构;人员包括指挥人员和专业应急处置人员);再次,应对所使用的资源(包括设备、设施、物资和人力资源);最后,应该采取的基本行动和具体措施。

下面以国务院办公厅印发的《国务院有关部门和单位制定和修订突发公共事件应急预案框架指南》中规定的专项与部门应急预案的核心内容要素为例进行简要介绍。

(一)总则

该部分包含目的、工作原则、编制依据、适用范围等内容。

(二)组织指挥体系及职责

该部分包含应急组织机构与职责、组织体系框架描述等内容。

(三)预警和预防机制

该部分包含信息监测与报告、预警预防行动、预警支持系统、预警级别及发布等内容。

(四)应急响应

该部分包含分级响应程序,信息共享和处理,通信,指挥和协调,紧急处置,应急人员的安全防护,群众的安全防护,社会力量动员与参与,突发公共事件的调查分析、检测与后果评估,新闻报道,应急结束等内容。

(五)后期处置

该部分包含善后处置、社会救助、保险、突发公共事件调查报告和经验教训总结及改进建议等内容。

(六)保障措施

该部分包含通信与信息保障,应急支援与装备保障,技术储备与保障,宣传、培训和演习,监督检查等内容。

(七)附则

该部分包含名词术语、缩写语与编码的定义与说明,预案管理与更新,国际沟通与协作,奖励与责任,制定与解释部门,预案实施或生效时间等内容。

(八)附录

该部分包含与本部门突发公共事件相关的应急预案,预案总体目录、分预案目录,各种规范化格式文本,相关机构和人员通讯录等内容。

近年来,应急预案的内容应该有所增加,主要表现在三个方面:一是不仅包括辖区内的人应该怎样做、做什么,而且要说明在突发事件发生时,期望辖区之外的政府、组织和人们应该提供什么样的合作和支持及提供的方式和途径。二是要做出安排,在重大和特别重大突发事件发生时,如何保障政府功能和生命线工程运行不间断。三是要包括各级、各类应急预案之间的连接和合作内容及合作方式等。

五、应急预案的编制方法

(一)模板法

模板法是一种被广泛采用的预案编制方法。对于没有预案编制经验的部门来说,此方法是可避免走弯路且是行之有效的。

应急预案编制模板是政府应急管理权威部门制定和发布的,规定应急预案基本结构和主要内容的框架性工具,是经过反复研究敲定、多次实践证明、能够代表突发事件应急处置标准程序和正确途径的指导性文件。

模板法是基于应急预案模板,按照规定的结构和内容的编制要求和做法,制定本部门(单位)应急预案的方法。这种方法的优点是:第一,它不会遗漏或忽略应急处置的重要环节和内容,也不会出现程序性错误。第二,它规定的每一项内容都有指导性或提示性导语,对具体的内涵做了要求和概述,编制者可以明确无误地填写,不会偏离方向。第三,它为预案的规范化提供了保障,非常便于预案管理。从国务院办公厅发布的《省(区、市)人民政府突发公共事件总体应急预案框架指南》中,以上优点显而易见。必须指出的是,应急预案编制模板只是指导性文件,多数只有做什么的内容,没有如何做的内容,许多工作必须由编制者结合实际按照规范认真分析研究,不能有丝毫的忽略和敷衍。比如,风险评估、资源保障、培训演练等各个环节的细节都不能忽视,都要经过严密的分析研究确定。

需要说明的是,由于模板法依据的是模板,那么模板的科学性就直接决定着编制出的预案的科学性。有的预案模板本身有诸多瑕疵或漏洞,如果编制者没有丰富的经验,就会在盲从中犯错误。因此,只有认真研究应急管理的理论和实践,总结本单位突发事件应对处置的经验教训,学习和借鉴国内外突发事件应急响应中的成功方法,才能编制出科学、适用的应急预案。

(二)比照法

由于中国目前发布的突发事件应急预案模板适用面较窄,很多部门或组织在预案编制中不得不采用比照法。具体做法是以同类的应急预案作为参照,框架不变或做部分修改,内容可用的基本不变,不可用的重新写,最后形成了与原预案基本一致的预案。在中国应急预案体系形成初期,以这种方法编制出来的预案占相当大的比例。

六、应急预案的编制过程

(一)编制准备

1.确定预案编制部门

无论是政府还是企事业单位,在决定编写应急预案的时候,首先要确定参加编制的所有部门或机构。

2.确定预案编制人员

预案编制委员会(工作组)由预案编制参与部门的代表、特邀的专家及工作人员组成。需要审核应急预案编制人员的资格要求、经验要求和知识要求。

3.成立预案编制委员会(工作组)

预案编制委员会(工作组)成员应该精诚合作,配合良好,充分发挥每一个成员的作用。

4.准备资料

准备资料包括法律法规,关系预案,编写指导文件和模板,相关的突发事件案例,本地区、本单位的基本情况等。

5.培训准备

应急预案编制人员需要得到法律法规、预案编写方法、形势认识等方面的学习和培训。

(二)编制过程

应急预案编制过程一般由五个步骤构成,每一个步骤都有相对固定的内容。

1.风险分析

风险分析是识别并描述本行政区域或本单位内的风险及其可能的影响。其目的是确定辖区或单位存在什么风险,这些风险影响的对象、范围和严重程度如何,哪些风险必须优先对待,从而决定制定哪些(类)应急预案。

(1)风险分析的任务。风险分析的任务有以下六个:第一,识别一系列可能发生突发事件的风险源。第二,确定风险源引发突发事件的频率及其造成的破坏。第三,确定突发事件对辖区或单位所造成的影响。第四,突出最有可能和最有破坏性的风险源。第五,确定面对突发事件风险时辖区或单位的脆弱性。第六,确定制定各种应急预案的优先顺序。

(2)风险分析的步骤。风险分析通常采用五步法。

第一步:识别风险。本步骤的任务是调查在管辖区或单位内已经出现或可能出现的突发事件的种类,形成一份风险清单。风险调查的方法包括:查找历史资料,走访当地长期住户,并做全面的危险(源)普查。既不要漏掉曾经发生过的突发事件,又要发现新增加的风险源,比如新建的化工厂、水库甚至道路。倡导应用现代数据采集设备、物联网、大数据、人工智能、计算机模拟与仿真、可视化等新一代信息通信技术识别风险,确保风险清单全面。

第二步:描述风险。该任务是将每一种具体突发事件风险,用应急管理的专门术语对其做全方位描述,包括突发事件发生的周期模式、频率/历史、地理范围、严重性/强度/级别、时间框架、发展速度、可预警性、可管理性等。

第三步:描述辖区关键要素。辖区关键要素是指与突发事件影响、响应相关联的构件和环境。构件部分包括突发事件作用对象(承灾体,如人口、重要设施、财产)、响应处置部门(组织);环境包括地理特征、人口分布、基础设施等。描述的目的是确定可能的受害对象、受害范围和应急响应的资源。

第四步:脆弱性分析。脆弱性是衡量一个社区招致损失的倾向性的尺度,是对风险的敏感性。脆弱性分析是对辖区易受危险侵袭的承灾体的查找和确定。简单地说,如果遭受一种灾害的打击,谁将会受到影响? 受影响的程度如何? 它们对这些影响的抵御力如何? 有可能造成多大的生命、财产或经济损失? 通过回答上述问题,从而找出最薄弱的环节,这就是脆弱性分析的任务。

通过脆弱性分析,确定管辖区内面对某种特定危险威胁的各种财产和人群,为设定应急响应时保护对象的优先权提供依据。

脆弱性分析的对象一般是社区或地区集聚的人口、建筑、基础设施和重要设施,诸如城市、医院、学校、铁路线、通信中枢、电力设施、自来水供应系统、重要危险源等。

第五步:情景设置。通过第一、二步确定了需要优先对待的突发事件,通过第三、四步确定了面对突发事件需要优先(重点)保护的对象,下一步需要设定一种突发事件的具体情景,作为应急预案针对的目标,这就是情景设置的内容。

2.确定职责

确定职责是指根据现行的应急管理体制,确定在设定的该突发事件的应急响应过程中的责任人(部门、组织)和具体职责。

(1)列举应急响应的职责。各类突发事件应急响应的职责种类大致相同。一般包括指挥调度、预警发布与风险沟通、搜寻救援、灾情控制、救死扶伤与灾后防疫、抢险保通、后勤保障、治安维护、灾民安置等。

(2)列举应急响应的责任人。应急响应应该由一个部门牵头,承担支持职责的责任人(部门、组织)根据职责分工参与应急响应行动,一般包括政府主要领导、发展改革部门、应急管理部门、消防救援队伍、公安部门、民政部门、卫生健康部门、国土资源部门、生态环境部门、气象部门、地震部门、交通运输部门、市政部门、电力部门、通信部门、新闻媒体、红十字会、地方驻军和武警,等。

在列举应急响应责任人的时候,同样要根据不同的突发事件的处置需求确定,不能一概而论。

(3)对应职责和责任人。建立所列举的应急响应职责与责任人之间的对应关系,可以采用列表方式,如表 6-1 所示。

表 6-1　应急响应职责与责任人对应关系示例

应急响应职责	责　任　人
指挥调度	政府主要领导、指挥部构成人员
预警发布与风险沟通	政府、应急管理部门、气象部门、宣传部门、新闻媒体等
搜寻救援	消防救援队伍、公安部门、专业队伍、武警、军队等
灾情控制	相关专业部门、消防救援队伍、武警、军队
救死扶伤与灾后防疫	卫生健康部门、医疗卫生机构等

续表

应急响应职责	责 任 人
抢险保通	交通运输、电力、通信、市政、武警、军队等
后勤保障	发展改革部门、财政部门、应急管理部门、商业部门、交通运输部门
治安维护	公安部门
灾民安置	应急管理部门、民政部门、商业部门、卫生健康部门、红十字会、新闻媒体等

3.调查分析资源

(1)调查分析资源的目的

应急资源是应对和处置突发事件所需应急能力的基本要素,包括人力资源、物资资源、装备设施资源、信息资源、财政资源等。

调查分析并确定资源是为了确定有效应急响应需要资源的种类、数量与规格,在本辖区内当前拥有哪些资源,资源现状与应急响应需求的关系(短缺、匹配还是过剩)。

(2)调查分析资源的方法

调查分析资源的基本方法是以任务定资源。根据上一步确定的职责和任务,分析履行职责、完成这些任务所需要的各种资源和服务,然后研究和确定这些资源的恰当满足方式,其步骤如下:①弄清应急响应需要的所有资源和服务;②分析现有资源的满足状况;③确定获得资源差额的措施;④检查落实资源的到位情况。

4.确定响应程序和行动

这是应急预案最关键的环节。在预案编制工作中,该步骤最具有研究内涵和价值。

(1)设计突发事件的响应程序和行动时,要树立正确的指导思想。人们通常将突发事件的后果归结为三个方面:人员伤亡、财产损失和环境破坏,所以,评价对一个突发事件响应的效果,也可以从对这三个方面的降低程度来衡量。这就要求预案编制者在设计响应程序和响应行动时,以最大限度保护生命财产和环境为目标。应急救援的优先权排序一般为:抢救生命、防止伤亡,保护财产和环境,始终把人民群众的生命安全和身体健康放在第一位,体现以人为本、生命第一的思想。

以此为指导,设计响应程序和行动时,要对预警和疏散撤离环节给予高度重视。预警是做好应对灾害准备、避免伤亡的直接前提,对气象灾害等能够预警的灾害要设计周密可靠的响应行动,力争做到完全避免伤亡;对难以预警的突发事件要设计必要的监测监控措施,将警情与疏散撤离等保护措施联动起来,最大限度避免或减少伤亡。

(2)应急响应程序的设计流程。确定一个突发事件的响应程序,需要对该突发事件的发生和演化机理有深刻的了解和认识。设计应急响应程序应在参考各类突发事件的一般响应程序的基础上,收集一定量的同类突发事件案例,仔细分析研究其发生发展的规律,探讨和学习人类应对它们的经验教训,特别是涉及人身伤亡和重大损失的原因。同时,结合本地区的环境、人文、经济、灾害应对手段等,设计出尽可能科学适用的响应程序。

在确定一个环节的若干个响应行动之后,要对每一个行动做实践性安排,使之真正确定和落实。一个简便的方法是"七步提问法"。这个行动是什么? 由谁负责这个行动? 什么时候实施行动? 行动需要多长时间? 实际可用的时间有多少? 行动之前发生过什么? 行动之后会发生什么? 实施这个行动需要什么资源?

通过对这些问题的解答,将一个行动的完整信息呈现出来,按此设计行动的全部细节。

5.撰写预案文本

根据前四个步骤的工作,进行预案文本的撰写。因为预案内容已经规范地确定下来,在撰写预案文本时,需要注意以下技术性要求。

(1)内容合法化

在预案编制中,编制依据部分列举的法律法规,是预案内容的制约条件,必须严格依从。同时,要与已经公布实施的上级政府的、平级政府的和本级政府的其他应急预案相衔接,避免职责和行动的矛盾、重复和交叉。

(2)形式规范化

第一,结构合理、完整。根据应急预案的标准格式,合理地组织预案的章节,预案的基本要素保证完整,不能出现内容缺失。每个章节及其组成部分在内容上相互衔接,没有脱节和错位。所有需要的附件完整无缺。

第二,语言直白、标准。预案所使用的语言要明确、清晰,句子要短,少用修饰语和缩略语,尽量采取与上级机构一致的格式与术语,不常用的术语要加注解。要特别检查无主语句子,避免相关任务主体缺失,责任不明。重要的内容要列清单,操作性的内容要以图、表的方式说明。

(3)使用方便化

预案文本应该考虑使用的便利性,为此,可以在编写方式上增加使用指南,在印刷时不同内容(章节)使用不同颜色的纸张,让使用者很容易找到他们所需要的部分,必要时可以考虑出版简写本。

七、应急预案的审定与发布

(一)应急预案的审定

应急预案的审定是将编制完成的预案文本经过特定的程序进行把关和敲定的过程。各级政府颁布的应急预案管理办法,几乎都要求所有应急预案在备案和发布之前,必须经过审定程序。

1.审定的内容

应急预案的审定主要内容包括九个方面:

(1)形式和用语的规范性;

(2)要件的完整性;

（3）法律依据的恰当与相符性；

（4）情景设置的适当性；

（5）响应主体和责任分工的正确性；

（6）响应程序的合理性和完整性；

（7）响应行动的具体性和可行性；

（8）应急资源的落实与保障性；

（9）与其他相关预案的衔接性。

这些内容在审定中都要逐项考察。除此之外，有的专项预案还有更多的考核内容要求。

2.审定的方法

预案审定一般的方法主要包括聘请专家组审定、委托社会专门的独立预案评估机构审定和广泛征求意见。目前国内还没有独立的预案评估机构，一般采用专家组评审法和广泛征求意见相结合的方法。

（1）专家组评审。专家组的聘请和召集一般由编制预案的政府和单位负责，应该包括：预案编制专家、应急处置专家、相关行业技术专家和行政管理人员。专家原则上不少于7人。评审会举行前一周左右，应该将评审的预案和编制说明等必要材料送到专家手里，以便他们有足够的时间研读、审阅。评审会以答辩形式举行，预案编制委员会（工作组）相关负责人员要逐条回答专家的提问，确定下来的问题要认真记录，经正式程序修改、订正。为了保障评审的充分、顺利，评审会不要限制时间，编制委员会（工作组）的主要成员都要参加全过程，掌握专家指出的问题便于修改预案。专家评审后应形成《预案评审意见书》，提出对预案的总体评价和修改方向。

专家提出的问题和修改记录要作为预案编制文件存档。

（2）独立机构评估。国外的做法是请有资质的独立预案评估机构评估预案。与专家组评审相比，评估的过程比较复杂、冗长，花费也更多，但评估方拥有应急预案评估的完整的指标体系，结果具有科学性、可靠性。

评估机构除了审定上述九项内容外，还要对预案编制的过程作审查，主要是查看预案编制记录和工作通报。更重要的是，对于预案中确定的响应程序、响应行动、应急资源等重要内容，评估方要到相关单位实地调查、确认。对于预案的每一项内容，评估方都要分解为若干细节（指标），按既定的程序考察后给出分值。最后，评估方将给预案一个全面、准确、详细的评价报告。收到报告后，编制方根据评估情况做出修改，之后返回评估方对修改的部分再评估，直至完全合格、通过。

（3）其他形式评审。有的政府和部门在预案编制或评审环节，也会采取将预案草稿印发相关单位或上网公开征求意见，这些也是行之有效且必要的做法。这些意见和建议收集起来以后，要由预案编制工作人员集中整理，分析采纳。

(二)应急预案的发布与备案

1.应急预案的发布

应急预案的发布是预案的责任主体机关或它的主管部门对应急预案的批准、公布和宣布生效的法律程序。有的单位制定了应急预案,但没有履行发布程序,从法律意义上讲,它没有发生效力。政府应急预案应该按照《突发事件应急预案管理办法》(国办发〔2013〕101号)报送审批和公布;生产经营单位的安全生产应急预案应该按照《生产安全事故应急条例》(国务院令第708号)、《生产安全事故应急预案管理办法》(应急管理部令第2号)要求进行审批和公布。

预案评审、修订结束后,进入预案的发布程序。根据各地政府关于应急预案发布的规定,一般的发布程序如下:

(1)装订规范的应急预案文件;

(2)应急预案责任部门主要负责人会签;

(3)准备批准材料,一般包括预案正本、编制说明、评审专家组的《预案评审意见书》,以及依据该文件所做的修改说明;

(4)按行政审批程序上报;

(5)政府常务会议(企事业单位领导班子)审议;

(6)主要行政首长(企事业单位主要负责人)签发。

2.应急预案的备案

应急预案的备案是按照相关管理部门的要求到指定主管部门将预案存档(备查)的程序,是相关单位履行法律法规要求的一个必要程序。从备案的概念上讲,它对预案本身不具有审查职责,但是,主管部门有权拒绝为自己认为不合要求的预案备案,发回补充材料或修改完善。

预案备案的部门一般为:政府的总体和专项预案报上一级政府备案;政府的部门预案报同级政府备案;企事业单位向其主管部门备案。

对于生产经营单位申报的企业突发环境事件应急预案,备案时须提交如下的材料:

(1)环境应急预案备案表;

(2)环境应急预案及编制说明:环境应急预案(签署发布文件、环境应急预案文本);编制说明(编制过程概述、重点内容说明、征求意见及采纳情况说明、评审情况说明);

(3)环境风险评估报告;

(4)环境应急资源调查报告;

(5)环境应急预案评审意见。

第四节 应急演练

一、应急演练的定义

根据中国《突发事件应急演练指南》，将演练定义为各级人民政府及其部门、企事业单位、社会团体等组织相关单位及人员，依据有关应急预案，模拟应对突发事件的活动。

二、应急演练的目的

依据《突发事件应急演练指南》，演练的目的包括以下五条：

第一，检验预案。通过开展应急演练，查找应急预案中存在的问题，进而完善应急预案，提高应急预案的实用性和可操作性。

第二，完善准备。通过开展应急演练，检查应对突发事件所需应急队伍、物资、装备、技术等方面的准备情况，发现不足并及时予以调整补充，做好应急准备工作。

第三，锻炼队伍。通过开展应急演练，增强演练组织单位、参与单位和人员等对应急预案的熟悉程度，提高其应急处置能力。

第四，磨合机制。通过开展应急演练，进一步明确相关单位和人员的职责任务，理顺工作关系，完善应急机制。

第五，科普宣教。演练是最好的培训。通过开展应急演练，普及应急知识，提高公众风险防范意识和自救互救等灾害应对能力。

三、应急演练的类型

应急演练有多种分类方法。按组织形式划分，应急演练可分为桌面应急演练和实战应急演练；按内容划分，应急演练可分为单项应急演练和综合应急演练；按目的与作用划分，应急演练可分为检验性应急演练、示范性应急演练和研究性应急演练。

四、应急演练的准备

(一)组织准备

组织准备的主要任务是成立计划、组织和实施演练的所有机构，并确定其职责机构——领导小组；管理实施机构——策划部、保障部、参演部。

（二）计划准备

计划准备包括三个内容：制定演练计划，设计演练方案，编写演练方案文件。

五、应急演练的实施

（一）演练实施指挥

在示范性演练中，只设演练总指挥；在实战性演练中，演练实施履行指挥职能的有三个角色：演练总指挥、响应总指挥和导调官。

（二）演练启动

演练启动的执行人是演练总指挥。若由领导小组组长担任总指挥，应该熟悉和掌握演练方案的全部内容和执行环节。

（三）演练执行

如果是示范性演练，演练执行可以照演练脚本按步进行，控制组将拟好的控制信息依次发布，应急指挥下令实施预设的响应行动；如果是实战性演练，按照演练方案的安排，导调官以演练控制方案为蓝本，指挥控制组根据序列情景（情景链）不断编制各种信息，也可以事先编制好情景信息（控制信息），由控制人员依次发给参演人员，引导演练深入。情景信息可由人工传递，也可以用对讲机、电话、手机、传真机、网络等方式传送。

六、总结评估

演练结束后，需进行总结评估等后续任务，旨在总结演练的结果和改进本单位的应急管理工作。

（一）演练评估报告

演练结束后，评估组要立即组织撰写演练评估报告，对演练的效果做出评价，详细说明演练过程中发现的问题。演练评估是指观察和记录演练活动、比较演练人员表现与演练目标要求，并提出演练发现的过程。演练评估报告是将这些记录和发现进行分类、统计、总结，形成系统的评价意见的文件。

评估报告要按照演练指标体系和评估指标体系，分门别类地汇总，计算出各项分值或形成评价意见。之后，将各类别的分值或形成评价意见归纳为一个总表（清单），达成对演练效果的总体评价。评估报告要对演练中发现的问题，按照应急预案的要求，分为不足项、整改项和改进项列出，为应急工作的改进提供直接参考。

不足项指演练过程中观察或识别出的应急准备缺陷，可能导致在突发事件发生时，影响应急组织采取合理应对措施以保护公众的安全与健康的重大问题。不足项应在规定的时间内予以纠正。可能导致不足项的要素有：职责分配，应急资源，预警方法与程序,通信,灾情评估,人员保护措施,公共信息发布,应急人员安全等。

整改项指演练过程中观察或识别出的应急准备缺陷,可能在应急救援中对公众的安全与健康造成不良影响的较大问题。整改项应在下次演练前予以纠正。以下情况整改项可列为不足项:某个应急组织中存在两个以上整改项,其共同作用可影响保护公众安全与健康能力。某个应急组织在多次演练过程中,反复出现前次演练发现的整改项问题。

改进项指应急准备中应予改善和引起注意的问题。改进项不同于不足项和整改项,它不会对人员安全与健康产生严重的影响,视情况予以改进,不必要求予以特别纠正。

(二)演练总结报告

演练结束后,进行总结与讲评是全面评价演练是否实现演练目标、应急准备水平及是否需要改进的一个重要步骤,也是演练人员进行自我评价的机会。演练总结与讲评可以通过访谈、汇报、协商、自我评价、公开会议和通报等形式完成。

(三)改进跟踪

改进跟踪是指策划组在演练总结与讲评过程结束之后,安排人员督促相关应急组织解决发现的问题或改进事项的活动。为确保参演应急组织能从演练中取得最大益处,策划组应对演练发现进行充分研究,确定导致该问题的根本原因、纠正方法、纠正措施及完成时间,并指定专人负责对演练中发现的不足项和整改项的纠正过程实施追踪,监督、检查纠正措施的进展情况,确保在以后的应急响应中不出现同样问题。

总之,应急演练要与提高实战能力有机结合,与普及应急知识有机结合,与提高忧患意识和应急能力有机结合。开展演练要把握几个要点:一要突出重点,不要求大求全;二要注重实效,为战而练,不要流于形式,为演而练;三要厉行节约,不要铺张浪费;四要不怕在演练过程中发现问题、短板和不足;五要确保演练过程中的安全。

第五节　应急预案的修订

应急预案编制是一个持续的过程,即使在公布、实施之后,还需要根据不断变化的情况和突发事件、演练的检验进行修订。

《生产安全事故应急条例》第六条明确规定:"生产安全事故应急救援预案应当符合有关法律、法规、规章和标准的规定,具有科学性、针对性和可操作性,明确规定应急组织体系、职责分工及应急救援程序和措施。有下列情形之一的,生产安全事故应急救援预案制定单位应当及时修订相关预案:第一,制定预案所依据的法律、法规、规章、标准发生重大变化;第二,应急指挥机构及其职责发生调整;第三,安全生产面临的风险发生重大变化;第四,重要应急资源发生重大变化;第五,在预案演练或者应急救援中发现需要修订预案的重大问题;第六,其他应当修订的情形。"即使没有上述这些必须修订预案的条件,预案也应该定期检查、评估和修订。如国务院办公厅发布的《突发事件应急预案管理办法》第二十四条规定:"应急预案编制单位应当建立定期评估制度,分析评价预案内容的针对性、实用性和可操作性,实现应急预案的动态优化和科学规范管理。"

思考题

1.应急预案编制应符合哪些基本要求?

2.生产经营单位申请突发环境事件应急预案备案,应当提交哪些材料?

3.发生哪些情形时,应急预案应当及时修改?

4.简述危险化学品泄漏处理注意事项。

5.事故发生时,报告事故应当包括哪些内容?

6.事故应急救援的基本任务是什么?

7.应急救援预案在应急救援中的重要作用表现在哪些方面?

8.何谓事故处理的"四不放过"原则?

9.禁止用水(包括含水的泡沫)灭火的物品有哪些?

10.危险化学品事故有哪些特点?

11.中毒急救要领包括哪些?

12.简述现场救治原则。

13.事故调查报告应当包括哪些内容?

14.应急预案的管理实行哪些原则?

15.应急预案编制前,应开展事故风险评估,风险评估应包括哪些主要内容?

第七章

应急管理科学技术

　　科学技术作为推动人类经济社会发展的重要力量,在应急管理体系建设中发挥着重要的支撑保障作用。2019年11月,在中共中央政治局关于我国应急管理体系和能力建设的会议上,习近平总书记强调,要发挥我国应急管理体系的特色和优势,借鉴国外应急管理有益做法,积极推进我国应急管理体系和能力现代化。习近平总书记指出,要强化应急管理装备技术支撑,优化整合各类科技资源,推进应急管理科技自主创新,依靠科技提高应急管理的科学化、专业化、智能化、精细化水平。要加大先进适用装备的配备力度,加强关键技术研发,提高突发事件响应和处置能力。要适应科技信息化发展大势,以信息化推进应急管理现代化,提高监测预警能力、监管执法能力、辅助指挥决策能力、救援实战能力和社会动员能力。2021年12月,为全面贯彻落实习近平总书记关于应急管理工作的一系列重要指示和党中央、国务院决策部署,积极推进应急管理体系和能力现代化,应急管理部、国家发展改革委牵头编制了《“十四五”国家应急体系规划》,提出要优化要素资源配置,增进创新驱动的发展动能,包括破解重大瓶颈难题、构建人才聚集高地、壮大安全应急产业、强化信息支撑保障等。

　　随着一系列规划和政策的出台,我国在应急领域持续加大科研投入,科研条件、平台建设、团队建设等方面得到快速发展,自主研发能力取得显著突破。近年来,专业化国家级研发平台建设不断推进,政产学研用一体的协同创新应急联盟不断兴起,培育出一批应急产业领域龙头企业和专业特色企业,应急领域新技术新产品不断涌现。可见,应急管理科学技术的发展是提升应急管理综合水平的重要助推器。

第一节　应急管理科学技术概述

一、应急科学

　　应急科学包括两个方面的内容,即应急科学学及应急科学基础理论方法。应急科学学主要研究应急科学基本发展规律,包括应急科学相关的研究范畴、术语、准则、分类、分级、模型、机理等,以及应急科学过程论、应急科学主体论、应急科学认识论、应急科学本体论、应急科学方法论、应急科学实践论等。应急科学基础理论方法包括应急物理、应急化学、应急测绘、应急地质、应急生物、应急机械、应急材料等。

二、应急技术

应急技术源于应急事件涉及的具体行业或领域,是对突发事件客观规律的认识及用于突发事件预防、监测、预警、应急处置与救援的先进技术、装备和工具。目前应急管理的支撑技术主要有大数据、物联网、无线通信、虚拟现实、聚类及可视化大数据、地理信息系统、信息技术、卫星及遥感应用、数字应急等,这些技术在应急管理的准备、预防、响应等阶段得到广泛应用。

三、科学与技术的联系与区别

传统意义上习惯把科学和技术连在一起,统称为科学技术,简称科技。实际上二者既有密切联系,又有重要区别。科学属于理论范畴,技术则指向实际问题。科学的本质是挖掘自然界中事实与现象之间的关系,并建立一套理论体系将事实与现象建立关联;技术的主要任务则是对科学的研究成果进行转换,并应用于解决实际问题。科学主要是用于探索未知的领域,其发展和进化,尤其是重大的突破,往往难以预知;技术则针对相对成熟的领域,可以作相对准确的规划。

第二节　以信息化技术为基础的应急管理建设

2021 年 5 月,应急管理部发布了《应急管理部关于推进应急管理信息化建设的意见》,明确指出应促进信息技术与应急管理业务深度融合,推动应急管理高质量发展,推进"十四五"应急管理现代化、信息化建设。应急管理信息化有"五大主攻方向",具体包括融合指挥、应急通信、短临预警、全域感知和数据智能,这五个方面相辅相成,贯穿突发事件的预防与应急准备、监测与预警、应急处置与救援、事后恢复与重建四个阶段。

一、融合指挥

以空天地全面感知和一体化融合通信为基础,以应急指挥中心为阵地,建立科学高效、左右互通、上下联通的融合指挥体系,实现监测预警"一张图"、指挥协同"一体化"、

图 7-1　应急管理信息化模型

资料来源：彭凌，谭彦秋，许文浩，等．应急管理信息化"五大主攻方向"探索与研究[J]．中国应急管理科学，2021(4)：75-82．

应急联动"一键通"，做到即时联通零距离、场景即时传播零时差、指令即时下达零延误，支撑各层级、各部门、前后方多场景应用、多终端快速接入，满足应对多灾种、多行业领域灾害事故应急指挥的工作需要，满足全面指挥、精准和高效指挥的工作需要，满足应急指挥智能化、扁平化和一体化作战的需要。

二、应急通信

为有效应对灾害事故防御处置工作，通过推进建设稳定可靠的指挥信息网、天地联动的卫星通信网、高效灵活的宽窄带无线自组通信网，形成"全面融合、空天地一体、全程贯通、韧性抗毁、随遇接入、按需服务"的应急通信网络，补齐短板，实现多种通信手段的融合。组建"快速反应、固定模式、可靠有效"的应急通信保障队伍，在灾害事故发生后，部署各种信息采集终端及通信终端，综合利用各种通信技术和网络资源，搭建三位一体的"通信枢纽、现场指挥、伴随保障"应急通信体系，实现前方指挥部、后方指挥中心与灾害现场之间的通信畅通，为应急救援指挥提供统一高效的通信保障，解决非常态下应急通信"看不见，听不到"的问题。

三、短临预警

短临预警在应急三防(防火、防灾、防事故)领域率先实施,主要是指基于气象降水短临预报,同时结合预警响应能力、应急管理灾害风险防御范围分析,依托"一键通"移动指挥系统、手机短信等多种渠道,提前1～3小时对中高风险镇街、隐患点责任人进行精准靶向预警和信息推送,预警到点、责任到人,提高短临预警精准性,实现自然灾害监测预警和防灾减灾水平提升。

四、全域感知

通过视频感知、物联感知、航空感知、卫星感知和全民感知等感知方式,实现对安全生产、自然灾害、城市安全、现场救援等领域的监测预警和应急处置动态数据采集汇聚,构建全域覆盖应急感知数据采集体系,建设全域感知网络(含企业、单位自建)实现泛在连接,提高对现实社会的感知和掌控能力,为应急管理大数据智慧分析和应急指挥系统实战应用提供数据支撑。

五、数据智能

基于全域感知和应急管理大数据基础,结合人工智能和大数据分析挖掘技术进行辅助分析,对应急管理相关领域数据进行治理,实现数据的深度学习,按需分析建模,建立事件链和预案链的综合分析模型,对安全生产、自然灾害进行综合研判,通过专题研判、智能方案生成、专题辅助决策可视化、总结评估等功能,为研判风险和应对灾害提供辅助支持,为科学决策提供支撑手段。推动信息系统从数据组合、治理融合向智能聚合发展,善于透过现象看本质,善于捕捉弱信号背后的强信息,实现更为精准地预防。

第三节　基于应急管理过程的科技运用

一、应急预防与准备的科技运用

应急预防与准备科技运用主要包括应急管理信息集成平台、数字化应急预案和应急管理技术三方面。

(一)应急管理信息集成平台

当前应急管理信息系统平台最典型的做法是利用"GIS"(地理信息系统)、"GPS"(全球定位系统)和大数据技术,通过信息管理平台软件让各应急组织实现重要信息的共享和利用。新的大数据技术还融入了数据可视化、云计算技术等,基于大数据的信息流将平台中的各个部分紧密联系在一起。在城市应急管理平台建设方面,中国许多城市已建立了城市应急信息集成系统,为城市公共安全提供保障。例如,深圳市利用视频监控、通信运营商、互联网平台、气象、危险化学品等多方大数据,实现对风险的预警发布,提升应急处置的能力;北京市海淀区创建"条块联动、平战结合、资源整合、科技支撑"的市辖区县城市运行与应急管理一体化模式;清华大学在佛山搭建的技术平台为城市安全风险监测预警和应急管理搭建了基础框架。在特殊行业的应急管理平台建设上,信息集成技术也得到广泛的应用。例如针对危化品运输系统,运用 RFID、GPS 和GPRS 技术,通过装载在危化品运输车辆之上的"监控终端"进行实时监控,实时掌握货物运输车辆的各种信息,并利用服务平台开展危化品运输事故应急救援联动流程。针对消防应急系统,运用 MapInfo、Arc GIS、Super Map、Map-GISZia 等技术,通过传感器和执行器在 Web Objects 基础设施中构建火灾应急管理系统。

(二)数字化应急预案

数字化应急预案是高科技在应急管理领域应用的新技术成果之一,是提高应急预案的科学性、有效性和针对性的有效方式。国内外积极探索运用计算机信息技术、网络技术、仿真模拟技术等现代科技手段提升应急预案功能的技术方法。数字化应急预案发展分为三个阶段,即电子化、可视化和智能化。虽然我国的数字化应急预案起步较晚,但目前一些行业已经形成了独特的数字预案。例如,针对公共领域应急预案结构复杂、难以为决策者进行信息筛选、整合的热点问题,研究者用案例推理(case-based reasoning)方法设计了一种基于框架理论的应急预案智能匹配方案。在轨道交通建设工程领域,研究者基于 Java 语言开发,利用 Springboot+Mybatis 框架提出兼具针对性及通用性的、基于结构化与数字化技术特点,在技术层面可行的应急预案体系构建方案。在中国石油应急预案体系建设中,研究者利用 Linux、Unix 等系统建立了"横向到边、纵向到底"的应急预案体系,为有效应对各类突发事件提供了重要支持。

(三)应急管理教育技术

应急管理教育既有理论性,又有很强的实践性和操作性,在教育形式上,有案例式教学、现场教学、实际操作、模拟演练等多种方式。目前,国内外应急管理教育中都尝试采用虚拟现实技术(VR),利用虚拟现实技术的交互性、沉浸性、构想性等特点,达到事故救灾指挥、应急演练等模拟效果。同时,应急管理教育场馆、场地、设备、工具等物质保障和硬件支撑对于应急教育效果有很大的影响。例如,日本在消防学校引入了新型的地震体验装置,该装置可从前后、左右、上下三大方向的移动真实模拟地震,还可以根据各类地震数据再现地震时的感受。东京消防厅校舍内建有急救实习室、CAI 实习室、室内水灾模拟泳池,训练设施还有主训练塔、救助训练塔、模拟火灾训练装置、地铁火灾训练室和模拟火灾训练装置等。

二、应急监测与预警的科技运用

应急监测与预警的科技运用主要包括预测分析技术和应急预警技术两方面。

(一)预测分析技术

近年来,国内外学者在事故结果模拟技术与预测方法方面做了大量的工作,并取得了相应的成果。鉴于可视化在应急监测中的重要作用,研究人员研发了具备三维可视化功能的仿真软件,如可进行风险评估与事故损失模拟的 FLACS 软件、可模拟石油化工厂随时间变化的三维爆炸过程的 EXSIM 仿真软件、可用来模拟气体爆炸的 Auto-ReaGas 软件。在预测方法方面,中国安科院运用 GIS 技术,构建了危险化学品泄漏扩散事故处置系统等。随着人工智能的提出与发展,Multi-Agent 技术成为研究热点之一,在环境监测和灾害预防等方面得到广泛应用。

(二)应急预警技术

国际学术界与实务界越来越意识到预警是防灾减灾工作的关键环节。2015 年 5 月,国家预警信息发布中心成立,探索通过大数据预警系统和共享平台,第一时间精准发布预警信息。随着一个个大数据监测预警系统落地,我国在应急预警方面已进入了大数据时代,预警领域技术发展迅速。目前,应急预警技术在气象灾害预警和地质灾害预警两个领域成熟度较高。例如在地质灾害预警中,已有综合运用互联网技术、传感技术、挖掘链接技术、图模型理论与方法构建的自感应灾害预警应急系统。在矿产生产领域,已有运用物联网、传感器及 3D 地球科学仿真和云计算技术,建立煤矿安全生产监测监控系统,实现多参数融合,具备预警功能。

三、应急救援与处置的科技运用

应急救援与处置的科技运用主要分为应急救援与处置决策技术、应急资源调度技术、应急救援设施与装备等方面。

(一)应急救援与处置决策技术

大数据、GIS、人工智能技术为应急决策领域提供了新的技术和方法,国内外学者致力于挖掘两类数据:一类是受灾人员在突发事件响应期或恢复重建期通过移动社交网络在线共享的数据;另一类是分布在环境中的智能传感器,即智能相机、麦克风等获取的数据。通过对数据的融合提供决策支撑。此外,通过整合与应用各类地理信息资源,可建立应急指挥辅助决策大数据空间平台,为决策提供全时空、全天候、全要素、全过程的信息服务。例如,国内学者赵明设计并实施了一个促进城市区域风险评估过程的工具,分别建立了严重性计算、脆弱性评估和风险映射的地理处理工作流模型并集成到一个自动 GIS 工具中,在我国北方城市的测试中显示其具有良好的决策支持能力。

(二)应急资源调度技术

在应急管理过程中,由于物资供应来源的分散性和运输的局限性,适当的应急供应(或分配)是一项重要而具有挑战性的任务。在应急物流中,应急供应分配和路由规划是两个连续的或跨部门的活动。当发出紧急警报时,当局需要分配所有可用资源,确定特定车辆,并规划车辆前往目的地的路线。为了减少与灾害有关的人员伤亡和财政损失,并保障大量的应急物资及时交付,国内外学者采用动态多阶段优化模型、非合作博弈模型、粒子群优化、蚁群优化算法、三角模糊数、GIS 多源异构数据等方法,实现科学的供应分配和路径规划,目前该领域为应急管理最受瞩目的议题。

(三)应急救援设施与装备

通信对于应急救援的重要性不言而喻,近年来灾害处置中通信设备获得了长足的发展。一是卫星通信网,包括建设 Ku 频段卫星固定站,按需配置 Ka 卫星便携站(具备高通量卫星通信功能)、天通宽带便携终端等。二是无线通信网,包括 370M 交换调度控制中心、网管系统、固定站、移动站、便携站、终端等。三是灾害事故现场通信网,主要是移动应急指挥车(方舱、中巴、SUV 等应急指挥车)、自组网便携通信设备、无人机、侦查无人机(含三维建模)、高智能便携智图设备、单兵图传设备、高智能便携智图设备等。

不同行业也都致力于开发出适用于自身特点的智能化、标准化、轻型高机动应急救援装备。在危化品领域,有危化品泄漏事故应急侦检车、应急处置车等;在地震领域,有ICL 地震预警系统、破拆装备等;在地质灾害领域,有遥感预警技术等;在消防领域,有大空间建筑、受限空间建筑、高层建筑等高危场所火灾快速逃生装备、生命探测智能装备、便携式全地形智能侦测机器人、城市地下综合管廊火灾应急处置技术装备等。

(四)应急管理舆论恢复技术

突发事件和舆论传播作为一个全新的跨学科研究领域,引起了社会学、管理学、心理学、信息技术和计算机通信等领域大量专家学者的关注。目前相关文献主要集中在信息传播的理论研究方面。有的学者将信息传播分为潜在期、暴发期、扩散期和消减期。有的学者认为可分为前兆阶段、暴发阶段、传播阶段、缓解阶段和终止阶段五个阶段。三是突发事件舆情演变模型研究。模型和数据分析增进了对危机和紧急事件期间媒体网络信息流的理解。

第四节 主流应急管理技术综述

一、大数据技术

(一)大数据技术的基本概念

大数据技术是一种建立于海量数据信息基础上的数据管理手段,通过应用大数据技术,能对海量数据信息进行精准分析和管理,不仅可提高数据处理工作的精确性和全面性,同时也能基于技术角度确保数据信息存储的安全性和科学性。

(二)大数据在应急管理中的应用框架

大数据的实际应用框架大致可分为大数据技术和大数据思维两个部分。大数据技术涵盖数据仓库、数据可视化、数据分析等多项技术,同时包括云储存、云计算在内的大数据衍生技术。大数据思维则指基于海量数据信息及数据问题的思维管理方式,即借助大数据思维于海量数据中发现风险问题,并借助全样本思维就问题进行分析,进而形成完整且系统的研究模式。大数据对于应急管理工作的应用价值并非单一的信息支持和技术支撑,而是更多地包含了思维影响和决策主导,其中,通过将大数据思维与大数据技术进行融合,大数据所具有的分析、收集、决策等特征能够在应急管理分析与结论方面发挥重要作用,不仅可大幅提高应急管理分析与预测的精确性和全面性,同时也能确保应急管理手段的时效性和可行性。

(三)大数据在应急管理各个阶段的应用

1.事前准备中大数据的应用

围绕事前阶段的应急管理工作,大数据的应用体现以管理准备和设施准备为主。一方面,针对管理准备,应对相关管理人员进行基于大数据知识的培训。除了借助完善的培训考核机制提高应急管理人员的专业素养外,还应强化对大数据技术的应用重视,即在应急管理队伍建设中增加大数据相关技术人员的比重。同时,应就应急管理人员的责任意识和领导能力进行培养,使其既能够借助大数据思维构建健全的应急管理工作模式,又能够以大数据技术为依托总结应急突发事件的发生规律。另一方面,就大数据应用所需的设施与技术进行准备。大数据技术对于先进计算机系统的依赖性较高,不仅需要借助先进的专业设备以确保大数据技术的应用效果,同时也对计算机软件具有较高要求,例如,对于海洋灾害应急管理工作,传感器的布置往往尤为关键,其不仅是大数据分析的基础,也是以大数据技术影响应急管理决策的根本所在。

2.事中管理中大数据的应用

在应急管理工作体系中,事中阶段始终是最为重要的工作阶段,且其大数据的应用效果往往直接关系到应急管理工作的整体开展水平。大数据应用在该阶段的运用较为广泛,包括实时高效的数据信息收集、信息数据的迅速传递、多源数据集成处理、数据结果的可视化合成和最终实现机器或半机器化的辅助决策。从宏观角度看,事中阶段的应急管理工作可分为应急规划指挥和应急现场处理两部分,大数据可用于决策中枢和相关部门的沟通,实现信息交互、开展信息分析。从微观角度看,大数据以其强大的决策支持系统为应急管理工作提供支持,通过对海量数据进行分析,有助于提高应急管理的科学性和实用性。

3.事后管理中大数据的应用

在事后阶段,通过对大数据技术进行利用,不仅能够确保事后管理的决策正确性,同时也因大数据所具有的真实、严谨等特点可实现应急管理工作的全过程监测与记录,有助于在大数据的技术支撑下实现应急管理工作的科学组织和有序协调。此外,基于大数据技术强大的交互沟通机制,应急管理部门能够将真实的事件处理信息展示给公众,不仅可发挥公众对于应急管理人员的监督能效,也能大幅减少应急突发事件的事后安全隐患,有助于在提高应急管理部门公信力的基础上确保应急管理工作的协调开展。

二、应急通信技术

(一)应急通信的定义与特征

应急通信是指社会上出现各种紧急情况通信需求骤增时而使用的特殊的通信机制,其不仅是应急保障体系的重要组成部分,也是灾害及各种突发事件应对的生命线。应急通信系统是否完善,已经成为紧急处理情况的核心支柱,技术和架构是否完善,是影响应急响应效率与成果的关键因素。

应急通信具有鲜明的特征:一是综合性。为了应对紧急情况,需要综合利用各种信息通信技术,实现数据、语音和图像的综合传输,从而为处置力量(包括指挥机关和现场处置队伍)提供可靠的通信保障服务。二是专业性。公众通信网络的业务主要是一对一的沟通联络,没有特别的优先级别,而应急通信基本是"一对多"的组播或广播方式,等级分工要求严格,协作要求进行统一调度。因此应急通信在吞吐量、丢包率、优先级、网络安全、无缝连接和扩展性上都有更高的要求。三是机动性。公众通信设备在应急管理的现场可能过于冗余,无法快速投入使用,因此在火灾、水灾、地震等现场,要求应急通信结构紧凑,便于车载、机载和便携,能快速建立通信。四是自主性。应急通信系统对外界和客观环境的依赖越小越好,仅仅依靠自身的能力就能很好地建立信息通信平台。五是独立性。应急信息通信装备必须独立准备,不可和常规在用设备混用或者互为备份。六是保底性。在紧急情况中,可能面临断电、断网等问题,当一切通信手段和系统均不能使用时,应急通信采用最基本的语音通信实现保底通信。

(二)常见应急通信技术

1.无线通信技术

(1)卫星通信

卫星通信是地球上(包括地面和低层大气中)的无线电通信之间利用卫星作为中继而进行的通信,卫星通信系统由卫星和地球站两部分组成,是目前各国紧急通信保障的主要手段。其优点是通信范围大,在卫星发射的电波所覆盖的范围内,任何两点之间都可进行通信;不易受陆地灾害的影响,可靠性高;只要设置地球站电路即可开通,开通电路迅速;同时可在多处接收,能经济地实现广播、多址通信(多址特点),电脑设置非常灵活。在重大事故发生时,无论是通信卫星、广播卫星、导航卫星或是遥感成像卫星,都发挥着重要作用,不仅能为广大群众提供语音、数据、视频等多媒体服务,还帮助政府开展信息预警、灾情信息发布、安抚受灾群众等工作。

(2)低轨道通信卫星

低轨道卫星一般是指运行轨道在距离地面 0～2000 千米之间的卫星,低轨道卫星系统指多个卫星构成的可以进行实时信息处理的大型的卫星系统,可以实现真正的全球覆盖。低轨道卫星容易获得目标物高分辨率图像,传输延时短、路径损耗小,是目前应用最为广泛的卫星系统。

(3)静止轨道卫星(同步轨道卫星)

静止轨道卫星又称为 24 小时轨道卫星,指的是轨道平面与赤道平面重合,轨道高度 6 万千米,卫星的轨道周期等于地球在惯性空间中的自转周期(23 小时 56 分 4 秒),且方向亦与之一致,即卫星与地面的位置相对保持不变,故这种轨道又称为静止卫星轨道。目前中国全面建成的北斗三号系统,就是由静止轨道卫星组成,具有精密定位、短报文通信、国际搜救服务能力等多种服务功能,能够提供精度更高、性能更优、功能更强的多元化服务。

(4)微波通信

微波是一种无线电波,频带很宽,通信容量大,通信质量稳定。微波的优点在于可跨越高山、水域快速组建链路,抗灾害性强。但微波传送的距离有限,绕射能力比较差,每隔几十公里要建一个微波中继站(因此又称为微波接力通信),在自由空间传输中损耗较大,这限制了其在应急通信中的应用。

2.基于公用电信网的应急通信

公用电信网作为目前用户最多、影响最大的公众通信方式,在突发和紧急情况发生时,其在通信保障上具有举足轻重的地位。在突发情况下,部分公用设施可能损毁,而公众用户需求激增,话务量往往超过最初设定的初始容量,就要采取一些必要措施限制普通用户使用,以避免网络通信拥塞。目前世界各国都有基于公用电信网的应急通信对策,以确保电话通信能成为应急通信的保底方式。例如美国国家安全委员会提出了无线优先服务(WPS)计划和电信优先服务(TSP),为紧急待命计划人员提供优先"端到端"呼叫服务。英国政府也有类似举措,启动了"访问过载控制"(ACXOLC)机制,为应对突发公共事件而制定临时性通信管制,该措施在不得已的情况下将对特定区域的公众用户进行通信限制或关闭,保证关键部门信息通畅。中国则设立了专门执行应急通信任务的专业机构——电信应急通信,承担全国党政应急通信保障任务,以及抢险救灾应对突发事件等应急通信任务。

3.集群应急通信系统

集群通信是多个用户共同使用一组无线电信道的专用移动通信系统的技术。由于群组内的用户能够共享前向信道,所以其支持组群呼叫。集群通信系统的覆盖范围小于卫星通信网和公用电信网,但具有独特优点。对于集群移动通信系统来说,由于其使用 PTT 方式,因此不仅呼叫持续快,而且被叫过程中不需要摘机,具有组网灵活、响应速度快、群组通话方便等优势,适用于调度类业务和专用系统。

三、人工智能

人工智能(artificial intelligence,AI)是研究、开发用于模拟、延伸和扩展人的智能的理论、方法、技术及应用系统的一门新的技术科学。人工智能对人类社会生产进入智能化、自动化时代起到了巨大的推动作用,自其诞生以来,各种研究领域不断拓展延伸,技术理论不断发展,出现一系列技术分支,如机器学习、数据挖掘、语音识别等,并在应急管理中得到广泛研究与应用。

(一)应急管理中的人工智能技术

1.机器学习

机器学习是指可以提供计算机能力而无须显示编程的研究领域。机器学习主要解决的是聚类、分类、预测和降维四类问题,可分为有监督学习、无监督学习、深度学习等。在应急管理领域使用机器学习技术对于数据的训练处理非常有效。各类灾害事件的发生通常具有不确定性,过去应急管理准备工作主要由管理部门实施,如制定应急预案、组织相关人员、选择应急方案等,难免会出现经验主义错误,如应急方案选择错误、对灾害预估不准等。在新时代,人工智能逐渐以全面、细致、精准的决策能力替代人工,尤其是智能化深度学习系统,赋予人工智能自我学习的能力,通过自行学习以往的应急管理数据,如灾害情形、危险级别、应对策略等,分析得出最佳应急处理办法,并结合灾害的实际情况,制定应急管理预案,准确安排岗位及工作人员,确保应急方案处于最佳状态。智能化深度学习系统能够有效提升应急管理决策研判能力,避免人工决策出现经验主义错误、考虑不全面不周到等问题,充分完成应急管理准备工作。

2.数据挖掘

数据挖掘是一种涉及统计学、数据库技术及机器学习的综合性技术,主要分为预测性数据挖掘和描述性数据挖掘两类。在应急管理事发响应、事中处置的过程中,由于各种突发事故所处的具体条件和环境不同,各个时间段的特殊形势和后果不同,受到影响的人民群众情况不同,因此需要通过数据挖掘技术在短时间内快速综合各种数据源的信息,制定出有针对性的处理步骤。同时,人工智能在事中处理的应用中,对社会舆论的检测和控制也发挥巨大作用。社会舆论是突发事件发生后在社会上流传最快的消息之一,正向舆论可以对事故的处理起到积极作用,消解人民群众对于事故发生后的恐慌情绪,而负面舆论及谣言往往会引起人们的恐慌和反社会情绪,从而严重扰乱社会秩序,间接地影响事故的处理与社会恢复。数据挖掘技术能 24 小时不间断地收集、分析、归纳并提供智能预警,从而降低舆情控制的成本,提高舆情控制的效率。

3.语音识别

语音识别是使机器识别且理解人类语音输入信号含义的一种模式识别技术,该技术旨在将语音转换为命令编码或者字符文本,设计一定的程序使计算机能够明白人类讲话的语义并进行合理判断。语音信号作为有效的生命体征信号,在救援过程中是有效营救信号。目前在地震救援中音频生命探测仪被广泛地使用,但传统音频探测仪需要通过人来识别信息,救援时需要在废墟中寻找空隙伸入探头,或是在地势相对平坦的地带安放传感器,容易受到现场噪声的干扰而影响辨识。而基于人工智能的语音识别系统对周围环境的音频信号采集后,能采用自适应滤波算法完成语音消噪和增强的功能,再对增强后的语音信号提取频率倒谱系数作为特征向量,再用特征向量对神经网络进行训练,最后用训练好的神经网络完成语音识别,稳定性高、功耗低。

4.计算机视觉

计算机视觉是利用了摄像机及电脑替代人眼使得计算机拥有人类的双眼所具有的分割、分类、识别、跟踪、判别决策等功能。应急管理工作中有一个很重要的需求就是可视化管理,而可视化主要依赖于视频监控系统,传统的视频监控手段主要用于监视、录像和回放,不能充分挖掘视频监控技术在应急管理工作中的应用效果,而 AI 技术可以将非结构化的视频数据进行结构化处理。因此,人工智能在应急管理中最直接的运用是计算机视觉技术,即利用人脸识别技术识别人员身份、利用车牌识别技术识别车辆、利用行人再识别技术(ReID)识别人体特征和物体结构化、利用 3D 结构光技术和飞行时间测距法技术(TOF)进行物体测量等,从而在人员身份管理、车辆速度、车辆违停、危险物堆放、潜在危险源发掘等方面发挥作用。例如厦门消防建立起消防装备全寿命智能化管理平台,初步实现了对人员、装备、车辆、随车救援器材及装备物资的实时动态管理,有效提升了应急队伍对灭火抢险及灾难性救援等突发事件的处置效率和现场作战能力。

(二)应急管理智能装备

应急设备的发展方向为高可靠性和高适应性,将人工智能技术与信息技术、自动化技术、感知技术和导航技术相结合,实现应急设备感知、理解、规划、决策和执行的一体化。目前采用人工智能技术的应急设备不断涌现,高危型救援活动不再以人工为主,而是由无人化智能装备替代,如无人机、灭火机器人、智能消防车、无人救援艇等,大大降低救援人员的危险。应急设备智能化发展最直接的产物是无人机,其搭载摄像、三维成像、热成像、环境探测等设备,可根据不同任务实施侦查和处置工作,其侦查能力远远高于人工。同时,无人机还可搭载喊话、照明、灭火等设备,利用飞行优势在各类地形、各种情况下执行任务。如九寨沟地震救援,四川省应急管理救援中心就是通过派遣无人机侦查灾区地形、协助电力维修、喷洒消毒液,大大提升了救援效率和救援质量,保障了救援人员的生命安全。

虽然全球应急智能装备发展迅速,新产品层出不穷,但是按人工智能的自感知、自决策、自执行、自学习、自适应、自提升六大特点来分析,多数装备还称不上人工智能装备,仅仅是智能化的萌芽状态,如灭火机器人、灭火无人机等,都需要通过人为操控去完成任务,其实质为遥控灭火工具。这些装备还不具备模式识别、专家系统、深度学习、运动控制等技术功能。因此,人工智能与应急装备的深度融合还有很广阔的发展空间。

四、物联网技术

物联网(internet of things,IOT)指利用射频识别、红外感应器、手机、全球定位系统、激光扫描器等信息传感设备,按约定的协议,把任何物品与互联网相连接,都能进行信息交换和通信,以实现对物品的智能化识别、定位、跟踪、监控和管理的一种网络。物联网作为新一代信息技术,主要解决的是物品与物品、人与物品、人与人的联网和交互问题。物联网的最终目标是无限连接世界、无限感知世界、无限智慧服务。

日前,物联网基础设施已是一项集终端、通信、平台、服务等多种模块的高度智能的新型基础设施,广泛应用于应急管理领域。其整体架构由四个部分组成,分别是感知层、传输层、平台层及应用层。感知层是物联网的底层基础,主要是利用种类多样的传感器实现高精度、高效率、高可靠性地采集信息,并将其转化为数字信号。传输层的主要功能是将感知层中采集的信息通过广域通信网络或者近距离通信网络传输至平台层。平台层主要基于各种算法模型,将感知网络采集到的信息及数据进行处理,形成一些辅助决策分析供平台使用者参考。应用层是物联网和用户的接口,是用户将采集到的信息加以有效利用,针对特定行业、组织或场景提供低成本高质量解决方案的层级。在应急管理过程中,物联网技术的应用主要体现在四个环节。

(一)智能监测预警平台

智能监测预警平台是应急管理的基础性建设,由物联网监控平台与物联网预警App两部分组成。监控平台主要功能是:多源信息的实时采集、传输、存储、加工、分析、评判、决策、处理,及时分级预警报警等。物联网预警App主要功能是历史数据比对、实时风险预警及动态监测控制处置等。

(二)在线感知

在全过程应急管理中,物联网相当于给应急装上了"千里眼""顺风耳""感觉器官",能够远程即时感知高危行业的生产、存储、充装、使用等全过程和关键环节、重点防范区域及周边环境,提供视频、音频、压力、液位、温度、湿度、关键工艺、位置变化、有毒有害物、易燃易爆气体状况、环境风速、风向、气温、雨量、酸碱度等全方位的信息,为下一步数据分析提供支撑。

(三)自动预警报警

在日常应急管理中,物联网监控预警 APP 可根据后台提供的数据形成 24 小时状况在线服务,当传感器监测的环境感知参数(包括人的行为)超过常态或预设临界点时,立即自动预警报警,启动保护装置,采取保护措施。例如,当某个传感发生预警,平台会出现声光提醒,对应位置的摄像系统则立刻弹出现场视频。与此同时,系统自动将报警转化为短消息,分级报送到各级负责人、分管领导、监管人员的手机上提示及时处置,实现远程维护和在线调整等工作,避免事故发生。

(四)现场救援指挥

灾害、事故发生后,现场原有传感设备和救援搜索人员携带的智能终端将及时传回信息,应急指挥中心根据传回的信息可形成动态、可视化的电子沙盘,掌握救援搜索全局,并通过语音短信及实时对讲等下达指挥命令,防止救援出现盲区,从而提高救援的速度、质量和效率,最大限度地挽救生命,保护受灾群众的安全。例如,当物联网的检测系统扫描到肉眼无法察觉的高温点时,系统会自动生成标识,由指挥人员下达命令或系统自动下达语音短信来及时移动或调整水枪位置。若建筑物有垮塌风险时会迅速绘制出严重危险区域标识,并针对不同位置的救援人员发出撤离命令或自动生成撤离短信,调度现场人员快速向指定的安全位置集结。

五、区块链技术

区块链(blockchain)是分布式数据存储、点对点传输、共识机制、加密算法等计算机技术的新型应用模式。区块链将记录或交易成批地存放在带有时间标记的数据块中,每个数据块使用特有的哈希值(哈希值是任意长度的输入字符串通过哈希算法形成的固定长度的字符串)进行标识,并且每个数据块通过引用其前面产生数据块的哈希值与其相连,从而形成一个完整的链条。传统应急管理面临着多部门协同、资源供给、社会动员及舆情应对等难题。而区块链凭借其去中心化、不可篡改、全程留痕、可以追溯、集体维护、公开透明等安全机制与技术优势,为完善应急管理体系提供了全新的技术视角,其核心技术主要包括五个:共识机制、分布式账本、智能合约、数字签名和哈希算法、时间戳。

(一)共识机制

共识机制属于区块链的核心技术,其目的是使所有节点获得一致的区块链视图。共识机制保证参与区块链的各方通过达成一致性的协议对数据进行合适的安排。目前比较常见的共识机制有:工作量证明(proof of work)、权益证明(proof of stake)及委托权益证明(delegated proof of stake)。区块链的共识机制在达成之后不可修改、不可伪造,在应急管理中,共识机制确保行动的决策和信息修改等信息真实、透明和安全。

(二)分布式账本

分布式账本技术可以记录和共享用户在网络中发生的每笔交易,用于提供分散式的账本而不是集中式的数据库。与现有的分布式存储方式不同,区块链分布式账本是同步的,而不是在一个账本形成之后,再制成多个备份。分布式账本使得应急管理系统脱离了中心的控制,在很多方面可以保证信息与数据的快速传达,且能确保信息的完整。

(三)智能合约

智能合约是多方协定达成的代码,可以在区块链上存储、验证和执行。当协议达成,外部触发器满足智能合约中的编码条件时,协议就会被记录到分布账本之中,并自动执行。智能合约可由应急管理各个职能部门共同编码,形成一种特定的协议,进而将人的决策变为机器自动执行,减少了人为干预。

(四)数字签名和哈希算法

数字签名是信息的发送者产生的独有的一段数字串,他人无法仿造,这样的一段数字串也可证明信息发送者发送信息的真实性。信息的发送者通过哈希函数算法,对发送的信息进行数字签名处理,信息接收者用发送者的公钥对所接收到的签名信息解密,只有对应于签名所使用私钥的公钥才能正确地检验从而可以对信息的来源进行确定及校验数据完整性。数字签名和哈希算法实现了区块链的非对称加密,使得应急管理信息处于安全的环境中,并保证了重要信息不可篡改。

(五)时间戳

时间戳是指所有参与记账的个体在每一个区块上都有的时间信息。区块链采用带时间戳的链式区块结构存储数据,为数据增加了时间维度,并且区块上每笔交易都是通过密码学方法与相邻两个区块相连,因此,任何一笔交易都可追溯。时间戳可应用于应急管理的物资管理及信息管理,使用其可溯源的功能能查询到任何物资和信息的源头。

六、5G 技术

第五代移动通信技术,简称5G(5th generation mobile networks)是继4G(LTE-A、WiMax)、3G(UMTS、LTE)和2G(GSM)系统之后的延伸。与原有的通信技术相比,5G 具备高速度、泛在网、低功耗、低时延、万物互联及重构安全六大特点,可提供更高的峰值速率、更佳的移动性能、毫秒级时延和超高密度连接,大大满足了物联网对传输速度、设备容量和传输方式的需求。伴随着三大运营商 5G 集采的落地,我国可建成全球最大规模、覆盖最广且最为先进的 5G 网络。5G 技术在应急管理中的应用非常广泛,通过与其他技术结合,为信息化的应急系统赋能。

(一)5G＋物联网

4G 时代物联网发展的瓶颈是无法满足物联网在传输速度、覆盖性和数据传输方式等方面的需求,而 5G 网络将为解决这些问题带来新的思路。5G 网络支持大规模物联网设备的接入,其设备连接密度比原有技术提升 10～100 倍,达到每平方千米数百万个。5G 传输速率是 4G 的百倍以上,可减少各种移动终端进行网络数据交互所需的时间,提供毫秒量级超低时延,减少网络与设备间的时间偏差,可充分满足物联网对传输速度的需求。5G 网络覆盖广的特点还有助于解决偏远区域和相对盲区(如地下、建筑物内和农村环境)的设备网络覆盖问题。基于上述技术优势,5G 物联网为应急救援、设备监管、事故预测等以传感和数据采集为目标的场景应用提供了更多可能,例如在应急医疗中实现应急指挥调度、无人机远程急救及应急会诊。

(二)5G＋云计算

云计算技术是依托计算机网络,将各类数据存储设备和软硬件资源采取分散的方式部署在网络的各个节点上,运用虚拟化和分布式文件存储等技术在网络环境下为用户提供强大的存储或计算服务的技术。云计算技术能够根据用户的需求灵活地扩展软硬件资源,以服务的形式满足用户的需求,使得具有相关需求的用户无需进行实际的软硬件设备投入,只需要向专业的服务商购买所需的服务即可。目前,政务上云是必然趋势,各级政府的应急管理、物资管理等都依赖于云计算平台。5G 的大带宽和低时延能力,使得大量的实时数据共享、云上同步处理等功能成为现实。

(三)5G＋机器人

依托 5G,传感收集与图像数据将能够与庞大数据库实时通信,机器人的应急处理能力将真正实现智能化。5G 的低时延可以进一步提高机器人的操控准确性,改善在危险情况下救援机器人的部署,精确地执行工作,降低救援人员陷入危险的概率。5G＋甚至可以进一步提高机器人的自动判断、自动识别能力。

(四)5G＋增强现实技术

增强现实(augmented reality,AR)技术是一种将虚拟信息与真实世界融合的技术,广泛运用了多媒体、三维建模、实时跟踪及注册、智能交互、传感等多种技术手段,将计算机生成的文字、图像、三维模型、音乐、视频等虚拟信息模拟仿真后,应用到真实世界中,两种信息互为补充,从而实现对真实世界的"增强"。5G 技术是 AR 得以实现的保障,能大大提高虚拟仿真的效果。基于 AR 的三维实景融合技术可实现视频监控、传感器实时数据感知、智能视频分析、地图视频数据等融合运用,将传统单一视角以多种视角进行扩展,为解决应急管理的实际问题提供技术革新。

思考题

1.应急科学和应急技术二者之间的区别和联系是什么?

2.应急信息化模型由哪五方面构成?

3.阅读 2021 年"郑州特大暴雨"相关资料,思考公用电信网在应急通信中的作用。

4.人工智能在应急管理中如何运用?

5.何为 5G 技术? 在应急管理中有哪些运用的空间?

第八章

应急物资装备与应急产业

　　应急物资装备是指应对严重自然灾害、事故灾难、突发公共卫生事件、社会治安事件应急处置过程中所必备的保障性物资。应急产业是指为突发事件预防与应急准备、监测与预警、处置与救援提供专用产品和服务的产业。本章在分别阐述应急物资装备和应急产业的基本概念基础上,重点介绍如何推动应急产业化,为应急物资装备储备提供保障。

第一节　应急物资装备类型

　　应急物资装备可划分为三类:第一类是生活保障类物资,也可以称为救灾类物资(灾前预防物资);第二类是应急救援装备(灾害救援物资);第三类是公共医疗救护设施(救灾保障物资)。应急物资装备主要有两个用途:一是预案演练之用,二是预案实战之用。

一、应急物资的分类

　　防护用品:防护服、防毒面具、防火服、手套、消防靴、潜水服(衣)、水下呼吸器、防爆服、安全帽(头盔)、安全鞋、水靴和呼吸面具等。

　　生命救助:止血绷带、骨折固定托架(板)、救生圈、救生衣、救生缆索、减压舱、保护气垫、防护网、充气滑梯和云梯等。

　　生命支持:便携呼吸机、急救药品、防疫药品等。

　　食宿用品:临时食宿炊具、过滤净化机(器)、压缩食品、罐头、真空包装食品、帐篷(普通、保温)、棉衣、棉被、简易厕所(移动、固定)和简易淋浴设备(车)等。

　　通信广播:移动电话、对讲机、有线广播器材和扩音器(喇叭)等。

　　污染清理:喷雾器、垃圾焚烧炉、杀菌灯、消毒杀菌药品、凝油剂、吸油毡和隔油浮漂等。

动力燃料：防爆防水电缆、配电箱（开关）、电线杆、工业氧气瓶、煤油、柴油、汽油、液化气、干电池和蓄电池（配充电设备）等。

器材工具：绞盘、滚杠、千斤顶、锤子、钢钎、电钻、电锯、油锯、张紧器、液压剪、灭火器、灭火弹、风力灭火机、防水望远镜、工业内窥镜和潜水镜等。

民政救灾：帐篷、睡袋、棉被、饮用水、食品、消毒用品、发电设备和应急通信车辆等。

抢险物料：编织袋、草袋、砂石袋、铅丝、毡布、防汛打桩机、防汛土工滤垫、储水式挡水墙、围堤堵漏布、水上安全带、冲锋舟、液压拔桩机、防汛沙袋、防汛组合工具包、吸水膨胀袋、救生抛投器和防汛挡水板等。

二、应急装备的分类

工程设备类：岩土：推土机、挖掘机、铲运机、压路机、打桩机、平整机和翻土机等。通风：通风机、强力风扇、鼓风机等。起重：起重机（轮式、轨式）、叉车等。气象：灭雹高射炮、气象雷达。牵引：牵引车（轮式、轨式）、拖船、拖车等。通用：炊事车（轮式、轨式）、供水车、宿营车（轮式、轨式）、移动房屋（组装、集装箱式、轨道式、轮式）、消毒车（船）和垃圾箱（车、船）等。

危化救援类：高压泡沫车、高压喷水车、液体抽吸泵、清污船、便携式可燃气体报警仪和工业毒气侦毒箱等。

地震救援类：重/轻型液压扩张钳、开缝器、钢筋切断机、破碎机、水泥切割机、液压钻孔机、电弧切割机、无齿锯、链锯、双轮异向切割锯、液压顶杆、边缘抬升器、高压起重气垫和手动液压泵等。

矿山救援类：大型钻机、大型排水机、潜水泵、深水泵、瓦斯断电仪、矿用遥控器、传感器、有害气体检测仪器仪表、防降尘设备及测尘仪表、防隔爆装置等。

消防装备类：消防登高云梯车、消防车、灭火器、灭火弹、气防车辆、消防器材、救护器材、防护器材、侦检器材、破拆器材、攀登器材、照明器材和通信器材等。

水上救援类：救捞船、巡逻艇、海巡艇、医疗救生船（艇）、气垫船、汽车轮渡和登陆艇。

医疗救护类：医疗救护车、隔离救护车、监测仪器、医疗器械、应急药品、氧气机、高压氧舱、洗胃设备、输液设备、输氧设备和特种医疗救护装备等。

交通运输类：危化品槽罐车、自卸车、运输船、舟桥、吊桥和越野车等。

电力救援类：电力抢修车辆、抢修器材工具、发电车和燃油发电机组等。

通信类：移动通信指挥车、海事卫星电话、电台（移动、便携、车载）、广播车和电视转发台（车）等。

应急器具类：危化品堵漏器具、液压扩张器和大型抽水机等。

环境监测类：环境监测车辆、监测和分析仪器、可燃气体浓度检测仪、数字式粉尘测定仪和多功能超声频谱仪等。

气象监测类：气象监测车、风速风向仪等。

其他：搜救犬、红外探测器生物传感器和生命探测仪等。

三、应急救援装备的分类

应急救援装备种类繁多，功能不一，适用性差异大，可按其适用性、具体功能、使用状态进行分类。

（一）按照适用性分类

1.一般通用性应急装备

主要包括：个体防护装备，如呼吸器、护目镜、安全带等；消防装备，如灭火器、消防锹等；通信装备，如固定电话、移动电话、对讲机等；报警装备，如手摇式报警器、电铃式报警器等装备。

2.特殊专业性应急装备

因专业不同而各不相同，可分为消防装备、危险品泄漏控制装备、专用通信装备、医疗装备和电力抢险装备等。

（二）按照具体功能分类

1.预测预警装备

预测预警装备具体可分为：监测装备、报警装备、联动控制装备和安全标志等。

2.个体防护装备

个体防护装备具体可分为：头部防护装备、眼面部防护装备、耳部防护装备、呼吸器官防护装备、躯体防护装备、手部防护装备、脚部防护装备和坠落防护装备等。

3.通信与信息装备

通信与信息装备具体可分为：防爆通信装备、卫星通信装备和信息传输处理装备等。

4.灭火抢险装备

灭火抢险装备具体可分为：灭火器、消防车、消防炮、消防栓、破拆工具、登高工具、消防照明、救生工具、常压和带压堵漏器材等。

5.医疗救护装备

医疗救护装备具体可分为：多功能急救箱、伤员转运装备和现场急救装备等。

6.交通运输装备

交通运输装备具体可分为：运输车辆、装卸设备等。

7.工程救援装备

具体包括：地下金属管线探测设备、起重设备、推土机、挖掘机和探照灯等。

8.应急技术装备

应急技术装备包括：GPS（Global Positioning System，全球卫星定位系统）、GIS（Geographic Information System，地理信息系统）、无火花堵漏技术装备和北斗卫星定位系统等。

（三）按照使用状态分类

1.日常应急救援装备

日常应急救援装备是指日常生产、工作、生活等状态正常情况下仍然运行的应急通信、视频监控、气体监测等装备，主要包括用于日常管理的装备，如随时进行监控、接收报告的应急指挥大厅里配备的专用通信设施、视频监控设施等，以及进行动态监测的仪器仪表，如固定式可燃气体监测仪、大气监测仪、水质监测仪等。

2.战时应急救援装备

战时应急救援装备是指在出现事故险情或事故时，投入使用的应急救援装备，如灭火器、消防车、空气呼吸器、抽水机和排烟机等。

日常应急救援与战时应急救援装备不能严格区分，许多应急救援装备既是日常应急救援装备，又是战时应急救援装备，如水质监测仪，在生产、工作、生活等状态正常的情况下主要进行日常监测预警，在事故发生时，则进行动态监测，确定应急救援行动是否结束。

第二节　应急物资装备管理

一、应急物资

根据突发事件应急预案的要求和应急评估、应急策划结果，配齐常规救援应急装备和物资，做好突发事件的应急装备和物资准备工作。按照应急装备和物资用途及配置数量，政府机构、企业对储量不足或损耗的装备和物资，做好相关计划和采购工作。建立健全应急物资储备保障制度，完善重要应急物资的监管、生产、储备、调拨和紧急配送体系。建立应急救援物资、生活必需品和应急处置装备的储备制度。保障应急救援物资、生活必需品和应急处置装备的生产、供给。建立健全应急通信保障体系，建立有线与无线相结合、基础电信网络与机动通信系统相配套的应急通信系统，确保突发事件应对工作的通信畅通。公共交通工具、公共场所和其他人员密集场所的经营单位或者管理单位应当制定具体应急预案，为交通工具和有关场所配备报警装置和必要的应急救援设备、设施，注明其使用方法，并显著标明安全撤离的通道、路线，保证安全通道、出口的畅通。

(一)应急物资的储备

应急物资的合理储备是应急救援工作的重要基础。突发事件发生后,在短时间内急需大量的淡水、食物、帐篷、衣被、药品、医疗器械、照明装置、通信器材、电力设备等基本救灾物资。为保障应急物资的及时、有效到位,需要进一步完善国家、地方和基层单位的应急物资储备体系,尤其应保障一定数量的应急救援物资库。如果应急物资库数量过少或过于集中,或者急救物资的数量和结构不能有效满足抗灾救援工作的需求,将非常不利于救援工作的有力开展。因此,中央政府应合理规划国家重要应急物资储备库建设,按照分级负责的原则,加强地方应急物资储备库建设,进一步增加应急物资储备库的数量,合理分布应急物资储备库,提高应急物资储备的分散度。

地方政府的应急物资储备定额由各专项预案牵头单位根据突发事件应对的实际需求来确定。地方政府要重点建设重要应急物资储备,优化现有生活类、应急抢险类、公共卫生类储备物资,完善应急物资投放网络。

应急物资的储备可分为实物储备、资金储备、能力储备和社会储备等四种形式。一般来说,以实物形态储备的物资都是专用性强、生产周期长、不易腐烂变质的物资;以资金或生产能力形式储备的物资都是生产周期比较短、平时储存又不经济的物资;社会储备的物资多为平灾通用型的物资。

一是实物储备。原来我国物资基本分部门、分灾种储备,如民政部门和红十字会都有自己的备灾仓库,未能实现统一调度。各储备单位彼此之间信息不能共享,更不能相互调剂。在南方暴风雪期间,某省舍近求远地调集大量麻袋。孰料,本省境内的备灾仓库就有麻袋,只不过属于国家储备。如果彼此之间信息可以共享,应急效率无疑会大大提升。现在,中央物资集中储备,如地方根据救灾情况向应急管理部提出物资需求,应急管理部就可以给国家粮食和物资储备局下达动用指令,就近从国家物资储备库调运物资。

二是资金储备与生产能力储备。应急管理部门设立充足的应急物资储备金,摸清有关应急物资生产的能力,必要时可与相关应急物资生产厂家签订协议,确保物资需求增加时可通过厂家扩大生产能力、应急管理部门统一采购的方式,保障应急物资供应。

三是社会储备。政府应本着"不求所有,但求有用"的原则,与商家签订储备协议,保障紧急状态下应急物资的供应。至于商家因储备造成的经济损失,政府应予以一定的补偿。此外,我们要动员社会公众准备应急包,其中应包括手电筒、哨子、救生索、必备药品及一些五金工具等,以备不时之需。

(二)应急物资的调拨

应急物资的科学调拨是救援工作的重要环节。自然灾害特别是巨灾发生之后,调拨什么物资、如何调拨、调拨多少、调拨什么品种等就显得尤为重要。

应急物资调拨运输应当选择安全、快捷的运输方式。紧急调用时,相关单位要积极响应,通力合作,密切配合,建立"快速通道",确保运输畅通。已消耗的应急物资要在规定的时间内,按调出物资的规格、数量、质量重新购置或返还给相关牵头单位。建立应急物资储备、更新、轮换的财政补偿机制和区域内、区域间应急物资余缺调剂、保障联动的工作机制,形成覆盖各类突发事件的应急物资保障和储备体系,实现综合动态管理和资源共享。

二、应急物资装备选择与储备原则

(一)种类要全
要充分考虑事故发生的各种情形,可能用到的各种物资,需要用的都要事先储备。

(二)数量要足
要对用量认真核实,以满足实战需要为度,进行充足储备。

(三)资源共享,优化配置
一些应急物资,具有很强的通用性,不必每个备灾中心、机构都按自己所需足量配备,因为这种储备从总体上会出现因长期不用而过期损坏的情况。对此,可以签署互助协议,采用共同出资、有偿使用等方式进行资源共享,这样更有利于优化储备,省钱省地省管理。

(四)严把质量
从源头上把好物资质量关,保证物资使用效果良好。

(五)加强检查与维护
做好应急物资的过程检查与维护,保证随时可用,对于变质、失效、不足的及时更新补充。

三、应急物资装备管理与维护

单位应当定期检测,维护报警装置和应急救援设备、设施,使其处于良好状态,确保正常使用。认真落实应急装备和物资管理使用的有关规定,执行应急装备的更新、检修、停用(临时停用)、报废申报程序,未经主管领导和部门批准,严禁擅自拆除、停用(临时停用)应急装备;安装、放置在规定的使用位置,确定管理人员和维护责任,不允许挪作他用;要经常对库房内的应急装备进行维护保养,保持库房清洁、卫生。各岗位人员对分工保管的器材,要经常进行维护保养,保证器材清洁,完整好用。按规定进行例行保养和强制保养。

准备工作主要体现保险的方针,即一旦发生事故,要保证处置和救援工作能够有效地实施,必须做好救援设备、器材、物资等的准备。

设置临时区用于保存救援装备、物资,临时区需设定专人管理,制定保存现有物资、设备和需求物资清单,包括收到和发放的清单。临时区域应该有充足的车位,保证应急车辆自由移动,要考虑保证电力照明和水源充足。应设置保卫防止无关人员进入此区域,临时区的位置应该让所有有关人员知道,要张贴标识以指示应急人员。

四、应急物资装备保障

(一)加大对应急管理的资金投入力度

无论是应急队伍建设、人员培训、应急预案的演练,还是应急装备和物资的准备,均需要一定的资金支持。各政府机构、企业单位要将应急经费纳入本机构年度财务预算,实行严格的审批制度,健全应急资金拨付制度,保障应急管理工作有效开展。对经费开支建立有效的监督机制,组织专人每年对本单位的经费账目开支进行核数。

(二)加强实物储备的管理

对现有的实物储备要指定专人管理,器材库要建账、建卡。存放要分类、分架、定位摆放,要有相应的中文使用说明书,做到标记鲜明、材质不混、名称不错、数量准确,规格不同,与此无关的任何物品禁止存放。出入库要登记,做到账物相符,字迹清楚,不得涂改,保持装备的完好性。所有应急装备要妥善管理,不能用于其他用途。

(三)建立有效的监督机制

定期对应急装备和物资进行专项检查,做好检查记录,确保完好;组织专人每年对本单位的装备和物资进行核数,包括对实有物资、固定资产的核对,并进行审核。也可以委托第三方专业机构对应急装备和物资进行管理,对使用单位进行监督检查。

(四)组织技术培训和应急演练

结合生产实际,组织操作人员进行正确使用应急装备和物资的技术培训。定期开展岗位练兵和应急演练,提高员工使用应急装备和物资的能力;建立完整的各类应急装备和物资的档案和台账;组织编制和修订相关的安全技术操作规定。

应急物资装备清单如表 8-1 所示。

表 8-1　应急物资装备清单

应急物资	数量	存放地点	备注
15kW 抽水泵/台	6	仓库	
铁锹/把	20	仓库	
草袋/只	1000	仓库	
彩条布/块	15	仓库	
灭火器/台	10	仓库	
对讲机/台	6	仓库	
消防沙/吨	6	营地/现场沙池内	

续表

应急物资	数量	存放地点	备注
大锤/把	2	仓库	
编织袋/只	3000	仓库	
发电机/台	1	仓库	
消防水带/米	200	仓库	配套接头
雨衣、雨鞋/套	15	仓库	
急救箱及药品/套	3	风井、控制中心及营地	
消防柜/套	3	风井、控制中心及营地	
10号铁丝/卷	6	仓库	
强光手电筒/个	4	仓库	
折叠担架/副	1	仓库	
警示带/卷	6	仓库	
方木/方	3	现场	
架管/吨	1	现场	
反光背心/件	50	仓库	
安全密目网/平方米	400	仓库	
麻绳/毫米	18	仓库	
堵漏王/袋	100	仓库	
水玻璃/桶	2	仓库	
速凝剂/吨	1	仓库	
3.0 MPa 高压注浆机/台	1	现场	
水泥/吨	10	水泥仓库	

第三节　应急产业生态概述

一、应急产业基本概念与主要内容

(一)应急产业的定义与特点

1.应急产业的定义

突发事件的应对离不开各类应急资源与服务的保障,在应急管理各阶段所需的物资和服务都属于应急产品。人类不断发明创造、生产使用了各种各样的应急产品:从简单的灭火器具到现代化的消防装备,从简单的手套到一系列劳动防护用品,从普通的逃生器具到功能齐全的救援装备,从一般的检测用品到复杂先进的安防设备设施等。当社会对应急产品的需求持续增加,当应急产品可以一定程度上在市场作用下生产供给,当与应急产品或服务相关的经济活动日益频繁,就逐渐地形成了应急产业。迄今为止,国内外没有对应急产业的概念做过明确的界定,但存在比较相近的关键词,比如"安全生产产业""公共卫生应急产业""应急救援产业""紧急救援产业""防灾减灾产业""公共安全产业"等。2014年,《国务院办公厅关于加快应急产业发展的意见》(国办发〔2014〕63号)对应急产业进行了界定:应急产业是为突发事件预防与应急准备、监测与预警、处置与救援提供专用产品和服务的产业。简单地讲,就是以应用于突发事件处置为主线,把零散在相关行业的产品和服务归集起来进行规划部署。具体而言:

(1)从产业的不同发展阶段来看,应急产业是因应急管理需求而产生的新兴产业。应急产业的发展必须是以国家的应急能力建设需求为动力。

(2)从服务对象来看,应急产业是为应对自然灾害、事故灾难、公共卫生事件和社会安全事件等突发事件的应对活动提供支撑的产业。

(3)从服务流程来看,应急产业是在应急管理过程中提供应急资源供给能力的经济主体的集合。应急管理过程包括预防与应急准备、监测与预警、应急处置与救援等环节;由于到事后恢复与重建阶段时已经进入正常经济活动,相关产业不再纳入应急产业。

(4)从功能定位来看,应急产业是为满足某一方面社会需求(国家、社会和人民公共安全需求)而产生并得到快速发展。这个定位表明,应急产业是综合性产业,具有行业交叉特点,涉及装备、材料、医药、轻工、化工、电子信息、通信、物流、保险等,以专用产品和服务为主。应急产业虽使用"应急",但基本涵盖了消防产业、安防产业、安全产业、防灾减灾产业、信息安全产业、公共安全产业、紧急救援产业等。

2.应急产业的特点

应急产业具备覆盖面广、产业链长、新兴产业等特征。它既有产业的一般属性,又有自己的特殊属性,其与普通产业的对比详见表8-2。其特殊属性主要包括:

(1)需求的刚性与广泛性

应对突发事件时,人们对应急产品或服务具有极强的需求,要求第一时间保证充分供给和使用,具有典型的需求刚性特点。同时,突发事件种类的多样性决定了应急产业涉及领域的广泛性:从参与主体看,涉及提供相应产品和服务的多个部门、单位及企业;从需求主体看,涉及政府、企业、家庭或个人等多个主体;从应急过程看,涉及事前、事发、事中等多个环节。

(2)公共性与营利性

发展应急产业的根本目的是满足公共安全管理需要,提高整个社会的应急能力,使人民群众和全社会受益。应急产品的使用具有非排他性,并且应急产品的供给也并不完全由市场支配,具有准公共产品的属性。因此,应急产业是社会公共性产业,它的产生、培育、发展和壮大具有强烈的政府导向性。另外,企业作为经济组织必然要以满足企业自身的利益为主。因此,政府需要出台不同的政策和措施,保护企业参与应急产业发展过程中的利益,激励企业主动进入新兴专业领域,促进应急产业发展。

表 8-2　应急产业与普通产业特性的比较

比较内容	应急产业	普通产业
生产目的/起源	主要应对自然灾害、事故灾难、公共卫生事件、社会安全事件	主要满足一般性的生产、生活需要
提供者	由于具有公共物品或准公共物品性质,一般政府是主要提供者,一些具体的生产环节可以交给市场	由于具有私人物品性质,市场是主要的提供者和生产者
产品物品形态	广义上包括有形的应急产品和无形的应急服务;狭义上通常指应急产品制造业;一些应急产业同时跨越几个门类	包括有形产品和无形服务,归类相对清晰,与国民经济行业分类体系一一对应
消费者群体	终端产品主要面向政府部门、应急队伍、大型国企、社会团体等;家庭、个人也是潜在消费者	终端产品主要是家庭、个人;政府部门、社会团体等是次要的终端消费者
产品消费形态	大多数产品是耐用(备用)消费品,购买一次可反复多次使用,或相当长一段时间内仅是备用	大多数是易耗消费品,消耗量较大或折损率较高
产品消费过程	有明显的阶段性特征,发生突发事件时,消费量急剧上升	消费过程相对稳定、连续
产品功能	具备应急功能,多数产品专用性较强,少数产品兼具通用性,甚至可以与普通商品相互转换,发挥"平时服务、急时应急、战时应战"功能	大多数产品不具备应急功能
产业技术	技术历久而弥新,分散于战略性新兴产业领域,技术创新风险更高,不少技术具有军民两用性	产品技术不断进步,大多数产业应用成熟的、标准化的技术

（3）应急性与长期性

应急产品的需求主要是伴随着突发事件的发生而产生的,应急产品的早期订单大多产生于偶然,"不用不急、用则急需",这决定了应急产业的时效性或应急性,同时伴随着需求的种类繁复、数量波动性大、周转不确定性强等特点。然而,在突发事件发生时,需要立即提供大量的应急救援物资与力量,这就需要企业保证足够的应急物资储备和应急生产能力,处理好"平战结合"的问题,合理安排应急储备、应急生产和应急采购的比例关系。因此应急产业具有应急性和长期性的特征。

（4）实用性与专业性

应急产业是为满足应对突发事件的特定需求而从事的研究、制造、生产、销售活动和各种服务,相关产品需满足实用性要求。同时,应对突发事件需要前沿科技的指导、专业装备的支撑和管理工作的统筹与规划,这就要求应急产品与服务具有很强的专业性,这影响着社会对突发事件的承受力与控制力,以及应急管理的效率与效果。

（5）安全性与高风险性

应急产品与服务尤其需要特别注重其安全性,避免在使用与操作过程中造成二次伤害,而且应急产业在自身的发展过程中要注重保障和提高产业本身的生存安全和发展安全。同时,应急产品自身的特殊性及使用时间、地点、方式的局限性,决定了应急产业具有较高的风险性。

（6）综合性与关联性

应急产业与国民经济各部门都有紧密的联系,产业的关联性很大,效应性强,涉及面广,渗透性强,是一个综合性的产业。同时,作为从事应急管理相关活动的部门、单位和社会组织的总集合体,应急产业的关联性主要表现在三个方面:内部关联、外部关联、全流程贯通。

内部关联,是指应急产业内部虽然存在一定的行业分工,但产业内部的各行各业之间都是相互关联、配套的。以应急处置与救援为例,在救援现场需要实现通信车、饮水车、医疗保障车、发电车、炊事车、移动宿舍、移动旅店等一条龙服务,这些内容又涉及了不同的行业,只有这些行业之间进行相互配套与协同,才能真正实现应急技术、产品、服务的综合集成应用。

外部关联,是指政府管理、科学技术研究、公共基础设施建设、金融业、医疗服务、教育培训等行业都对应急产业起着重要的支撑作用,应急产业以各行业的发展为基础。反过来,不断增长的应急管理需求也在推动和促进各个行业的持续发展。

全流程贯通,是指应急产业贯穿于应急管理的全流程,各阶段的应急管理工作相互关联、不可分割。在整个应急管理过程中做到储备到位、服务全覆盖、各项设施设备正常运转,可以为有效应对突发事件奠定扎实的基础。经历一次重大突发事件的处置过程,有助于发现问题并解决问题,改善产品性能,优化设施设备,完善管理方式。

（7）对应急产品需求的无规律性

需求的无规律性是应急产品的特有属性。由于突发事件的发生是必然和偶然的对立统一,突发事件的必然性决定了应急产品需求存在的客观性,突发事件的偶然性决定了应急产品的消费时点、数量和应用场景都是不确定的。应急产品的无规律性是其生产和消费不能经市场有效、精准调节的重要原因,在事件发生前,需求量不大,事件发生后的处置环节又存在短时需求量增大的情况。市场调节是一种事后调节,具有时滞效应,无法预知应急产品生产数量以适应突发事件的需要。例如,新冠肺炎疫情暴发前,口罩、医用防护服等用品只存在常规性需求;疫情暴发后,需求量急剧增大,储备量难以满足市场需求,价格飙升甚至黑市交易行为增加,在价格信号的引导下,大量资本进入此类产品的生产当中;疫情得到有效控制后,由于产能快速扩张,供给量远超过需求量,从而造成浪费。因此,在缺乏干预的前提下,对应急产品需求的无规律性极易造成事件发生前需求不足、事件处置时需求骤然增大及事件结束后产能过剩现象。应急产品生产、储备和投放需要政府引导,提前规划和布局。

(8)高技术含量和高研发成本属性

引发突发事件的原因是复杂多样的,且一旦发生,应对难度较大,后果通常会比较严重。为了预防和处置复杂的突发事件,往往需要投入技术密集型的设备和服务。因此,应急产品与服务特别是专业化的应急装备属于高技术产品,其研发制造需要较强的技术积累。应急产品的高技术含量使其具有较高的技术垄断性。一些特种专用应急装备的研发需要大量资金投入,加之市场需求的不确定性,企业往往难以承担高昂的研发费用。因此,高科技应急产品的研发需要政府支持,吸引国有资本的直接参与。

(9)应急产品兼有专用性和可转换性

应急产品及其生产线,一部分具有专用性,另一部分具有可转换性。应急产品的专用性是指它仅能针对某些特定突发事件,在特定的应用场景下发挥作用,比如不同种类的消防设备、核事故处置和救援设备、重大传染病预防疫苗等。专用性越强的应急产品,其应用场景越窄。但是,也有部分应急产品具有可转换性,既可用于突发事件应对,也可以在日常生产、生活中使用(如防护手套、挖掘机等),这也意味着一些非应急产品的生产线快速改装后还可生产应急产品。例如,新冠肺炎疫情防控期间,日常生活使用的或工业使用的防护口罩暂时替代了短缺的医用防护口罩以应对突如其来的疫情;美国通用汽车公司改装生产线后,很快具备生产呼吸机的能力。应急产品的专用性和可转换性意味着需要对应急产品的紧缺程度进行分类评估,充分考虑日常用品到应急产品的可转换量,科学估计储备量。

(二)应急产业的分类

应急产业建设的一项基本工作,是在明确应急产业内涵的基础上,将应急活动过程中所运用的一切物资、技术、装备、服务等划分为专属的类别,以开展产业组织化。

按照不同的标准,应急产业可以划分成不同的类别,详见表 8-3。

表 8-3　应急产业的分类

序号	划分依据	类别	具体内容
1	一般意义上划分,具体指应急产业定义本身"提供专用产品和服务"	应急设施建造业	主要包括应急所需基础设施的建造。不仅包括避难场所,还包括提供支持的应急车道或铁路、管线、公共设施、桥梁等基础设施
		应急设备与物资制造业	主要是指应急设备、器材、工具和应急消耗类物资的提供。例如铲雪车、应急电筒、应急箱、睡袋等应急装备和突发事件中需要的大量食品、药品、日常用品等消耗类物资
		应急服务业	应急物流服务业 应急救援服务业。以紧急救援为核心业务,在应急过程中所需的行政服务、法律事务等形成的业务链 应急信息服务业 应急金融服务业 应急培训与咨询服务业

续表

序号	划分依据	类别	具体内容
2	产品应用角度	专用 （用于应急活动）	针对应急事件使用，包括一些专业应急设备、应急技术等
		兼用 （常态与非常态）	既可以在应急事件中使用，也可以在常态领域使用，以药品类和预防用品类为主
		通用/关联 （基础支撑服务）	为应急救援活动过程提供基础性服务，主要是软环境服务的关联性产品，包括一些技术服务和咨询服务等，如模拟仿真技术等
3	应急产品应用的阶段	预防准备产业	包括教育培训体系、应急物资储备保障体系、应急通信保障体系、应急科技支撑与第三方咨询服务等
		监测预警产业	包括卫星遥感、航空航天技术等高新技术，安全防护类科技产品，高科技检测设备与试剂等
		处置救援产业	包括应急处置装备的生产和维护，涉及应急救援的人力资源、物资保障、专用装备、技术、物流体系、应急通信设施等
4	适用对象	面向各级政府部门	包括应急系统与应急指挥平台、面向政府部门的应急技术与服务等
		面向专业救援团队	包括感知和预警类、预防和防护类、救援和处置类的装备、设备、设施、技术、服务等
		面向公共场所与居民个人	包括应急照明工具、应急通信设备、应急医疗工具、应急食品、应急消防工具、应急救援工具、应急逃生工具、培训与演练等
5	应急产品的产业形态	应急服务业	具体又可分为应急综合服务企业、应急专业服务企业、一般服务企业中的应急服务业务
		应急制造业	具体又可分为专业应急装备设备制造企业、专业应急轻工产品制造企业、制造企业生产的应急产品
		应急软件业	具体又可分为专业开发应急软件企业和软件企业开发的应急软件产品
		应急产品经销产业	主要是对各类应急产品进行经营和销售的企业

此外，2011年国家发展改革委员会修订的《产业结构调整指导目录》中在鼓励类条目下新增了第三十九项"公共安全与应急产品"这一类，包含了43个小类的应急产品与服务。2015年，工业和信息化部、国家发展改革委起草了《应急产业重点产品和服务指导目录（2015）》，确定了四个重点领域及其发展方向，再进一步细分产品和服务，形成了包含一个领域、15个发展方向、266个细分产品和服务的三级结构。一级分别为监测预警产品、预防防护产品、处置救援产品和应急服务产品4个领域；二级分别为自然灾害监测预警产品、事故灾难监测预警产品等15个发展方向，三级分别为地震灾害监测预警产品、地质灾害监测预警产品等266个细分产品和服务。其中监测预警69项，预防防护49项，救援处置108项，应急服务40项。根据国务院印发的《"十四五"国家应急体系规划》，"十四五"期间我国安全应急产品和服务发展重点主要有以下10个方面：

高精度监测预警产品、高可靠风险防控与安全防护产品、新型应急指挥通信和信息感知产品、特种交通应急保障产品、重大消防救援产品、灾害事故抢险救援关键装备、智能无人应急救援装备、应急管理支撑服务、应急专业技术服务和社会化应急救援服务。

二、中国应急产业发展概况与意义

(一)中国应急产业发展现状分析

1.中国应急产业发展状况

应急产业覆盖面广、涵盖领域多、行业多有交叉,属于典型的新老并存的复合型产业。2007年颁布实施的《突发事件应对法》为我国应急产业的发展奠定了法律基础。"应急产业"一词在我国政府的正式文献中首次出现是在2007年1月13日,时任国务委员兼国务院秘书长华建敏《在全国贯彻实施突发事件应对法电视电话会议上的讲话》中明确提出,"要进一步加快发展应急产业"。自此,应急产业的提法得到了中央政府的认可,并受到高度重视。

(1)应急产业发展规模显著扩大

我国经济发展进入新常态为应急产业发展提供了空间,而党中央、国务院高度重视应急管理工作是发展应急产业的坚强保证。伴随着我国应急管理事业的发展,经过各地、各部门和社会各界的共同努力,我国应急产业发展速度加快,应急保障能力增强,呈现出应急产业与应急能力相互促进、牵引的良性循环势头。从行业发展的角度来看,应急产业已经度过了初创期,正式进入加速成长期。在发达国家,这个产业已经是一个相对成熟的行业;在我国,应急产业在2009年开始进入快速建设阶段,2013年受宏观经济走势和政府在相关领域投资缩减的影响,应急产业市场规模出现了一定程度的下降,2014年又强势反弹,2017年应急产业呈现井喷式增长。按工信部对《关于加快应急产业发展的意见》(国办发〔2014〕63号)的解读,我国应急产业每年的产值规模近万亿元,其中包括了消防、安防、反恐装备、信息安全、环境监测、食品安全监测等成熟市场。近三年来我国应急产业产值规模年均增长速度在20%左右,高于同期工业经济平均增速。2017年我国应急产业市场规模约1.19万亿元,同比增长14.99%。2020年应急产业市场规模约为1.79万亿元,同比增长15.58%。2016—2020年应急产业市场规模年复合增长率为16.3%。总体而言,近几年应急行业保持了暴发式的增长态势。

从企业数量看,1992年全国应急产业存续企业仅有6883家,此后应急产业存续企业数量逐年增长,增速呈现加快趋势。2019年应急产业存续企业数量增加至308574家,1992—2019年均增长率高达15.1%,成为重要的产业增长领域(见图8-1)。

应急管理实践也使地方各级政府和相关企业越来越认识到发展应急产业的重要性、紧迫性。北京、广东、安徽、重庆、浙江等地方政府,结合经济结构调整、产业升级和企业转型,将应急产业作为战略性新兴产业予以重点支持,一批产业基地正在形成。

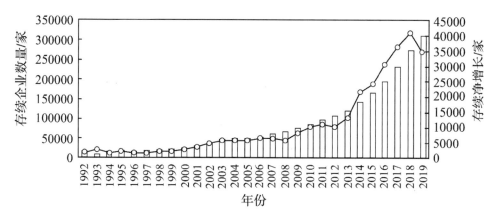

图 8-1　1992—2019 年全国应急产业存续企业数量和企业年度净增长量

数据来源：企研数据.应急产业数据库［EB/OL］.（2021-08-11）［2022-11-17］.http://Zhuanlan.
zhihu.com/P/122929789.

（2）应急产业政策环境不断优化

应急产业作为应急管理的重要物质和技术保障,始终受到党中央、国务院的高度重视。2008 年以来,推动应急产业发展多次作为落实政府工作报告的重要内容。《中共中央关于制定国民经济和社会发展第十二个五年规划的建议》,以及“十二五”“十三五”的相关文件中,都对加强公共安全体系建设、发展应急产业提出明确要求。2009 年 5 月发布的《中国的减灾行动》白皮书明确提出了应急物资储备保障、应急产品研发和应急产业化的思路;工业和信息化部 2009 年发布的《关于加强工业应急管理工作的指导意见》,明确提出加快制定应急工业产品相关标准,促进应急工业产品推广;国家发展和改革委员会制定的《产业结构调整指导目录（2011 年）》,将“公共安全与应急产品”作为单独产业类别鼓励发展;公安部将加强装备保障能力建设作为提高各级公安机关处置突发事件能力的关键;科技部近几年不断加强有关公共安全和防灾减灾的科技研发;工业和信息化部、应急管理部、财政部、科技部于 2018 年发布《关于加快安全产业发展的指导意见》,提出“面向生产安全和城市公共安全的保障需求,制定目录、清单,优化产品结构,引导产业发展,创新服务业态”。之后,《安全生产“十三五”规划》《“十三五”公共安全科技创新专项规划》《关于加快应急产业发展的建议》《“十四五”国家综合防灾减灾规划》《“十四五”国家应急体系规划》等一批政策、规划的出台都为应急产业发展提供了良好的政策环境。

其中,最具有阶段性意义的文件是 2014 年底由国务院办公厅颁发的《关于加快应急产业发展的意见》（国办发〔2014〕63 号）,该文件正式明确了应急产业的概念、重点方向和主要任务,提出应急产业是为突发事件预防与应急准备、监测与预警、处置与救援提供专用产品和服务的产业;同时,在加强防灾减灾、安全生产、环境保护等文件中也对应急产业相关内容进行了部署。随后工信部等部委也发布了《应急产业发展规划》《应急产业培育与发展行动计划（2017—2019 年）》等相关文件,鼓励支持产业发展。

（3）应急产业发展力量不断壮大

在中央政府大力引导和支持下，在各类突发事件防范处置工作对应急产品需求的牵引下，许多地方政府、大型国有企业、民营企业发展应急产品的积极性不断提高，研发和生产投入力度加大。在应急产品、技术和服务方面，一批高水平地质灾害监测、煤矿安全避险、高层灭火救援、食品安全检测、应急通信和应急指挥等先进装备脱颖而出。航天技术、物联网技术、信息技术等高新技术应用于应急管理形成了一批创新成果。道路救援、航空救援、工程救援等应急服务业态发展迅速。

我国应急产业发展力量不断壮大，涌现出一批技术水平高、服务能力强、拥有自主知识产权和品牌优势、具有国际竞争力的大型企业集团。新兴际华集团、中国航天科工集团、中国兵器工业集团公司、中国煤炭科工集团有限公司等一批实力雄厚的综合性中央企业集团，在全国处于行业领先地位，在产业发展中发挥了引领作用。部分大型龙头企业均有军工生产或后勤保障基础，具备应急产业技术和装备研发、生产的天然优势，这批企业在"军民融合"战略思想的指导下，将军工技术优势和后勤保障经验转化为应急装备技术资源等民用方向，成为全国应急产业发展的龙头。

我国在应急产业不同行业中均有典型企业存在。特别是在预防准备、监测预警、救援处置等领域，涌现出了一批专项特色突出、市场占有率高的企业，如贵州詹阳动力、中国华云气象、普天信息、北京奇虎360、北京神州绿盟、北京碧水源净水、华彬通航、海德鑫等企业。此外，依托省级和国家级专业中心、重点实验室、工程技术研究中心、企业技术中心等，在监测预警、现场探测、防汛抗旱领域和航空航天、地震、电力、疾病防控、食品安全生产等行业有明显的技术和服务优势，形成了一批技术创新成果转化型专业应急企业，如北京辰安科技、中科九度、北京中安科创等。此类企业充分利用高校、科研机构等专业技术资源，发挥自身生产和销售优势，使技术成果有效转化，实现实验室与市场的有效对接，是产、学、研、用相结合机制下的优秀产物，有力促进了应急技术创新和成果转化，提高了应急科技成果产业化的效率。

（4）一批聚集区建设初具规模

应急产业园区作为产业集聚的重要载体，承担着实现产业集聚、产业规模化经营的重任，其凭借优惠的税收政策、集中的行政服务，不断吸引企业集聚；也承载着促进科技成果商品化、产业化的时代使命。目前已经形成珠三角区域、长三角区域、京津冀等制造业发达地区的应急产业集群和自然灾害较为频发的四川、福建、湖北、湖南等地的产业聚集区。其中，珠三角地区是我国制造业种类全、产业链完整的区域之一，发展应急产业具有较好的基础，已经形成以广州、深圳、东莞等城市为中心的集群效应，自然灾害较为频发的区域主要为需求带动，发展出特定类型的应急产业聚集区，如四川的防震救灾装备、工程机械、地震预警服务等产业主要围绕地震应急，又如福建的抗洪排涝装备、应急发电装备等产业主要围绕台风等灾害带来的洪涝灾害等；在地方政府的大力推动下，出现了北京应急救援科技园、安徽合肥公共安全产业园、重庆西部安全应急产业基地等十几个正在规划或建设的应急相关产业园区，其中北京、重庆等多个应急产业园区规划的年产值规模都在 500 亿元以上。

2015 年 10 月,工信部、发改委、科技部公布了首批国家应急产业示范基地,中关村科技园区丰台园、河北怀安工业园区、烟台经济技术开发区、合肥高新技术产业开发区、随州市、贵阳国家经济技术开发区、中海信创新产业城 7 家成为首批基地;2017 年 11 月,抚顺市沈抚新城、龙岩市龙州工业园区、长沙市高新区、德阳市、新疆生产建设兵团乌鲁木齐工业园区成为第二批示范基地,围绕落实中国制造 2025 和保障国家公共安全,成为国家应急技术装备研发、应急产品生产和应急服务发展的示范平台。2020 年 1 月,河北省唐山开平应急装备产业园、内蒙古包头装备制造产业园、江苏省徐州高新技术产业开发区、江苏省溧阳经济开发区、中国(浙江舟山)自由贸易试验区、浙江省江山经济开发区、湖北省赤壁高新技术产业园区、陕西省延安高新技术产业开发区成为第三批示范基地,充分发挥市场主导和政府引导作用,努力将示范基地建设成为引领产业发展、推动科技创新、促进业态培育、支撑区域应急保障的示范平台。

(5)应急产品和服务大众化趋势

应急产业是国家应急能力的重要组成部分,推动应急产业发展必须以市场为导向,当前社会对突发事件应急救援的需求不断增长,公众对公共安全的认知和感受不断增强,社会公众希望获得应急救援知识、技能和产品,社区、家庭层面成为应急产业发展的重要市场方向。

突发事件现场的"第一响应人"在第一时间进行科学有效的救助能有效降低灾害损失。在欧美发达国家,志愿者是社会化救援体系的基础。国内一些地区也已开展了此方面的研究和探索。例如:2016 年,山西和四川成都在应急管理部门的大力支持下,先后开展示范试点社区应急响应队基础培训。这一培训最早开始于美国,社区应急响应队及其成员的首要任务是在突发事件发生后的较短时间内(专业救援队抵达灾前的0.5~2 小时)快速开展自救互救,在自救和保护自己的情况下先救家人、邻居,再共同组织完成各项先期应急响应与处置任务,实现对社区突发事件的有效应对,使社区更好地备灾、更安全、更具抗灾能力。与此同时,防灾应急包及防灾应急科普图书等应急产品进家庭和社区活动也已经在各地区广泛开展。将"家庭、中学、城市社区"系列防灾减灾手册科普读物免费赠送给学校和社区,进一步增强居民和学生防灾减灾意识,普及推广防灾减灾知识和避灾自救技能,提高减灾应急救护能力,最大限度地减轻灾害造成的损失。

2.应急产业发展中的主要问题

我国应急产业虽然发展势头良好,但也存在一些亟待解决的突出问题。

(1)应急产业目录及标准体系亟待修订完善

应急产业标准是应急产业规范有序发展的基础。2015 年,工业和信息化部、国家发展和改革委发布了《应急产业重点产品和服务指导目录(2015 年)》,但是随着公共安全形势的变化及应急产品和服务门类的创新,2015 版目录已经不能完全适应应急产业的发展,亟待更新完善。在应急产业标准体系方面,目前与应急产业相关的行业标准仅有劳动和劳动安全行业标准及公共安全行业标准,并没有专门的应急产业行业标准。由于部分应急产品具有可转换性,同样的产品,在应急使用和日常使用时甚至也需要不同的标准。在新冠肺炎疫情防控期间,各种各样的防护口罩充斥市场,没有统一的、兼容的标准,给应急使用和市场监管造成困难。另外,应急产业计量和认证体系有待建设。目前,应急产业尚未建立计量和认证体系,检验评估难度较大,市场产品质量差距较大,从而不利于保证应急产品质量、推广使用认证产品、促进应急产业良性竞争。

(2)市场培育不足

政府对应急产品推广不足,对市场整体培育开发不够,主要表现为:①供求脱节。应急产品需求主体不明确,找不到有效用户,无法进行有目的的生产;一些政府用户虽然有需求,但不知道按照什么样的产品目录和标准进行储备、配置,不知道企业能够提供什么样的应急产品。应急产品需求不稳定,应急产品订单要求时间短,导致企业生产计划性差,"常态吃不饱、应急吃不了"。②机关企事业单位配备应急产品缺乏相应规范。例如,高层建筑配备的逃生绳索、缓降器等应急装备还没有纳入我国强制配置标准,地震救援、环境应急、卫生应急等救援队伍和应急避难场所还没有从国家层面制定装备配备规范。企事业单位配置应急产品随意性大,一些学校、医院等公共场所没有配备逃生设施,一些危险行业企业不按规定将安全自救用品列入职工劳保范畴。③产学研脱节。政府、企业、院校与科研机构间缺乏有效的沟通协调机制,应急科研新成果往往被束之高阁,没有及时转化为现实产品。④资源共享脱节。我国普遍开展了政府应急管理信息平台体系建设,但是应急产品生产企业、应急资源部门、受灾地区信息难以共享,数据库建设明显滞后于硬件发展,普遍存在"硬件硬,软件软"的问题。

(3)应急产业创新研发动力不足

企业创新研发动力不足,投入相对较少,科技创新支撑能力也相对薄弱。应急产业创新研发的风险较大,研发期望收益难以确定,影响了企业创新研发的积极性。另外,随着融资成本的增高,融资难、融资贵成为大部分民营企业的普遍困境,创新研发需要大量资金,企业通过社会融资获得足够的创新研发资金比较困难。同时,应急产业自主创新缺乏科技支撑。高校应急学科和应急科学研究机构研究能力有待强化,相关装备制造学科与应急产业结合也不紧密,产学研结合难以落到实处。应急产业对科研成果的利用和转化不足,基础研究成果与市场需求衔接不紧密,成果产出单位对科研成果的宣传推广不够,研究成果产业化、市场化速度慢。

(4)关键技术装备发展缓慢

我国与先进国家相比,应急技术装备和生产能力差距较大:①科技含量不高。近几年我国虽然注重提升应急装备水平,但由于我国工业基础薄弱,应急产业起步晚,大部分应急产品还没有摆脱低技术含量、低附加值的状况,特别是大型、关键性应急装备难以适应应急需要。②自主创新能力不强。我国应急产品的科技研发不够,缺少核心竞争力,技术水平较国外仍有较大差距。③关键设备依赖进口。如高端消防救援装备、搜救仪器装备、应急监测检测仪器装备、防护装备等,进口比例在70%以上。普通应急产品国内技术比较成熟,国产化率较高,如工程救援装备、安置保障装备、后勤保障装备(主要是应急供电、供水和供油装备)等,国产化率在80%~100%,但是面临激烈竞争。

(5)应急产业人才缺乏

应急产业发展需要高层次研究型人才,产业苗壮成长更需要大批技能型产业工人。近年来,中国已经开始加大对应急管理人才的培养,但远远无法满足市场巨大的人才需求,目前应急人才队伍面临着专业结构设置不合理、层次结构存在不足、人才队伍培养相对落后等问题。虽然西北大学、暨南大学、集美大学等高校开设应急管理本科专业,但都刚刚起步,这也是导致我国应急产业人才缺乏的主要原因之一。而目前中国应急产业人才培养主要是通过高等院校和相关部委的研究院所,着力于研究型人才的培养,而应急产业苗壮成长更需要大批技能型产业工人和应急救援专业人员。因此,加快应急产业专业人才的培养、加快建立应急产业职业教育机构、培养大批技能型应急产业工人已成当务之急。

(6)社会化、市场化的应急服务仍有待加深

目前,社会应急救援服务力量还比较薄弱,亟待规范。像蓝天救援队这样覆盖面较广、运行较规范的社会应急救援队伍仍很缺乏,消防部门和部队仍然是应急救援最主要的力量。应急服务市场发育尚不成熟。在我国,应急服务一直被视为政府服务或社会公益服务,应急服务市场起步晚,公众认知度低,目前发展滞后,尤其是面向企业和私人的应急服务市场发展空间巨大,亟待进一步发展。社会化、市场化的应急服务种类仍然比较单一。社会化、市场化的应急服务是拓展传统应急服务的重要渠道,是政府应急服务的重要补充。目前我国社会化的应急服务仍然拘泥于传统应急服务,如应急救援、应急保障等,应急信息、应急教育、应急演练、应急咨询等非传统应急服务行业在我国发展比较滞后,有很大发展空间。

(7)逆全球化导致国际市场波动风险加大

当前世界经济发展中出现了明显的逆全球化现象,导致应急产品国际需求疲软,对国内应急产业发展造成不利影响。一些国家掀起贸易战,有意回缩制造业,造成全球供应链、产业链、价值链有所松动。在逆全球化趋势下,国际贸易壁垒和技术壁垒增加,世界贸易、投资增速减缓,甚至下降,技术创新流动受到很大影响。在新冠肺炎疫情的叠加影响下,虽然口罩、消杀用品等需求量暴涨,但大多数非疫情使用的应急产品需求下降,供给链断裂,对应急产品产销影响较大。我国应急产业生产的大部分产品仍是技术含量较低、附加值低、可替代性强的低端产品,其国际需求受全球经济下行影响较大。

(二)发展应急产业的意义

1.发展应急产业对扩大内需和调整产业结构具有重要意义

中国正处于工业化和城市化加速过程中,面临灾害频发、应急物资紧缺的现状。国家发改委、财政部等相关部委2006年曾预测,应急产业市场年容量500亿~1000亿元,包括带动的相关产业链,年容量近4000亿元。照此推测,应急产业将提供数十万个岗位,形成巨大的就业市场;为建设完善现代服务业,需对专业人员进行培训进而形成

巨大的教育市场;加之医疗救助保障、保险赔付、通信网络等,从而形成一个庞大的产业链条。这对于促进中国扩大内需和调整产业结构具有重要的推动作用。应急产业是一个新的经济增长点。

2.发展应急产业有助于提升全社会应急管理能力与水平

应急产业的发展伴随着应急产品种类与提供渠道的多元化,从而进一步提升产品和服务的品质与供应能力。在应急管理的全流程中,政府主要承担决策与组织动员的任务,救援设备和救援物资的生产主要是在企业中完成的,灾后恢复与重建主要是在当地党委政府统一领导下,各种社会团体、非营利组织及志愿者的协助下实现的。引入更多企业、社会团体及非营利组织进入应急管理的全过程,使得提供更加全面与精细化的产品与服务成为可能,为在有限的财政预算和时间内提供更有效的应急管理提供支撑;发展应急产业,既适应了政府职能转变的要求,同时也提升了应急管理能力和水平,弥补了应急管理领域的空白。

3.发展应急产业是促进应急科学与技术革新的重要手段

科学技术是应急产业发展的重要支撑力量,而当前应急产业客观的、迫切的发展需要则是应急管理科学与技术发展的重要推动力。国内外应对突发事件的实践证明,监测预警设备的及时性和准确性决定了应急准备的科学性和合理性,应急救援装备的先进性和可靠性决定了应急救援的有效性。突发事件从监测到处置的各个环节,都需要具备有效的关键技术和装备,特别是要有一个高度智能化的应急处置平台系统。中国减灾领域的科技支撑,特别是综合减轻灾害风险科技工作还比较薄弱,灾害监测预警、防范处置关键技术和装备的研发应用尚待加强。企业和科研机构通过自主研发科技创新、构建应急技术核心支持体系,可以推动应急产业向市场化、规模化、标准化的方向发展;而应急产业的发展又会对应急科学技术提出更高的要求,从而推进应急科学技术的高精端发展与革新。

第四节　应急产业化

一、应急产业化的定义

应急产业化是突发事件应急管理能力产业支撑体系的构建进程,即指形成应急产业的产品、服务或其活动及支撑这些产品、服务、活动的科研培训等活动从不具有产业性质(或状态)逐渐转变到充分具有产业性质(或状态)的全过程,或从较少具有产业性质(状态)变到较多具有产业性质(状态)的过程,是其现代化、资本化、规模化和体系化的过程。

应急产业化的实质就是要打破应急行业非产业化运行的传统模式,以产业的理念来经营其产品、服务等,将应急产业的各个环节、各个方面有机地联系起来,实现应急产业的专业化、规模化、市场化、标准化、集成化、一体化等,使应急产业真正成为一个现代意义上的产业。

(一)应急产业的专业化

打破现有的部门分割、地区分割、企业分割,围绕应急产品和服务,建立应急行业各个方面、各个环节之间的专业化社会分工体系。通过各个环节的服务,建立相互之间的有机联系,组织社会化协作基础上的分工分业生产、经营,逐步摆脱过去"小而全"的经营格局,优化资源配置,提高经济效益。

(二)应急产业的规模化

壮大应急产业和企业的规模,提高产业集中度和企业集中度,实现规模化生产与经营,完成从量的集合到质的激变。形成规模化应用和产业链,完善产业配套,推动应急产业链深层次整合,形成配套完整、紧密协作、核心竞争力明显的应急产业集群。最大限度地发挥规模效应,增强应急产业的整体竞争实力,提高产业运行效率。

(三)应急产业的市场化

转变应急行业的资源配置方式,让市场机制在应急资源配置中发挥更加积极的作用,逐步实现应急资源从计划配置为主到市场配置为主的体制转型,构建与社会主义市场经济体制相适应的应急产业体系。一是形成市场化的应急产业投入—产出机制,从公共政策和经济政策这两个不同的角度考虑应急行业的发展与运行,提高应急产业的经济效益;二是利用市场机制吸引更多的社会资源和力量,提高应急产品与服务的供给能力。

(四)应急产业的标准化

按照市场拉动、产业促动、企业主动、政府推动的原则,围绕应急产业的各个环节与方面,建立健全与国家标准体系一致、与国际标准体系接轨的完整的应急产业标准体系。借助标准对应急产业进行有效的引导和规范,解决不同类型产品与服务间的互联互通问题;借助标准不断提高应急产业的质量与水平,为产业发展确立良好秩序,提高应急产业的质量与效能。

(五)应急产业的集成化

建立应急产业内部各种资本、技术、资源及其他相关要素之间,应急产业涉及的各个方面(横向)、各个环节(纵向)之间的有机联系,将产业运行的各个环节、全部活动整合为一个完整的产业系统。依托联盟等行业组织作用,建立跨领域的产学研用合作创新平台,支持行业平台整合各方科技资源,加强不同领域应急科技的交流和合作,逐步实现不同领域应急技术的通用性和标准化,最终实现应急产品的系列化、成套化和标准化。

二、应急产业化的主要内容

(一)政府主导，改造传统产业

作为战略性新兴产业的应急产业，其形成、发育、演化一般由政府主导，企业与政府共同合作完成。充分发挥政府在应急产业领域的资源配置与组织协调作用，借助政府资源组织和推动应急产业化。特别是由政府直接组织实施具有战略意义的产业化项目，这种项目具有投入巨大、技术和知识密集、风险高等特点，一般的经济主体很难胜任，因此必须上升为政府行为，由政府组织相关部门和单位来共同完成。政府通过提供技术支持、市场保证、政策和制度供给等推动和引导社会主体和资源进入应急产业化进程。

(二)社会组织引导，加快产业化发展进程

依托各种类型的专业协会、社会团体或非政府组织，把分散经营的经济实体组织起来，形成利益结合、互相依赖的社会化生产和服务体系，进而把应急产业的各个方面、各个环节联结起来，形成一体化生产服务网络的模式。由政府相关部门牵头，引导应急产业龙头企业建立行业协会，提高参与市场竞争的组织化程度。行业协会作为产业规模发展的重要标志，在应急行业产业化发展的过程中对产业的专业化、标准化起着重要的推动作用，可以有力地促进产业结构调整。以中国的应急产业为例，目前已先后成立了全国性的应急安防、消防、保安、防伪技术行业协会，发挥政府与企业沟通的桥梁和纽带作用。

(三)建立产业园区，实现产业集群化

产业园区是推进工业化的重要载体，是产业化加速、产业整体提升的关键和产业建设的中心。依托产业园区，壮大应急产业和企业的规模，提高产业集中度和企业集中度，实现规模化生产与经营，最大限度地发挥其规模效应，提高产业运行效率，实现产业规模化。以技术经济实力较强、有竞争优势、有辐射带动能力的公共安全企业为龙头，围绕某一项产业或产品，带动相关企业实行专业化分工和社会化生产与服务。建立应急产业内部各种资本、技术、资源及其他相关要素之间，应急产业涉及的各个方面(横向)、各个环节(纵向)之间的有机联系，把分散的生产要素整合成为统一的生产体系;克服分散化的弊端，充分发挥优势互补、整体集成的积极效应，实现应急产业的集成化。

三、中国应急产业化的重点方向

(一)监测预警领域

围绕提高各类突发事件监测预警的及时性和准确性，重点发展监测预警类应急产品。在自然灾害方面，发展地震、气象灾害、地质灾害、水旱灾害、病虫草鼠害、海洋灾

害、森林草原火灾等监测预警设备;在事故灾难方面,发展矿山安全、危险化学品安全、特种设备安全、交通安全、海洋环境污染、重污染天气、有毒有害气体泄漏等监测预警装备;在公共卫生方面,发展农产品质量安全、食品药品安全、生产生活用水安全等应急检测装备,流行病监测、诊断试剂和装备;在社会安全方面,发展城市安全、网络和信息系统安全公共卫生等监测预警产品。同时,发展突发事件预警发布系统、应急广播系统及设备等。

(二)预防防护领域

围绕提高个体和重要设施保护的安全性和可靠性,重点发展预防防护类应急产品。在个体防护方面,发展应急救援人员防护、矿山和危险化学品安全避险、特殊工种保护、家用应急防护等产品;在设备设施防护方面,发展社会公共安全防范、重要基础设施安全防护、重要生态环境安全保护等设备。

(三)处置救援领域

围绕提高突发事件处置的高效性和专业性,重点发展处置救援类应急产品。在现场保障方面,发展突发事件现场信息快速获取、应急通信、应急指挥、应急电源、应急后勤保障等产品;在生命救护方面,发展生命搜索与营救、医疗应急救治、卫生应急保障等产品;在抢险救援方面,发展消防、建(构)筑物废墟救援、矿难救援、危险化学品事故应急、工程抢险、海上溢油应急、道路应急抢通、航空应急救援、水上应急救援、核事故处置、特种设备事故救援、突发环境事件应急处置、疫情疫病检疫处理、反恐防暴处置等产品。

(四)应急服务领域

围绕提高突发事件防范处置的社会化服务水平,创新应急服务业态。在事前预防方面,发展风险评估、隐患排查、消防安全、安防工程、应急管理市场咨询等应急服务;在社会化救援方面,发展紧急医疗救援、交通救援、应急物流、工程抢险、安全生产、航空救援、海洋生态损害应急处置、网络与信息安全等应急服务;在其他应急服务方面,发展灾害保险、北斗导航应急服务等。

四、促进中国应急产业发展的途径

应急产业具有全灾种、全过程、全方位、全社会的特征。为此,应急产业发展模式和总体目标应确定为:以政府为引导,以市场为导向,以企业为主体,社会积极参与,以改革创新和科技进步为动力,加强政策引导,激发各类创新主体活力,加快突破关键技术,建立专业化分工、规模化生产、市场化经营、标准化管理、集成化组织、社会化服务的产学研和服务紧密结合的应急产业体系,不断提升应急产业整体水平和核心竞争力,增强防范和处置突发事件的产业支撑能力,为稳增长、促改革、调结构、惠民生、防风险做出贡献。

(一)明确应急产业定位,确定政策导向

在充分利用好现有产业扶持政策的基础上,着眼于打通应急产业发展政策瓶颈问题,政策措施更多侧重指导性、方向性和可操作性。具体包括五个方面:

1.完善应急产业标准体系

标准对应急产业发展具有规范和促进作用。我国应急产业标准体系的建立可以分别从四个维度来考虑,分别是:级别维度的国、行、地、团、企标,法律属性维度的强制性标准和推荐性标准;标准性质维度的产品、检测和认证标准;以及业务维度的监测预警、预防防护、处置救援和应急服务标准。加快应急装备互联互通、应急装备接口等通用标准研究,提升我国应急装备成套化、系列化水平;加快物联网、云技术等新兴技术在应急产业应用中新产品标准的研制,提高我国应急产业技术标准水平。

2.加大财政税收政策支持力度

对列入产业结构调整指导目录鼓励类的应急产品和服务,在有关投资、科研等计划中给予支持;探索建立政府引导应急产业发展投入机制,带动全社会加大对应急产业投入力度;落实和完善适用于应急产业的税收政策;建立健全应急救援补偿制度,对征用单位和个人的应急物资、装备等及时予以补偿。

3.完善投融资政策

鼓励金融资本、民间资本及创业与私募股权投资投向应急产业,支持符合条件的应急产业企业采取发行股票、债券等多种方式,在海内外资本市场直接融资。按照风险可控、商业可持续的原则,引导融资性担保机构加大对符合产业政策、资质好、管理规范的应急产业企业的担保力度。鼓励和引导金融机构创新金融产品和服务方式,加大对技术先进、优势明显、带动和支撑作用强的应急产业重大项目的信贷支持力度。

4.加强人才队伍建设

建立多层次多类型的应急产业人才培养和服务体系,着力培养高层次、创新型、复合型的核心技术研发人才和科研团队,培育具有国际视野的经营管理人才,造就一批领军人物。支持有条件的高等学校开设应急产业相关专业。依托有关培训机构、高等学校及科研机构,开展应急专业技术人才继续教育。利用各类引才引智计划,完善相关配套服务,鼓励海外专业人才回国或来华创业。

5.优化产业发展环境

完善相关法律法规,支持应急产业发展。建立应急产业运行监测分析指标体系和统计制度。加强应急产品质量监管,依法查处生产和经销假冒伪劣应急产品的违法行为。依托现有的国家和社会检测资源,提升应急产品检测能力。完善事关人身安全的应急产品认证制度。鼓励发展应急产业协会等社团组织,加强行业自律和信用评价。对应急产业发展重大项目建设用地,在符合国家产业政策和土地利用总体规划的前提下予以支持。

(二)做好应急产业发展规划,解决薄弱环节

基于现有的《关于加快应急产业发展的意见》,在全面调查、摸清家底的基础上,制

定并完善应急产业发展规划,立足解决当前应急产业发展面临的薄弱环节。具体包括:

1.加快关键技术装备研发

制定应急产业技术路线图和应急产业技术发展规划,确定未来应急产业核心技术攻关方向和目标,提高应急技术研发的针对性和实用性。通过国家科技计划(专项、基金等)对应急产业相关科技工作进行支持,推动应急产业领域科研平台体系建设,集中力量突破一批支撑应急产业发展的关键共性核心技术。鼓励企业联合高校、科研机构建立产学研协同创新机制,推动应急产业领域企业技术中心、工程(技术)研究中心、工程实验室等科研平台体系建设,在应急产业重点方向成立产业技术创新战略联盟。鼓励充分利用军工技术优势发展应急产业,推进军民融合。创新商业模式,加强知识产权运用和保护,促进应急产业科技成果资本化、产业化。

2.促进产业结构优化升级

在坚持需求牵引基础上,采用目录、清单等形式明确应急产品和服务发展方向,不断优化应急产品结构,提高应急产品质量,增加应急产品品种,加快应急产品升级换代,推进应急产品标准化、模块化、系列化、特色化发展,引导企业提供一体化综合解决方案。采取有效措施加快道路救援、工程救援、航空救援、环境应急救援及应急物流、应急保险等与生产生活密切相关的应急服务业发展。

3.推动产业集聚发展

集聚发展是现代产业发展的重要规律,加强规划布局、指导和服务,鼓励有条件地区发展各具特色的应急产业集聚区,打造区域性创新中心和成果转化中心。依托国家储备和优势企业现有能力和资源,形成一批应急物资和生产能力储备基地。根据区域突发事件特点和产业发展情况,建设一批国家应急产业示范基地,形成区域性应急产业链,引领国家应急技术装备研发、应急产品生产制造和应急服务发展。

4.支持企业转型发展

充分发挥市场作用,引导企业通过兼并重组、品牌经营等方式进入应急产业领域,支持有实力的企业做大做强。发挥应急产业优势企业带头作用,培育形成一批技术水平高、服务能力强、拥有自主知识产权和品牌优势、具有国际竞争力的大型企业集团。利用中小企业发展专项资金等支持应急产业领域中小微企业,促进特色明显、创新能力强的中小微企业加速发展,形成大中小微企业协调发展的产业格局。

5.加强应急产品和服务推广

培育需求是发展应急产业的重要牵引。加强全民公共安全和风险意识宣传教育推动消费观念转变,激发单位、家庭、个人在逃生、避险、防护、自救互救等方面对应急产品和服务的消费需求。完善矿山、危险化学品生产经营场所、高层建筑公共场所、应急避难场所、交通基础设施等应急设施设备配置标准,完善各类应急救援基地和队伍的装备配备标准,推动应急设施设备装备与建设主体工程同时施工、同时投入使用。健全应急产品实物储备、社会储备和生产能力储备合理制度,建设应急产品和生产能力储备综合信息平台,带动应急产品应用。加强应急仓储、中转、配送设施建设,提高应急产品物流效率。利用风险补偿机制,支持重大应急创新产品首次应用。推动应急服务业与现代保险服务业相结合,将保险纳入灾害事故防范救助体系,加快推行巨灾保险。

6.加强国际交流合作

充分利用国际资源是发展应急产业的重要途径。多层次、多渠道、多方式推进国际科技合作与交流,鼓励企业引进、消化、吸收国外应急先进技术和先进服务理念,提升企业竞争力。鼓励跨国公司在我国设立研发中心,引进更多应急产业创新成果在我国实现产业化;支持企业参与全球市场竞争,鼓励企业以高端应急产品、技术和服务开拓国际市场;引导外资投向应急产业有关领域,国家支持应急产业发展的政策同等适用于符合条件的外商投资企业;组织开展展览、双边或国际论坛及贸易投资促进活动,充分利用相关平台交流推介应急产品和服务。

7.建设应急产业资源数据库

由各级政府应急管理机构牵头,依托政府及有关部门应急管理信息平台建立应急产品储备名录和资料库,包括企业应急产品及生产能力储备资料库、应急资源库等,实现资源、信息共享。同时,为保证政府对应急产业与应急资源管理的权威性和及时性,需配套建立应急装备、设施规划制度,以及定期更新机制和责任制,特别要建立企业生产能力储备、产品储备、国家法定储备相结合的应急储备体系;完善应急物流体系,实现政府、部门、企业及军地间应急储备信息平台的互联互通机制,及时更新相关数据信息。

思考题

1.应急物资与应急装备的分类有哪些?

2.应急救援装备的分类有哪些?

3.应急物资装备管理主要包括哪些内容?

4.简述我国应急产业发展概况。

5.何为应急产业化?结合我国现实情境,分析如何促进我国的应急产业化。

第九章

应急管理文化

应急管理文化是指人们在应急实践中形成的应急意识和价值观、应急行为规范及外化的行为表现。本章首先阐述应急管理文化的构成与作用,之后重点阐述如何推动我国应急管理文化建设。

第一节　应急管理文化概述

一、应急管理文化的概念

从文化学的视角定义,应急管理文化在广义上是指人类开展应急管理各项实践所创造的物质财富和精神财富的总和,包括应急管理物态文化、制度文化、行为文化和心态文化等四个由浅到深的层次;狭义的应急管理文化仅包含精神创造及其成果,相当于广义定义的深层结构。

应急管理文化是应急文化的主要组成部分,是政府、社会组织等应急管理主体在突发事件应急管理中,在物质、精神、制度等维度体现出的思维特征和行为方式。近年来,突发事件应急管理中暴露出的应急准备不足、防控意识薄弱、恐慌心理蔓延、政府与社会协同效率低等问题均与应急管理文化缺失有关,即应急管理文化缺失影响应急系统的功能和应急响应的有效性,由此导致的系统脆弱性成为突发事件发生及后果放大的重要原因。因此,在社会系统脆弱性和风险复杂性逐渐加大的背景下,加强应急管理文化建设是提高政府应急管理效率和社会应急能力的核心问题,也是应急管理深入发展急需解决的瓶颈问题之一。

要把应急文化提升到事关生命价值、生命质量和生命尊严的高度,在建立科学高效的应急管理体制机制的同时,还应积极构建与应急管理事业发展相适应的应急管理文化,使灾害防治意识固化为公众的价值理念和自觉行为。积极适应新体制、新职能,政府各级组织要常年开展应急管理科普宣传,深入驻地学校、企业、厂矿、医院、社区、商场和旅游景点,开展"生命至上、应急有方、共享安全"等主题科普宣传系列活动,大力宣扬以人民为中心、总体国家安全观、生态文明建设、应急管理知识,普及与人民群众生产生活息息相关的风险防范和防灾减灾知识,播撒应急文化种子,引领应急管理文化建设新风尚。公众防灾减灾意识和素质的高低,是应急管理文化发展的重要标志。只有把"生命至上、应急有方、共享安全"的理念转化为自觉行动,并积极主动参与到应急管理事业当中来,应急管理文化发展才能更持久、更充盈。

二、应急管理文化的构成

作为组织文化和组织心理学开创者的美国麻省理工学院教授埃德加·H.沙因,早在20世纪80年代就率先提出了"组织文化"的概念。为深入解释什么是组织文化,沙因将其划分为外部事物层、外显价值观层和基本假设层三个层次。其中,基本假设层次是组织行为模式的基本观念,外显价值观层是人们自觉遵守的行为规范,而外部事物层是组织行为的外在符号化表现。

(一)应急管理文化的层次结构

应急管理文化是多元素综合体,各元素间存在相互依赖、相互制约的非线性关系。为更好分析其作用机理,基于沙因的组织文化层次理论,参考应急管理内涵,通过理论抽象方式,可以得出应急管理文化的层次结构:

1.应急表观层

应急表观层指人们可以观察到的应急组织结构和组织过程,应急标识符号,应急预案文本,应急场所,应急培训演练设施,应急宣传教育材料,应急演练活动,以及突发事件发生后的应急救援和处置行动等,是应急行为的外化表现形式。

2.应急规范层

应急规范层指标准化、程序化的应急制度和规范,包括应急相关的法律法规、标准、体制、机制、战略和目标等,这些规范和约束着人们的应急行为模式。

3.应急观念层

应急观念层指应急的核心价值观及危机意识,如"以人为本""生命至上""预防为主""综合减灾""居安思危""有备无患",等等,决定着人们的应急行为动机。

(二)应急管理文化的关系维度

沙因认为,组织文化的核心是关于人与人相互关系的基本假定,并提出了组织文化的五个维度。同样,应急管理文化也存在五个关系维度。

1.人与自然的关系

人与自然的关系是指组织重要成员如何看待组织和环境之间的关系,既是可支配的关系、从属关系,也是协调关系的基本假定。从社会应急的角度出发,主要体现在如何看待人与自然的关系。尊重自然、敬畏自然、促进人与自然和谐发展,是人类防灾减灾历史经验的深刻教训。

2.现实和真实的本质

现实和真实的本质是组织对于如何论证真实和现实,真实是否可以被发现,以及行动规律、时间和空间方面的基本假定。在应急领域,既要不断加深对突发事件发生发展规律、应急管理和决策科学规律的认识,同时也要承认人类现有知识和能力的局限性,因此,在应急工作中需保持理性思维。

3.人性的本质

人性的本质是对人性的本质假定、个人与组织之间关系、行为的人性或非人性等的基本假定。在应急领域,人们普遍认同在人性中存在人类祖先在险恶生存环境中衍生出的对生存的渴望、对胜利的渴望、对受难者的同情、对同类帮助的冲动等,并坚持发扬人道主义精神。

4.人类活动的本质

人类活动的本质是对人类行为的正确性、主动或被动、受自由意志支配还是受命运支配等的假定。在应急领域,人们普遍认同积极主动的防灾减灾、应急准备行为,迎难而上、坚韧不拔、舍己救人等精神品质。

5.人际关系的本质

人际关系的本质是对什么是权威的基础,权力或权利的正确分配方法,人与人之间关系模式等的假定。在应急领域,团结协作、互相帮助、听从命令、服从指挥等也是普遍认可的行为准则。

三、应急管理文化的作用

人在组织中,会更新原有的需要,获取新的动机,并且在不同的组织、不同的部门,或者在不同的情境下,也会有不同的需要和动机。个人和组织之间是相互交往和相互影响的关系,在反复的交互过程中会建立起一种心理契约,对个体行为可以产生导向、凝聚、激励和约束等作用。

1.导向作用

应急管理文化所提倡、崇尚的价值观和行为准则,通过潜移默化的作用,使组织成员的注意力转向所提倡、崇尚的内容,并采取适宜的行为,使个人目标被引导到群体目标。

2.凝聚作用

应急管理文化的价值观和行为准则被组织成员认同后,会成为一种黏合剂,从各方面把成员团结起来,消除隔阂、促成合作,形成巨大的向心力和凝聚力。

3.激励作用

积极的应急管理文化能使组织成员从内心产生一种情绪高昂、奋发进取的效应,并通过发挥人的主动性、创造性、积极性、智慧能力,对人产生激励作用。

4.约束作用

应急管理文化中的规范及其外化表现,对组织成员的思想和行为具有约束和规范作用。与传统管理理论单纯强调制度的硬约束不同,应急文化虽也有成文的硬制度约束,但更强调的是不成文的软约束。充分体现了以人为本,把保障公众健康和生命安全作为首要任务。凡是可能造成人员伤亡的突发公共事件发生前,要及时采取人员避险措施;突发公共事件发生后,要优先开展抢救人员的紧急行动;要加强抢险救援人员的安全防护,最大限度地避免和减少突发公共事件造成的人员伤亡和危害。

第二节　应急管理文化现状

一、发达国家应急管理文化的建设经验

发达国家都非常重视应急管理文化建设,将公共安全提高到社会文化的层次,通过各种教育、培训、应急演练和应急活动促使应急文化在社会中扎根,促使应急文化成为人们日常生活中的思想观念。

(一)美国的应急管理文化

美国政府通过加强各种形式的宣传教育提高国民的应急防范意识,本着将应急事件的威胁告诉每一位公民的精神,通过网络、电视、电话、广播、手机短信等方式向公民发送各种应急有关资料和信息,还将《紧急事件处理方案》和《紧急事件家庭准备指南》等应急指导用书印发给每一位住户,力求做到人人知道应急、人人预防应急的状况。

(二)德国的应急管理文化

德国各级政府非常注重对广大民众进行应急管理文化的熏陶、应急知识的教育和应急技能的培训。在明确应急事件中各级政府的职责基础上,强调公民自身应急素质的培养。政府部门和相关社会组织对公众开展应急预备、危机应对、灾后恢复及政府与应急方面相关的法律法规、政策等知识的培训;发放《突发事件预防手册》;在中小学普遍设置应急相关的教学内容;努力形成全社会重视突发事件的氛围。

(三)日本的应急管理文化

日本地方政府主要通过学校教育和社会教育两种途径推进应急管理文化建设。学校教育是指通过在中小学普遍设立应急教育有关的课程,对公民从小就进行知识的教育和应急意识、能力的培养。日本各地方教育部门都参与编写应急课程教材,如《危机管理和应对手册》《防灾教育指导资料》等。社会教育是指通过应急宣传、应急培训,社

会应急演练和建设应急纪念馆等形式进行应急教育,把对国民应急意识的培养融入常规的教育中。这种做法从根本上强化了居民的危机预防意识,提高了居民对灾害的应对能力。

发达国家应急管理文化建设的经验告诉我们,政府必须从战略上高度重视应急管理文化建设,倡导"以人为本"的安全理念,加大宣传力度,广泛普及公共安全和应急防护知识,加强应急管理科普宣教工作,提高社会公众维护公共安全意识和应对突发公共事件的能力,在全社会形成"关爱生命、关注安全"的群体文化意识,为应急管理创造良好社会文化氛围。

二、我国应急管理文化的实践特征

文化是民族的血脉,是人民的精神家园。我国五千多年的文明史,从某种角度上就是一部应对各类危机挑战、战胜种种突发事件和困难的历史,在应急管理实践中创造了丰富的物质财富和精神财富。在 2003 年非典事件之后,我国应急管理各项事业获得了质的飞跃,体现了鲜明的时代特征,初步形成了具有中国特色的应急管理文化,具有以下四个特征。

(一)应急管理物态文化日益活跃而丰富

应急管理物态文化是人们在应急管理实践中形成的一切物质生产活动及其产品的总和,是可触知的具有物质形态的文化事物。应急管理物态文化与生产力有着直接的关系,在一定程度上体现出各级政府对应急管理的理念、认识和态度,折射出应急管理行为文化的成效。目前,我国在应急管理领域中的物质生产活动已经成为新兴产业。国务院"十一五"期间组织实施了应急体系建设规划中的 10 个重大项目,为应急产业的形成奠定了基础。工业和信息化部 2009 年明确提出"应急产业是新兴产业",要求加快发展应急产业。国家发展改革委公布的《产业结构调整指导目录(2011 年本)》中已新增了"公共安全与应急产品"产业类别,纳入了 43 项鼓励类发展产品。安徽省明确将应急产业作为安徽省战略性新兴产业,广东省提出以全省产业转型升级为契机推动建立应急产业体系,浙江省积极引导民营企业发展应急产业。

与此同时,我国也创造并生产了一批先进适用的应急产品,建设了一批高效可靠的应急工程,国家应急物资储备体系逐步完善。国家发展改革委发布了《应急物资分类及产品目录》,民政部已建立 10 个中央级救灾物资储备库,规划新建 14 个;水利部建立 15 个中央防汛物资定点仓库;卫生、安全监管、森林防火等重点领域部门均建立了专业应急基本物资储备制度,并能在 24 小时甚至更短时间内运抵救援现场。部分省、市、县规划建立了地方救灾物资储备仓库,一些重点行业企业储备了安全生产应急物资和装备,并且实物储备、资金储备、生产能力储备和协议储备相结合,初步建立了物资调运和储备的管理信息系统,较好地保障了应急救援物资、生活必需品和应急处置装备的生产、供给。

各类应急信息系统正在由"孤岛化"逐步发展成为"网络化",信息化是保障应急管理更加高效、更加科学、更加民主的重要手段。我国初步建成了国家应急平台体系,国务院应急平台分别与有关专业应急平台之间、与各省应急平台初步实现了互联互通,构建了重点行业立体监测、预警、预报和信息报送体系。建立健全了覆盖全国省市县乡四级的全国传染病与突发公共卫生事件网络直报系统,煤矿、交通运输、危险化学品等重点行业企业大部分建设了重大危险源监控和事故预警系统,建立了包括地面监测、海洋海底观测和"天—空—地"观测在内的自然灾害立体监测体系,灾害监测预警预报体系和气象综合探测系统初步形成。中国数字地震观测网络建设全面完成,初步形成环境监测天地一体化格局,初步建立了森林火险分级预警响应体系、水文和洪水监测预警预报体系。

(二)应急管理制度文化日益规范而系统

应急管理制度文化是人们在应急管理实践中组建的各种社会行为规范。主要表现为应急管理领域成文的法律和规定,也表现为不成文的风俗和道德等。应急管理法律体系是应急管理心态文化的重要载体之一,集中体现了应急管理心态文化和应急管理行为文化对人的要求中,由国家制定或认可并由国家强制力保证实施的那部分内容。《突发事件应对法》是我国应急管理领域的一部基本法,标志着我国应急管理事业的法治化。现有涉及应急管理的法律、法规、规章和法规性文件内容,已经基本涵盖了各类突发事件的各个环节,对政府及其部门、军队、企事业单位、公民和社会组织等做出了指导性规定或具体规定。

我国应急管理法律体系规定了各级各类应急管理机构的设置、编制、权力、责任等,已经实现了应急管理"组织法定、职权法定、程序法定、行为法定、责任法定"。我国应急管理已经走入规范化、制度化和法制化轨道,通过改革推动形成了"统一指挥、专常兼备、反应灵敏、上下联动、平战结合"的应急管理体制,构建并不断完善统一指挥、反应灵敏、协调有序、运转高效的应急管理机制,基本建成覆盖各地区、各行业、各单位的应急预案体系,初步建立了以公安、军队、武警为骨干和突击力量,以矿山救护、医疗救护、海上搜救等行业(领域)的专业队伍为基本力量,以企事业单位兼职队伍和应急志愿者队伍为辅助力量的应急救援队伍体系,初步形成政府主导、部门协调、军地结合、全社会共同参与的应急管理工作格局。

(三)应急管理行为文化日益科学而理性

应急管理行为文化是人们在应急管理实践中约定俗成的习惯性行为定式,常表现为应急管理有关的民俗形态、自觉行为模式、有意识地服从应急管理且表现为行动的行为模式。具有鲜明的民族、地域特色,直接反映了当前应急管理文化的进步。

应急管理行为文化体现了突发事件应对的动态发展过程。应急管理各项法律制度日益深入人心,广泛见于行为。国家更加注重预防与应急准备工作,加大投入编制预案、建立应急队伍、完善应急保障、排查治理隐患、加强全民应急教育等。监测与预警工作普遍加强,对可监测的突发事件等做到早发现、早报告、早预警、早准备,及早采取避灾和减灾措施,群众对各种措施已经理解、支持和配合,甚至主动关心和咨询。政府针对突发事件的性质、特点和危害程度,及时科学地采取处置和救援措施,努力减轻和消除事件对人民生命财产安全造成的损害。事后恢复与重建提供了一个至少能弥补部分损失和纠正混乱的机会,妥善解决处置过程中引发的矛盾和纠纷,同时总结经验教训,指导以后的应急行动。

应急管理行为文化体现在群众日常生活和工作中。应急管理文化的传播方式更加多样,内容、载体更加丰富。高危行业上岗培训和定期培训日益规范,安全教育进课本、进课堂,一些节日期间对群众进行形式多样的安全教育,广泛开展各类突发事件的应急演练,相当一部分群众已经将应急意识转化为行为习惯,对突发事件的群防群控和应急能力大大提高。应急管理行为文化体现了政府、企事业单位和公民各方的权利和义务。应急准备中的各项投入和建设既体现了政府的社会管理和公共服务职能,也体现了企事业单位的安全生产主体责任。政府采取的应急救援、救助安置、应急保障等措施是法定的公共服务和政府责任,不得懈怠和不作为;而应急征用和征调、应急控制、限制和禁止等措施,体现了单位和公民的义务,同时也强调政府行使紧急权力时应受到特别严格的法律约束,并有严格的适用条件、程序等要求。

应急管理行为文化具有鲜明的民族特色和地域特色。在玉树"4·14"地震、舟曲"8·7"泥石流等自然灾害抢险救援时,充分尊重当地民族风俗习惯,特设女性医疗帐篷,专门配备女医生和护理人员,对遇难者的遗体整理和安葬都按民俗处理,保持逝者最大尊严。恢复重建时保留民族建筑风格,按生活生产习惯科学规划修建。心理干预成为应对突发事件的一种有效方式,缓解隔离者的紧张焦虑情绪。发挥宗教人士作用维护民族团结和和谐稳定,发挥当地族长等有威望人士作用调节家族式矛盾。

(四)应急管理心态文化充分反映了社会主义核心价值体系

应急管理心态文化是在应急管理实践和意识活动中孕育出来的思维方式、价值观念、精神等主观因素,是应急管理文化整体的核心部分。我国应急管理心态文化深刻体现了社会主义核心价值体系的四项关键要素。

我国发展综合应急管理体系的理论基础和行动指南,始终是马克思主义指导思想提供的世界观和方法论。科学发展观是当代的马克思主义,我国坚持以科学发展观统领应急管理各项事业,同时,节约发展、清洁发展、安全发展等理念又不断深化科学发展观。应急管理事业的发展始终坚持以人为本,坚持统筹兼顾,确保应急管理的各项工作得到协调发展,既立足于解决当前发展中存在的诸多矛盾和问题,更着眼于预防和解决长远发展中有可能产生的矛盾和问题。

我国应急管理各项事业都是构建社会主义和谐社会的重要内容,都在党的领导下又好又快地发展着,集中体现了最广大人民的根本利益和共同愿望。我国应急管理文化用共同理想凝聚人心,提高了群众的应急意识和服从大局的觉悟,减少了生产安全隐患,减少了文化矛盾和文化冲突,减少了社会不安定因素,对于调节社会矛盾,整合民族各种力量,使社会和谐运行起着不可替代的润滑作用。

应急管理心态文化体现着以爱国主义为核心的民族精神。事实表明,民族精神的内涵总是在一些重大灾难的考验中不断得到升华,在汶川"5·12"地震抗震救灾斗争中弘扬的"万众一心、众志成城,不畏艰险、百折不挠,以人为本、尊重科学"精神,就集中体现和进一步发展了爱国主义、集体主义、社会主义精神。应急管理心态文化也体现着以改革创新为核心的时代精神,我国从2003年起,不到5年就创造性地建立了以"一案三制"为核心的全国应急管理体系,大大提高了处置突发事件能力,充分体现了改革成效。

我国应急管理心态文化的价值坐标及道德标准以社会主义荣辱观为引领。引导人们摆正个人、集体、国家的利益关系,特别是在应急管理体系建设、企业生产经营、灾后恢复重建等工作中,坚决反对见利忘义、损公肥私、不讲信用、欺骗欺诈、享乐主义等消极现象和社会公害,这些道德建设成就和精神面貌,在我国2008年南方雨雪冰冻灾害、汶川"5·12"地震、玉树"4·14"地震等一系列检验社会道德状况的关键时刻,得到了充分的显示和证明。

三、进一步推进中国特色应急管理文化大发展

要把握机遇,将中国特色应急管理文化纳入文化大发展大繁荣的内容,采取治标与治本相结合、长期与短期相结合的措施,推进中国特色应急管理文化的四个层次协调发展。在新时代,应急文化建设应明确"政府、媒体、社区"建设主体,丰富"意识、理论、行为"建设内容,注重"网络、模拟、排查"建设形式,全面提升我国应急文化建设水平。应急文化建设切勿"临时抱佛脚",应构建法制化、规范化、常态化应急文化建设机制,由政府、媒体、社区承担建设主体责任,不断丰富应急文化意识、理论、行为等内容,善用网络宣传、模拟演习、定期排查等方式,做好新时代应急文化建设工作。

(一)以应急管理文化大发展进一步提升

应急管理是一类重要的社会历史实践。当前,加强应急管理已经是深入贯彻落实科学发展观、构建和谐社会、全面履行政府职能的必然要求。要从应急管理文化的高度认识应急管理实践,从更深层次、用更多手段开展应急管理工作,以文化的自觉、自信、自强,把握应急管理文化发展方向,把社会效益放在首位,使我国应急管理理论进一步深化、实践进一步系统化,全面提升应急管理水平。要明确将应急管理文化纳入社会主义文化范畴,以应急管理这一事关群众生命财产安全和社会和谐稳定的实践平台,创造更加丰富的应急管理文化,使之成为推动社会主义文化大发展大繁荣的一项重要内容,为"五位一体"科学发展提供重要保障。

(二)以社会主义核心价值体系为引导,营造科学的应急管理心态文化和良好的精神道德环境

用马克思主义中国化最新成果指导应急管理价值观和方法论。马克思主义中国化

最新成果是解决各种矛盾、应对各种风险和挑战的强大思想武器,是观察和解决现实矛盾和问题的科学方法。应急管理要坚持"以人为本、人民利益高于一切"的价值原则和"预防为主、预防与应急相结合"的策略原则,要以科学发展观辩证地认识"预防"的内涵,特别是认清"预防"的根本方法和直接方法。要坚持节约发展、清洁发展、安全发展,加快转变经济发展方式,应急管理和经济社会协调发展;要坚持以人为本,把人民群众的安全健康和切身利益放在首位;要统筹兼顾,正确认识和妥善处理中国特色社会主义事业中的重大关系,抓住事关群众利益的突出问题重点突破。要追求构建社会主义和谐社会的共同理想,尊重科学规律,更加自觉地科学地处理好人与自然的关系、生产与安全的关系,更大努力地保障社会公平正义,从源头上防范、减少和消除人与自然、人与机器及人与人之间的不和谐因素。

发挥民族精神和时代精神的凝聚力和激励作用。要广泛开展爱国主义为核心的民族精神教育,使广大中华儿女相信党和政府妥善处理复杂问题的能力,不受境外势力干涉和媒体干扰,不受"三股势力"挑唆,珍惜安定团结局面,维护祖国统一和民族团结。要广泛开展以改革创新为核心的时代精神教育,以思想不断解放来认识应急管理面临的任务和问题,与时俱进地推进应急管理事业持续发展,增强群众风险意识和危机意识,提高社会应急管理心理成熟度,使应急管理文化进步成为全民族文明素质提高的一个重要推手。要发挥应急管理理论的科学指导作用,创新应急管理学科体系建设,从理论探索和经验总结两方面加快研究解决应急管理各环节的一些关键问题,对各类突发事件的机理进行专业性、针对性的研究分析,特别加强对非传统安全因素的研究,提出应对突发事件的政治法律思想、哲学和科学技术方法。

(三)根据突发事件机理及事件责任主体特征,系统构建应急管理行为文化

大力普及应急管理科学知识,提高预防与应急的执行能力。加强对各类突发事件机理的研究,力求从本质上掌握应对对策,提高全体公民应急行为的科学性,有针对性地提升专门人群的应急行为能力。对于各级领导干部,要将政策学习和落实任务相结合、理论探讨与案例分析相结合、自学和培训相结合、应急演练和处置突发事件相结合,发挥行政问责的警醒教育功能,确保其履行应急管理职责;要完善应急管理专家制度,创建应急管理专业研究与咨询平台,为应急管理科学决策提供智力支撑。对基层单位和一般群众,要根据工作性质和生活环境,采取多种形式广泛开展公共安全和应急知识普及宣传活动,使应急意识形态逐步深入群众心中,并内化为自觉行为。注重对弱势群体的救助和关心照顾,继续全面加强全国中小学公共安全教育,提高社会动员能力,消除公共安全隐患。要扶持应急管理类媒体发展,鼓励创作形式多样的应急管理文化作品。新闻媒体要常态化地无偿对公众开展突发事件预防与应急、自救与互救知识的公益宣传,自信自觉地向外宣传报道我国应急管理文化,营造良好的国际舆论氛围。

积极顺应应急管理心态文化,着力落实应急管理法律制度。我国当前的应急管理心态文化具有鲜明的时代特征,应急管理法律制度是应急管理心态文化的重要载体,要增强履行应急管理法律规定责任和义务的自觉性,在运用行政手段进行应急管理的同时,更多地运用法律规范、经济调节、道德约束、心理疏导、舆论引导等手段,把应急管理的理念、价值观及其相应的法律政策,变为真正的实践行动。各级领导干部要严格履行法定职责,成为践行应急管理心态文化及其制度文化的表率,采取完善工作机制、分解重点任务、明确领导责任、加大要素投入、加强督查督办、严格干部问责等措施,发扬知难而进、求真务实的精神和作风,切实把应急管理四个环节的各项工作抓出成效。企业要落实主体责任,企业负责人为第一责任人,加强安全培训教育,保障职工安全健康及其他合法权益,保障食品药品等产品合格,全面履行企业社会责任和法律责任。各类企事业单位、人民团体、群众组织甚至公民,都要及时调节处理可能引发社会安全事件的矛盾纠纷,及时报送重大安全隐患、各类突发事件及其苗头的信息,形成群防群控的良好局面。

(四)深化应急管理体系改革和发展,不断创新应急管理制度文化

系统推进应急管理体制机制改革。要优化政府应急管理组织结构,在推进大部门体制改革和事业单位改革的过程中,按照在党中央、国务院"统一指挥、专常兼备、反应灵敏、上下联动和平战结合"的总体要求,理顺中央与地方的行政架构,将应对突发事件类别相近、所需应急资源交叉度大的应急管理机构适当整合,形成分工明确、责权一致、相互协调、精简、统一、高效的应急管理机构,强化应急管理专家队伍和应急救援队伍建设,进一步理顺应急管理体制。要科学界定政府应急管理职能,依法调整政府及其不同部门、企事业单位、人民团体、群众组织、市场中介组织、公民等之间的权利、权力、责任、义务,调动多方积极性,从"重政府作用、轻多方参与"向"政府主导、社会协同"转变,由应急管理政府"一头热"转变为"集体舞",不断完善统一指挥、反应灵敏、协调有序、运转高效的应急管理机制。要创新公共服务和社会管理方式,夯实公共安全体系和企业安全生产基础,注重隐患监控整治和矛盾化解,强化突发事件监测预警和社会动员机制,完善信息报告、共享和发布机制,重视社会各阶层利益表达,研究应急能力评估和应急管理绩效评估的方法,积极推进应急管理工作常态化。

进一步完善应急管理法律、预案及标准体系。要研究确定在应急环境下实行依法执政的基本平衡点,使行政机关的紧急权力和紧急措施既能够有效控制和消除突发事件导致的危机状态,又能够防止行政紧急权力滥用,保障公民的基本法律权利。要按照重要程度、实践紧迫程度、社会关注程度、成熟程度制定立法计划,加快制定或者修订保障和改善民生、维护社会和谐稳定、促进生产安全、保护生态环境等方面中有关突发事件应对的法律法规,并抓紧制定《突发事件应对法》中明确要求的配套规定。要提高立法质量,坚持科学立法,切实解决应急管理各领域的实际问题,坚持民主立法,充分体现人民群众合理诉求和合法权益,维护法制统一,克服地方保护主义和部门利益的干扰,定期整理法规、规章和规范性文件。要继续完善应急预案体系,组织开展应急预案评估工作,加强应急预案管理,规范预案编制、修订、审定和执行工作,增强预案的针对性、实用性和可操作性。要加快制定或修订防范和处置突发事件急需的管理标准和技术标准。

(五)协调发挥政府主导作用和市场配置资源的基础性作用,不断夯实物态文化基础

政府加强应急管理物态文化发展规划,加大推动实施力度。各级政府及其有关部门要加大引导力度,运用行政、法规、经济等手段调动各方面的积极性,更大力度推进各类防灾减灾工程、生态建设和环境治理工程、应急救援基地、应急平台体系、监测预警预报体系、应急物资和装备储备体系、应急信息指示系统、应急避险场所、交通和矿山等重点行业隐患整治工程、应急管理文艺作品等的规划、维护、建设和创造,更大力度地加快应急产业规划和发展,更大力度地发挥这些物态文化的作用,切实提高防护疏散能力、安顿保障能力、信息共享能力、科学决策能力、应急救援能力、应急生产能力、物资流通能力、恢复重建能力,提高我国应急管理体系的综合化、信息化、专业化和现代化水平。

发挥市场配置资源的基础性作用,加快一些领域的物态文化建设和发展。应急管理领域宽、投入大,社会效益放在首位,需要依靠政府投资的领域,政府必须保证投入到位。安全生产也是生产力,是看得见的社会效益和经济效益,有关企业要落实本企业应急管理投入,使用安全可靠的生产、环保工艺和设备,建设危险源监控系统,配备劳动防护用品和应急器材、设置明显的安全警示标志等。应急管理物态文化建设任务繁重,在基础设施、公共服务、扶贫开发等领域,以及信息、能源、文艺作品等领域,要鼓励和引导民间资本参与投资。要充分发挥民间资本作用发展好应急产业,尽快明确应急产业定位,积极培育应急产品市场,制订应急产业发展的引导扶持政策,推动这一新兴产业健康发展。

第三节 应急管理文化建设

一、公众公共安全教育

加强公众公共安全教育,培育安全风险与应急准备意识,形成长期导向的应急核心价值观。加强大中小学公共安全知识教育和技能培养,增强公众安全风险意识,提升其知识技能。大力弘扬中华民族"以人为本""居安思危""有备无患"等忧患意识和"团结奋斗""自强不息""舍己救人"等奋发向上的精神。坚持政府主导、开放创新,培育人本意识、契约意识、法治意识和责任意识等现代公民伦理价值观,激发公众对生命的尊重与关爱,奠定应急文化的思想和价值观基础。学校教育和家庭教育作为公共安全教育的两个环节,牵涉到千家万户,关系到发展改革稳定大局,更关系到和谐社会的构建,下文从学校和家庭两个方面进行阐述。

(一)学校应急管理文化建设

学校应急管理文化建设的具体措施如下:

1.确定学校校长、副校长为应急管理责任人,具体可以参照安全生产法、消防法等对责任人的规定及职责。

2.确定学校特定人员(如班主任、体育老师等)为应急管理人员,具体可以参照安全生产法、消防法等对管理人员的规定及职责。

3.学校的应急管理责任人及管理人员必须参加应急管理专业培训。

4.每学期开学第一课组织开展消防安全知识培训、地震安全培训和演练、交通标识学习、道路交通安全知识培训、食品安全知识培训、社会安全知识培训、溺水警示教育和防雷电教育等,具体培训实施可以由学校应急管理人员或政府行业主管部门人员负责。

5.布置一次家庭应急演练作业。

6.摸索出一套生动活泼、寓教于乐、深受学生喜爱的教学活动。针对中小学生的认知特点和接受能力范围,观看宣传片、影视剧、动画片和使用VR模拟软件。

7.每年可以组织参观一次各类科普馆、消防队、医疗救援中心等。

(二)家庭应急管理文化建设

社会单位的最小细胞是家庭,家庭教育是从言传身教开始的,教育一个孩子,影响整个家庭,带动整个社会。因此,应急管理文化建设要树立"从娃娃抓起、从学生抓起"的理念,使应急管理文化的"种子"在幼小的心灵中萌芽扎根。

家庭应急文化建设的具体措施如下。

1.学生家长在接送孩子上下学时要遵守交通规则,文明驾驶,以身作则。

2.制订一套家庭应急计划,包括紧急联系人、备用联系人,约定突发事件紧急集合点,开展家庭应急演练(演练内容包括遇到地震、火灾时紧急疏散逃生,记录家长带孩子正常疏散到应急避难场所的路线、备用路线、疏散时间等)。

(1)疏散线路。了解住所周围疏散线路。简单画出家里各房间到达所住楼层安全出口的撤离线路图,保证儿童一目了然。设定会合地,防止突发事件造成联络中断,家人无法在短时间内会合。

(2)家庭联络表。制订家庭联络表,包括家庭成员、朋友、邻居、外地重要联系人电话和手机号码。

(3)特殊人群。紧急情况发生时,优先考虑残疾人、老人、孕妇与儿童的特殊需求。

(4)重要单据。妥善存放保险单、房契、合同、财产清单和存折等重要单据,并准备复印件。

(5)家用设施。熟悉水、电、气总阀的位置和关闭程序和方法。

(6)安全救护。学习紧急救护常识和灭火器等的使用方法。

3.配备家庭应急包。

(1)物品清单至少包含足够每个人用一天的食品和饮用水,以及应急物品。避免选择容易引起口渴的食品,选择罐头、干制食品和一些无须冷藏、烹饪和特殊处理的食品;储备每人每天至少一升水,推荐购买瓶装水,留意有效期。若自行准备装水容器,推荐使用塑料饮用瓶,并用洗洁精和水彻底清洗,灌满水后,拧紧瓶盖,在瓶身注明灌注日期;应急物品包括便携式收音机、备用电池、手电筒、医疗急救箱与急救指南、卫生用品、火柴、哨子、一次性餐具、备用衣物、身份证复印件、现金、硬币、常用药品、婴儿或病人的特殊用品、眼镜和助听器等。

(2)保存与更新应急箱。将罐头食品置于干燥、阴凉处。将食品储藏在密封袋或罐内。留意保质期,注意及时更新。每6个月更新一次应急箱中的食品和水。选择易搬运的塑料箱、背包或露营包作为应急箱。

(3)根据实际情况装配应急箱。家中放置的应急箱应当物品齐全,可供全家用1天。工作地点主要准备食物和水,应轻便小巧。私家车中主要准备食物、水、医疗急救箱、手电筒等。

二、应急管理规范建设

健全应急法律法规,优化社会协同应急机制,完善应急标准规范体系,促进应急工作的规范化。完善应急法律体系,明确各类社会主体的应急责任义务和权利,强化公众自防自治、群防群治、自救互救能力,支持引导社会力量规范有序参与应急救援行动,完善突发事件社会协同防范应对体系。完善应急管理标准规范体系,着力加强应急标志标识、风险隐患识别评估、预警信息发布、应急队伍及装备配置、公共场所应急设施设备配置、应急避难场所建设、物资储备、应急通信、应急平台、应急演练等相关标准研制,推动应急管理标准实施应用。

应急避难场所是应对突发公共事件的一项灾民安置措施,是现代化大城市用于民众躲避火灾、爆炸、洪水、地震、疫情等重大突发公共事件的安全避难场所。紧急时避难,闲时利用应急逃生模拟平台宣传应急逃生知识。应急避难场所是为了人们能在灾害发生后一段时期内,躲避因灾害带来的直接或间接伤害,并能保障基本生活而事先划分的带有一定功能设施的场地。

应急避难场所具有应急避难指挥中心、独立供电系统、应急直升机停机坪、应急消防措施、应急避难疏散区和应急供水等应急避险功能,形成了一个融通信、电力、物流、人流和信息流等为一体的完整网络。

应急避难场所的修建,说明政府管理中一个科学、透明的灾害应对方式和城市危机管理的意识正在形成。假如发生不可避免的灾害,如地震或火灾等,那么这些越来越多的"应急避难所",就将成为一个能为千万人提供生命线的避难场所,成为呵护生命的公园。

(一)地震应急避难场所分类

1.Ⅰ类地震应急避难场所具备综合设施配置,可安置受助人员30天以上,包括应急指挥中心、应急停机坪、应急洗浴设施、功能介绍设施和应急救援驻地等。

2.Ⅱ类地震应急避难场所具备一般设施配置,可安置受助人员10~30天,包括应急篷宿区、应急物资储备设施、应急垃圾储运设施、应急排污设施、应急通道、应急消防设施和应急停车场等。

3.Ⅲ类地震应急避难场所具备基本设施配置,可安置受助人员 10 天以内,包括应急指挥管理设施、应急集结区、应急医疗救护与卫生防疫设施、应急供水设施、应急供电设施、应急厕所和应急标志等。

(二)地震应急避难场所设施分类

1.基本设施为保障避难人员基本生活需求而设置的配套设施,包括救灾帐篷、简易活动房屋、医疗救护和卫生防疫设施、应急供水设施、应急供电设施、应急排污设施、应急厕所、应急垃圾储运设施、应急通道和应急标志等。

2.一般设施为改善避难人员生活条件,在基本设施的基础上应增设的配套设施,包括应急消防设施、应急物资储备设施、应急指挥管理设施等。

3.综合设施为提高避难人员的生活条件,在已有的基本设施、一般设施的基础上,应增设的配套设施,包括应急停车场、应急停机坪、应急洗浴设施、应急通风设施和应急功能介绍设施等。

三、应急管理组织

完善应急管理组织、预案、宣教、培训和演练体系,提高应急工作的社会显示度。着力推进应急管理机构改革发展,加快形成统一指挥、专常兼备、反应灵敏、上下联动和平战结合的应急管理体制。完善风险评估和应急能力评估,指导规范各级各类应急预案评估和制修订工作;充分利用互联网、大数据、智能辅助决策等新技术,加强预案数字化应用和应急决策指挥平台建设。完善应急设施及应急符号,建设应急文化主题公园、防灾体验中心和应急纪念馆等,丰富公众的应急体验。构建分层次、差异化、重实践的全民应急宣传教育体系;组织开展形式多样、节约高效的应急演练活动,发挥其检验预案、完善准备、锻炼队伍、磨合机制和科普宣教作用。

(一)应急管理文化宣传

开展专题宣传活动,增强群众的公共安全意识和社会责任意识。创新形式,丰富内容,大力开展群众性的安全文化活动,打造富有吸引力和感染力的安全文化活动品牌。通过"公共安全宣传周""科普活动周""安全生产月""消防日""法制宣传日""减灾日"等,动员全民参与,使社区、乡村基层群众了解公共安全知识,增强公共安全意识。加大公共安全宣传力度,结合普法、依法行政等宣传活动,宣传普及有关应急管理的法律、法规知识,增强公众"思危有备,有备无患"的忧患意识和法治意识。

(二)应急科普馆建设

应急科普馆包括消防科普体验馆、交通安全科普馆、地震灾害科普馆、建筑施工安全管理科普馆、社会安全防范科普馆和防灾减灾科普馆等。在幼儿园、小学、中学和大学开展科普宣传活动,摸索出一套生动活泼、寓教于乐、深受学生喜爱的教学活动。针对中小学生的认知特点和接受能力,结合消防车、挖掘机、灭火器和救生艇等各种"应急救援模具,制作应急管理科普宣传教具箱",并通过穿戴防火服、灭火器模拟灭火、紧急疏散、高空急降等活动,提升公众的安全素养和自救能力。

(三)应急预案信息系统建设

《生产安全事故应急条例》第五条规定,县级以上人民政府及其负有安全生产监督管理职责的部门和乡、镇人民政府及街道办事处等地方人民政府派出机关,应当针对可能发生的生产安全事故的特点和危害,进行风险辨识和评估,制定相应的生产安全事故应急救援预案,并依法向社会公布。生产经营单位应当针对本单位可能发生的生产安全事故的特点和危害,进行风险辨识和评估,制定相应的生产安全事故应急救援预案,并向本单位从业人员公布。

另外,第七条规定,县级以上人民政府负有安全生产监督管理职责的部门应当将其制定的生产安全事故应急救援预案报送本级人民政府备案;易燃易爆物品、危险化学品等危险物品的生产、经营、储存、运输单位、矿山、金属冶炼、城市轨道交通运营、建筑施工单位,以及宾馆、商场、娱乐场所、旅游景区等人员密集场所经营单位,应当将其制定的生产安全事故应急救援预案按照国家有关规定报送县级以上人民政府负有安全生产监督管理职责的部门备案,并依法向社会公布。

在应对突发事件中,首先要明确政府披露应急信息的主体地位。如果政府在突发事件初期就迅速公布相关信息及应对方案,不但能够表明政府处理突发事件的决心与信心,赢得人们的信任,而且可以平息公众的情绪与猜测,防止事件影响扩大化。此外,信息公开也是突发事件中防止政府滥用权力的重要途径。在信息社会里,信息公开可以起到政治"防腐剂"的作用。政府垄断的信息越多,就越容易产生权力寻租的空间。权钱交易等腐败现象的出现,与信息不公开有很大关系。

强调信息公开,并不意味着公开涉及突发事件的所有信息。所公开的信息必须是不侵害公民个人的权益特别是隐私权和企业的商业秘密,不能对国家安全及社会利益或公共利益造成损害。信息披露必须严格按照法律规定的时限,及时发布应急信息。只有这样,才能提高行政效率,把突发事件造成的损失降到最低。

(四)开展应急教育演练

开展社会公众的应急教育演练,目的就是使社会公众对于危机的认识从感性上升到理性,从而编织起一张坚固的危机抵御网,化解和防范危机。多数发达国家已形成比较完备和规范的防灾训练演习体系,如日本东京开展综合防灾训练,以增强公众的实际危机应对能力。反观我国,为数不多的危机应对教育主要分布在学校及一些机关和企事业单位,而在一些城市社区和农村,公众对危机教育的触及极少。因此,开展社会公众危机应对教育已迫在眉睫。一方面,各级政府、新闻媒体要使危机的科普宣传工作常态化,各教育机构应长期开展危机预防和应对的教学内容;另一方面,各级政府、居民委员会、村民委员会、企事业单位应该联合相关的应急单位和科研机构,尽快开展风险评估工作和危机应对情景训练,提高科学的危机应对技能,增强整个社会抵抗危机的"免疫力"。

(五)加快应急管理人才培养

当今社会危机事件复杂多变的特点决定了应急管理人才的重要性。应急管理人才是指能够运用所掌握的专门知识与技能,有效预防和应对诸如自然灾害、事故灾难、公共卫生事件和社会安全事件等突发事件的各个方面人才的统称。可以说,这些人才的有机组合和良性互动是今后应对各类危机的重要资源条件。高质量的人才需要高额的经费支撑,从我国的财政支出上看,每年安排在救灾上的经费并不少,但用于灾害预防、灾害研究方面的投入很少。因此,应该重视对应急管理理论、关键技术研究的支持,积极推动大专院校、科研院所的危机管理学科和专业建设,为国家重大战略管理提供重要决策支持。同时,要注重培养专门的应急教育人员,使之有效地发挥危机知识传递的重要纽带作用。此外,还应充分发挥非政府组织在应急治理中的作用,科学调配非政府组织中的人才资源,为应急治理提供多元的人力资源支持。

(六)加强国际交流与合作

应急管理是世界各国共同面临的重要课题,各国政府在应急管理上都有自己的经验和办法。通过召开学术研讨会、参观考察等形式来学习和借鉴,加强国际交流有助于提高我国的应急管理水平。同时,环境保护、打击恐怖主义、金融犯罪、毒品、地区安全方面的突发事件往往具有开放性、未知性、全球性或区域性的特点,需要各国协调配合处理。因此,一定要树立开放意识,加强与各国在突发事件管理方面的合作互助、资源共享,从源头上消除、遏制突发事件,加强国家间应急科学研究,减轻各种灾害,实现全人类的安宁。

(七)严肃法纪法规

严峻的形势不断提醒我们,光有完善的预案还不够,还需要有严肃的法纪,执法不严,无异儿戏。只有将预案中的各项有关规定落到实处,才能够做到从容果断,科学调度,在最短的时间内将危机消弭于未然,进而取得老百姓的信任,提高我们的执政能力,向现代化的应急管理水平迈进。

进一步加强法制建设,使应急管理工作逐步实现规范化、制度化和法制化。同时,要抓好社区、农村、企业、学校、医院等基层和重点部位的预案建设,抓住一些突发公共事件的新苗头和薄弱环节,因地制宜、突出重点,做好人力、财力、物力的保障工作。要积极探索新路子、创造新经验,把预防和处置突发公共事件工作提高到一个新的水平。

四、应急管理保障

(一)应急管理资源保障

应急保障资源主要包含以下几方面的内容。

1.应急管理人力资源保障,包括专职应急管理人员、相关应急专家、专职应急队伍和辅助应急人员、社会应急组织、企事业单位、志愿者队伍、社区、十字组织、国际组织及军队与武警等。

2.应急管理资金保障,包括政府专项应急资金、社会各界捐献资金和商业保险基金。

3.应急管理物资装备保障,其涉及的方面最为广泛,按用途可分为防护救助、交通运输、食品供应、生活用品、医疗卫生、动力照明、通信广播、工具设备及工程材料等。

4.应急管理设施保障,包括避难设施、交通设施、医疗设施和专用工程机械等。

5.应急管理技术保障,包括应急管理专项研究、技术开发、应用建设、技术维护及专家队伍。

(二)应急管理信息保障

应急管理信息保障包括预警信息、监测信息、事态信息、环境信息、水资源信息和应急管理知识等。应急管理部、工业和信息化部联合印发《关于加强灾害事故应急通信保障工作的意见》(以下简称《意见》),要求各级应急管理部门、通信管理部门和相关基础电信运营企业结合实际认真贯彻落实,确保灾害事故应急通信工作迅速、高效、有序展开,保障通信安全畅通。

《意见》明确了应急通信保障的职责分工。应急管理部负责协调公安、交通运输、铁路、民航、能源等部门和单位,在灾害事故处置中为通信保障提供必要的交通通行、运输投送、电力油料供应、重要通信设施运行等安全保障。工业和信息化部负责组织、调度公众通信网、公用应急通信网、各种机动应急通信装备及应急通信保障力量,开展应急通信保障工作,重点保障灾害事故应急处置指挥工作,并为公众提供通信服务。

《意见》要求,各级应急管理部门和通信主管部门要建立沟通联络、信息通报及应急资源共享等协作保障机制,共同推进通信保障联动工作,及时解决困难和问题,实现信息和应急资源充分共享。

《意见》将灾害事故处置中的应急通信保障分为三类,分别是灾害事故造成市(地)级以下网络中断或需要在市(地)级范围内提供通信保障,灾害事故造成省级网络中断或需要在省内范围提供通信保障,灾害事故造成省级以上网络中断或需要提供跨省通信保障。《意见》明确要求,通信主管部门、基础电信运营企业要根据《国家通信保障应急预案》适时启动应急响应,根据应急管理部门提出的需求,按照"先重点、后一般"和"先抢通、后恢复"的原则开展通信保障工作,优先保障抢险救灾应急指挥通信畅通。

《意见》要求各级应急管理部门和通信主管部门共同完善制度体系和指挥体系,加强应急通信装备配备和队伍培训交流合作,联合开展科技研发,协同推进应急通信网络保障能力的提升。其中,应急管理部将支持工业和信息化部加强"天通一号"卫星、宽带卫星等公用应急通信系统建设,推动各级应急管理部门、相关部门应急机构及各类应急救援队伍加强"天通一号"卫星电话、宽带卫星等小型、便携应急通信装备的下沉配置;工业和信息化部将支持各级应急管理部门配备和使用"天通一号"卫星电话,合理设置应急用户优先级,加强运行情况监测管理,为灾害事故处置提供有效的通信支撑。

(三)应急管理学科保障

应急管理学科保障随着应急管理部的成立,各级应急管理部门及政府各级组织对应急管理的专业人才需求非常大,要综合应对目前的应急管理工作,一要加强现有人员的组织提升培训。二要鼓励现有大学开设应急管理专业,企事业单位也可以委托高校或者联合有师资力量的高校开展应急管理学科、学院建设。三要将应急管理培训纳入公务员、专业技术人员继续教育系统。

(四)应急管理法规保障

目前我国应急管理立法在理念上不够统一,在理论研究方面也比较薄弱,因此我国应急管理法律体系的描述还不太成熟。我国既有的应急管理类法大多采用"一事一法"立法模式,除《突发事件应对法》外,其他适用于多灾种、多事件的统一预防、救援、恢复的应急管理专门类法还是空白,应考虑我国实际情况尽快制定专门的应急管理法律体系。

案例拓展

根据深圳市应急管理的形势、特点,从 2019 年起,深圳市应急管理局以"大应急、大安全"为理念,面向城市公共安全的全领域,规划建设"一库三中心 N 系统",全方位汇聚融合数据信息,全流程监测预警自然变化和生产活动,全链条开展应急救援处置。通过加强科学顶层设计,实现应急管理"智慧化"水平的飞跃提升,确保在日常监管和突发事件处置时"看得见、听得到、调得动",做到监管"千里眼""顺风耳"。

"一库"指应急管理大数据库,整合和统筹全市应急和安全领域的各类数据资源,为风险管控动态化、监测预警智能化提供基础数据支撑。"三中心"为宣传教育中心(关注"人"的因素,着力打造线上线下融合一体的宣传教育培训平台,提升人的安全意识和知识技能)、监测预警中心(从"物"的因素和"环境"变化入手,运用先进技术,对全市各类风险点进行实时监测和分析,实现早期风险识别、及时预报预警)、应急指挥中心(立足于"救",通过建立"市+区+街道+前端末梢"联通的智慧化应急指挥体系,实现突发事件预防应对一体化、扁平化,达到"一图全面感知、一键可知全局、一体运行联动"的目标)。"N 系统"则是基于"一库三中心"的各类信息化应用模块,通过大数据库的平台支持、监测预警中心的技术服务中心支持,针对各类风险隐患开展智能化隐患排查和风险管控。

"一库三中心 N 系统"的建设体现了综合性、体系化及深圳特色。一是突出问题导向,针对城市安全多年来沉淀和积累的问题,补短板强弱项;二是符合信息化规律,从数据到架构再到应用系统,形成科学流程;三是依托深圳企业产业信息化方面的优势,建设高起点,通过 5G、物联网、高新技术来支撑。

立足于将城市公共安全各个领域做穿做透,针对应急安全重点环节、部位的一批信息化监管系统应运而生并加快建设,通过大数据库和监测预警中心的技术支持,感知采集高质量数据,开发应用算法模型,设计业务流程应用闭环,对各类风险隐患开展智能化隐患排查和风险管控。如"智慧三防系统""城市生命线监测预警系统""超高层建筑火灾动态监测预警系统""建设工程智能监管系统""边坡风险评估与监测预警系统"等,其中不少创新为全国乃至全球首创。

应急管理的核心在于"人"。每一个个体,都是城市安全的践行者和受益者。将管理关口前移,把人的思想管起来,特别是加强对各类人群的安全宣教,是加强应急管理的关键环节。深圳在 2020 年初正式上线的"学习强安"App,便很好地承载了这样的功能。

"学习强安"致力于为政府监管部门、生产经营单位负责人、企业员工、市民群众四类人群打造"五位一体"的应急安全宣教中心,包括全市各区、各部门自管平台和安全培训辅助监管系统;中小企业负责人安全培训管理工具;员工安全"宣—教—学—培—研—论"一体化平台;市民公共安全资讯的多功能数字图书馆;国民安全知识终身学习的记录者。平台解决了安全教育培训一直以来存在的"统计难""监管难""成本高"等难点痛点,方便政府开展安全教育培训监管工作,通过数据统计,辖区企业培训工作一目了然;方便企业开展线上安全教育培训,节省时间和经费;方便市民自主进行安全知识学习,提高全民安全素质。该平台还是全市统一的线上安全知识宣传教育公共平台,全市各区、市安委会各成员单位负责平台共建、内容共享,有效避免了安全宣传产品的重复制作。以往,全市统一组织的安全生产知识和管理能力考核,都是通过线下考试进行,费钱费力。为更高效便捷提供考核服务,2020 年 7 月 10 日,"学习强安"上线了考试认证模块,通过身份识别、人脸比对、学时弹窗等技术手段,确保在线考试真实有效,相关从业人员从此可以方便地线上考试。截至 2020 年 11 月 1 日,全市已有 38 万人次参加考试,累计发放安全管理认证证书 8.4 万份。为提升平台活跃度,与不同时期安全宣传重点紧密结合,"学习强安"还高度重视内容策划,在各个宣传节点推出不同专题宣传活动,起到了"及时雨"的作用。例如:今年春节后推出的抗疫防控专题和复产复工课程;围绕"防灾减灾周""安全生产月"等开展的互动宣传;策划首届"强安杯"安全知识竞赛、"双节"同庆安全培训课程等。据统计,"学习强安"平台于 2020 年 1 月 15 日上线,截至 11 月 1 日,平台总注册人数超过 329 万,其中,注册企业逾 13 万家,注册企业员工逾 221 万,注册市民逾 100 万,开设总课程数超 470 门,累计学习总时长超 197 万小时,社会反响热烈,取得了很好的宣教成效。

来源:"学习强安"平台"一库"聚合多元化宣教功能[N].深圳特区报,2020-11-06.

✎? 思考题

1.简述应急管理文化的构成。

2.简述应急管理文化的作用。

3.如何建设新时代应急管理文化?

4.结合共建共治共享理念,谈谈如何提升全民的应急管理意识,使得应急管理文化更具象化?

5.应急管理是社会管理的重要组成部分,涉及社会风险、社会观念、社会心理、社会行为。有的城市提出学习强安,致力于为政府监管部门、生产经营单位负责人、企业员工、市民群众四类人群打造五位一体的应急安全宣教体系平台。请结合应急管理文化,谈谈你的感受。

第十章

海洋应急管理

海洋是 21 世纪举足轻重的战略资源,不远的将来人类需要像开发陆地一样去开发利用海洋。我国是一个海洋大国,近几年,随着海洋经济的高速增长,海洋经济在国民经济中的地位越来越重要。然而,随着海洋经济高速增长、沿海地区经济不断发展,海洋应急管理还存在许多问题,一旦受到海洋灾害的袭击,往往会造成重大经济损失和人员伤亡,而且危害往往比较严重。

由于全球气候变暖、碳排放加剧等问题出现,冰川融化导致海平面上升,极端气候发生频率上升,海洋灾害也不断发生。为有效应对海洋灾害,最大限度地减少灾害带来的损失,近年来我国不断加强海洋应急管理工作。海洋应急管理是应急管理领域中的细分环节,除了具有一般突发事件的基本特征外,还包含了海洋突发事件的特征。本章首先对海洋领域应急管理的概念进行界定,在此基础上阐述如何将一般应急管理实践应用于海洋领域。

第一节 海洋突发事件

一、海洋突发事件的定义

2007 年颁布的《突发事件应对法》明确指出,所谓突发事件是指突然发生,造成或者可能造成严重社会危害,需要采取应急处置措施予以应对的自然灾害、事故灾难、公共卫生事件和社会安全事件。突发事件具有一定的特殊性,难以及时予以有效处理,主要是因为其发生出人意料、在计划之外,令人无所适从、防不胜防,而且会带来较大的财产损失,甚至造成人员伤亡。根据突发事件的定义,可将海洋突发事件定义为发生于海洋的,突然发生的,需要采取应急处置措施予以应对的自然灾害、事故灾难、公共卫生事件和海上安全事件等。

二、海洋突发事件的特点

1.偶然性和随机性

海洋生产作业范围远远大于陆地,作业环境更加复杂,需要的作业技术和防范要求也远远超过了陆地。受外界环境影响,海洋突发应急事件往往伴随着偶然性和突发性,无法对事故的发生时间、地点、种类进行监控或者预测,只能在事故发生后进行被动救援,这也就大大增加了救援难度,提高了海洋突发事件的救援要求。

2.危害性

海洋突发事件的危害性要大于陆域。首先,就船舶自身来说,由于船舶自身可利用空间较小,无论是救生能力、防污染能力还是灭火能力都是有限的,在重大事故面前,船舶几乎不存在自保能力,通常需要寻求岸基支持进行救援,岸基支持往往需要一段等待时间。其次,海洋突发事件受水流与风等自然因素影响较大,船舶及其所携带的燃料油或危险货物会随着水流飘移扩散,其燃烧产生的有害气体也会危害周边环境。这种环境污染修复过程是十分艰难且漫长的,海洋突发事件对周边水域环境造成的污染损失甚至超过了事故本身。

3.复杂性

一方面,导致海洋突发事件的因素是复杂的。恶劣的天气情况、复杂的海洋地质等自然条件,机器设备、电子设备、船舶外观情况等船舶状况,操作人员的身体健康状况、操作技艺、心理素质等人为原因都可能引发突发事件。另一方面,海洋突发事件的发展过程是环环相扣的。比如单一的船舶碰撞可能引起火灾、燃料油泄漏、危险品货物爆炸、人员落水等一系列的其他衍生灾害。海洋突发事件的复杂性就会要求更多的应急资源和更专业的应急力量。

4.涉外性

随着经济的发展,世界经济一体化的态势越来越得到重视与认可,与此同时,海洋交通运输成为国际经济贸易中的主要运输方式。如果外籍船舶在我国管辖海域发生突发性事件,涉及的利害关系也就更加错综复杂,"涉外无小事",能否及时成功处理类似事件,直接关系到本国利益,甚至会影响到国际形象。

三、海洋突发事件的分类

海洋突发事件产生的主要原因有很多,总结起来可以区分为自然因素和人为因素两个方面,其中自然因素包括海底地震、海啸、风暴等自然灾害。根据我国自然资源部于2022年公布的《2021年中国海洋灾害公报》中统计数据可知,2021年,我国海洋灾害以风暴潮、海浪和海冰灾害为主,共造成直接经济损失30.71亿元。其他灾害,例如赤潮、绿潮等灾害发生概率较往年也有所增加。由于自然因素导致的海洋环境污染突发事件具有很强的不可控性,所以我们对这类事件的处理,只能从加强预警和监测体系,完善事中和事后的处理等方面入手,以尽可能地减少损失。

另一个主要因素是人为因素,主要指人类活动造成的一系列海洋突发事件。根据国际海事组织的统计分析,80％以上的事故均属人为因素所致。例如在人类航运过程汇总由于船舶发动机损坏而造成的漏油事件、航行过程中不当操作导致的航船翻覆和碰撞,以及近海城市产生的废弃物对海洋的污染等。相对于自然因素,人为因素与人类活动息息相关,因此通常可以从源头进行治理约束。可首先从法律层面通过立法约束,并通过科普宣传树立起大众对于维护海洋安全、保护海洋利益的意识,可一定程度上降低人为因素产生海洋突发事件的概率。具体海洋突发事件类型与海洋突发事件描述如表 10-1 所示。

表 10-1 海洋突发事件的分类

海洋突发事件成因	突发事件类型	突发事件描述
自然因素	风暴潮	风暴潮是由热带气旋、温带气旋、海上飑线等风暴过境所伴随的强风和气压骤变而引起叠加在天文潮位之上的海面震荡或非周期性异常升高(降低)现象,分为台风风暴潮和温带风暴潮两种
	海浪	海浪是由风引起的海面波动现象,主要包括风浪和涌浪。按照诱发海浪的大气扰动特征来分类,由热带气旋引起的海浪称为台风浪;由温带气旋引起的海浪称为气旋浪;由冷空气引起的海浪称为冷空气浪
	海冰	所有在海上出现的冰统称海冰,除由海水直接冻结而成的冰外,还包括源于陆地的河冰、湖冰和冰川冰
	海啸	由海底地震、火山爆发或巨大岩体塌陷和滑坡等导致的海水长周期波动,能造成近岸海面大幅度涨落
	赤潮	赤潮是指海洋中一些微藻、原生动物或细菌在一定环境条件下暴发性增殖或聚集达到某一水平,引起水体变色或对海洋中其他生物产生危害的一种生态异常现象
	海水入侵	海水入侵是海水或与海水有直接关系的地下咸水沿含水层向陆地方向扩展的现象
人为因素	船舶失控	由于传播的主推进器及舵机损坏、螺旋桨脱叶、电机失灵等原因而无法自主航行,也不能避让其他船舶,此时的船舶将非常危险,随时都可能发生碰撞等事故
	碰撞	船舶发生接触造成损害的事故。有单船碰撞和多船碰撞
	风灾	受大风影响,导致船舶走锚、碰撞或者沉没
	爆炸、火灾	船舶储放的易燃易爆物品不规范,或受制于自然及人为因素出现爆炸性事件,并发生火灾
	自沉	船舶由于船体机械发生损坏或陈旧,导致在航行过程中自行沉没
	触礁	船舶航行位置不当,导致船底触碰水下礁石,造成船舶破损进水甚至沉没
	搁浅	船舶在浅水区域航行,未留足富余水深,导致舵系统受损,搁置在水底不能正常航行
	危险物泄漏	船舶运输的危险性或毒害性货物发生意外泄漏,或自身携带燃油泄漏,对周边的水域环境造成污染

第二节　海洋应急管理理论

一、海洋应急管理的概念

海洋应急,主要是指国家海事执法机构对水上人命安全和水域环境受到威胁的突发险情做出迅速反应并组织有效救助。1979 年 4 月 9 日至 27 日,政府间海事协商组织在汉堡召开的国际海上搜救大会上通过了搜寻救助海上遇险人员开展国际合作的国际公约,简称"1979 年国际海上搜寻救助公约",旨在促进尽可能有效地合作并为健全搜寻救助机构提供指南。内容涉及建立搜救机构、划定搜救区域、制定搜救行动和通信联络程序、建立船舶报告制度及加强缔约国之间和海、空搜救部门之间的合作等。公约自 1985 年 6 月 22 日生效。我国于 1985 年 6 月 24 日批准该公约,同年 7 月 24 日生效,并按公约要求成立了中国海上搜救中心,负责全国海上搜救工作的协调和指挥。中国海上搜救中心设置在交通运输部,各省(区、市)海(水)上搜救中心设在各地海事执法机构,主要职能是制定辖区搜救工作计划和发展规划;划分搜救责任区;指挥和协调责任区内重大海难事故搜救行动;组织责任区的搜救演习;制订并监督执行专业人员培训计划;研究改进搜救方法;负责搜救作业涉及的国际事务;审定、出版国家海上搜救手册等。2005 年,为加强我国应对海上突发事件应急工作的能力,增进国务院各相关部委和军队在海上搜救工作上的协调配合,国务院批准建立了由原交通部牵头的国家海上搜救部际联席会议制度,指导全国海上搜救和船舶污染应急反应工作,明确中国海上搜救中心作为国家海上搜救部际联席会议制度的办事机构,负责组织、协调、指挥重大海上搜救和船舶污染事故应急处置行动,指导地方搜救工作。

海洋应急管理属于海事管理中的一项重要内容,旨在保护水上交通安全、人身安全,防止环境污染,是指政府及其公共机构在海上突发事件的事前预防、事发应对、事中处置和善后恢复过程中,通过建立必要的应对机制,采取一系列必要措施,应用科学、技术、规划与管理等手段,保障公众生命和财产安全,促进社会和谐发展的有关活动。

海洋应急管理是将应急管理理论应用于海洋应急管理中,出于保护船舶船员乘客相关的人身财产安全,对任何可能造成人员伤亡、财产损失、水域生态破坏等海事事故因素进行分析,从准备、应对、恢复和减灾四个方面着手,建立事故数据库,通过制定能迅速、有效应对事故的应急预案,协同各方资源,达成减少海事事故影响甚至避免发生海事事故的目的。

二、海洋应急管理的主要内容

海洋应急管理的主要内容是指,在各类水域发生的船舶与各类设施设备爆炸,船舶碰撞、沉没或搁浅、发生火灾等灾害,泄漏有害化学药品或原油,民用航空器在水里遭遇险情等会威胁人员财产、生命安全,破坏环境,扰乱社会公共秩序,引发严重的社会危害的事件后,海事管理部门在当地政府部门的统一领导下,按照法律法规、相应的规章制度及应急反应预案,对水上突发事件的事前、事中、事后的应急管理。

根据海洋突发事件的分类,以及海洋应急管理对象的不同,海洋应急管理可以大致分为以下几类情况:一是水上人命应急,主要包括船舶人员落水、人员自杀跳水等情形下的海洋应急;二是水上财产应急,主要包括船舶碰撞、船舶着火、船舶严重搁浅等情形下的海洋应急;三是水上环境应急,主要包括船舶碰撞导致的油和化学品泄漏污染、危险品集装箱的落水、船舶沉没、船舶爆炸等情形下的海洋应急;四是自然灾害应急,主要包括台风、龙卷风、强对流天气、大雾等情形下的海洋应急;五是社会重大事件应急,主要包括水上反恐、涉外人员伤亡及引起社会较大关注的水上事件等情形下的海洋应急;六是重大水上活动应急,主要包括重大体育赛事、水上烟火等情形下的海洋应急。

三、我国海洋应急管理发展历程

新中国成立以来,我国每年都会投入大量人力物力来预防和减少海洋灾害。在海洋防灾、救灾和灾后重建方面我国积累了大量经验。虽然得到了政府的高度重视,但是,如同所有的灾害应急管理一样,我国海洋应急管理很长一段时间都将重点停留在了海洋灾害的抢险、抗灾、救灾方面,对应急管理的理论和实践都鲜有关注,导致整体工作的开展一直比较缓慢。

新中国成立初期尤其是改革开放之前,我国对海洋资源的重视程度不够。相比周边国家,当时我国对海洋的开发利用相当落后,与此同时,也就没有相应的海洋应急管理工作,在这一方面并未得到充分重视,相关工作也多本着防范重于救助的有备无患的指导思想开展。这一时期,我国长期没有专门的海洋管理部门,直到 1964 年才成立国家海洋局,并由海军代管。海洋应急管理的相关职责也不明确,规范性文件大多只强调表面性,空有文字没有实际意义,无可操作性。

改革开放以来,沿海地区海洋经济发展开始兴起,沿海地区的优势不断彰显,海洋灾害、海洋突发事件开始引起人们的关注。1998 年,由海军代管的原国家海洋局整体转业,划入政府部门序列,理顺了相关管理体制。随着国家对海洋工作的重视,海洋突发事件也开始引起人们的关注,从 1990 年起,原国家海洋局开始每年对外公开发布《中国海洋环境年报》和《中国海洋灾害公报》。之后,我国又陆续出台了一系列海洋灾害应急管理的配套措施,但始终没有出台专门的政策应对海洋应急管理。

2003 年后,应急管理的"一案三制"建设得到了全面加强,我国应急管理工作走向深入。在此基础上,我国的海洋应急管理也快速发展起来。2005 年 5 月,为了明确海洋灾害防御工作的指导思想和工作目标,《关于加强海洋灾害防御工作的意见》出台。

2007 年,我国开始建设海洋应急管理系统,全面提高各级海洋管理部门的海洋环境预警和监测能力,国家(海区)、省、市、县四级海洋灾害预警报业务体系逐步建成。2007 年 11 月,原国家海洋局应急管理领导小组成立,海洋应急管理有了明确的责任部门,海洋灾害应急管理中信息汇总、灾害管理、综合协调、指挥调度等工作均明确由原国家海洋局负责。

2008 年,原国家海洋局增设海洋预报与减灾司,海洋应急管理工作步入新阶段。海洋预报与减灾司主要负责组织实施海洋环境观测预报,在观察海洋的同时,它还监测海洋并负责预警海洋灾害。

"十二五"期间,我国对海洋观测预报和防灾减灾工作进行了法制化、标准化和规范化建设。2011 年原国家海洋局海洋减灾中心成立,2013 年原国家海洋局海啸预警中心成立,沿海各级地方部门也相继成立了一批专门的海洋预报减灾管理机构,我国海洋灾害应急管理机构、人员规模在这一时期不断增加壮大,为有效防范海洋灾害,减少海洋灾害损失,维护沿海地区人民生命财产安全和经济社会发展奠定了坚实的基础。

2018 年 3 月,在新一轮的党和国家机构改革中,应急管理部作为国务院组成部门应运而生,这成为我国应急管理工作迈上新台阶的重要标志。同时,在这轮体制改革中,原国家海洋局的相关海洋预警监测功能被纳入新成立的自然资源部,自然资源部成立了海洋预警监测部门,我国海事应急管理由此迎来了新的发展格局。

四、我国海洋应急管理现状

我国政府高度重视海洋应急管理体系的建设,近年来逐步完善海洋应急管理的机构体系、法制、体制、机制及预案体系,海洋应急管理能力不断提升。

(一)初步形成海洋预报减灾工作机构体系

目前,我国国家和地方相结合的海洋预报减灾工作机构体系已经初步形成。在国家层面,为有效预防和减轻海洋灾害损失,国家海洋局组建了海洋预报减灾司,完善了国家海洋环境预报中心的业务运行机制,成立了国家海洋局防灾减灾中心。国家海洋局北海分局、东海分局、南海分局也建立了专门的职能部门,相应设国家海洋局北海、东海和南海预报中心,加强海洋预报减灾工作的组织管理。

在地方层面,截至"十一五"末,全国沿海各省、自治区和直辖市都成立了海洋预报机构,江苏、浙江、福建、广东、海南 5 省海洋部门成立了预报减灾处,辽宁、山东两省海洋部门在原环保处的基础上加挂了预报减灾处的牌子,其他省(区、市)海洋部门也通过多种方式加强了这项工作。

（二）初步具备海洋应急管理的法律依据

2007 年 8 月我国颁布实施的《突发事件应对法》规定了应急管理的法律规则和法律程序，其也是我国海洋灾害应急管理的总的法律依据。在海洋应急管理方面，我国现行有关法律法规有《海洋环境保护法》《海上交通安全法》《渔业法》《海洋石油勘探开发环境保护条例》《防治海岸工程建设项目污染损害海洋环境管理条例》《海洋倾废管理条例》《防止船舶污染海域管理条例》《防止拆船污染环境管理条例》《防治陆源污染物污染损害海洋环境管理条例》《防治海洋工程建设项目污染损害海洋环境管理条例》《海洋倾废管理条例实施办法》《海洋石油勘探开发环境保护管理条例实施办法》等 10 多部有关海洋灾害应急管理方面的法律法规。尽管如此，目前我国尚没有针对海洋应急管理的专门立法。

（三）制定主要海洋突发事件的应急预案

应急预案是针对可能的重大事故（件）或灾害，为保证迅速、有序、有效地开展应急与救援行动、降低事故损失而预先制定的有关计划或者方案。2005 年 1 月我国颁布实施了《总体应急预案》。

随后，我国发布了国家层面和地方层面的海洋灾害应急预案。在国家层面，国家海洋局先后发布了《全国海洋石油勘探开发重大海上溢油应急计划》、《赤潮灾害应急预案》及《风暴潮、海啸、海冰灾害应急预案》等。在地方层面，天津、河北、山东、江苏等全国大部分沿海省市都编制了有关海啸、风暴潮、海浪、海冰及应对海洋石油污染的应急预案。

（四）初步建立海洋灾害应急管理的政府协调机制

《突发事件应对法》规定了我国应急管理机制的预防与应急准备、监测与预警、应急处置与救援、事后恢复与重建等基本环节。海洋灾害是自然灾害突发事件中的一个类型，海洋灾害应急管理机制总体上包含在自然灾害应急机制管理框架之内。海洋灾害监测和预报预警是海洋灾害应急管理机制中与其他自然灾害应急管理机制不同的特点。

我国的海洋灾害立体业务监测系统由各海洋环境监测站、各海洋分局、国家海洋环境监测中心、国家海洋环境预报中心、国家卫星海洋应用中心等单位通过海洋站、浮标、船舶、飞机、卫星等业务手段对我国的海域和海岛进行实时监测，并将监测信息传输到国家海洋环境预报中心。国家海洋环境预报中心除接受实时观测数据外，还实时接收世界气象组织全球通讯网（GTS）和太平洋海啸警报中心发布的海洋、气象观测资料及海啸相关信息。此外，国家海洋环境预报中心还实时接收中国地震局有关沿岸、海区及太平洋海域的地震信息。

《海洋环境预报与海洋灾害预报警报发布管理规定》对我国海洋灾害的预报预警做了规定。该《管理规定》指出，国家对公开发布海洋灾害预报警报实行统一发布制度，由国家和地方各级海洋环境预报部门负责发布。公开发布的海洋灾害预报警报种类有预测、预报、消息、速报,内容有海温、盐度、潮汐、潮流、海流、海平面、水质等。公开发布海洋灾害预报警报的范围是我国沿海港口、海岸带、海岛、渤海、黄海、东海、南海及其邻近洋区。国家和地方各级海洋环境预报部门,按照各自分管的责任海区,公开发布海洋环境预报与海洋灾害预报警报。

第三节　海洋应急管理实践

一、海洋应急管理的"一案三制"

(一)海洋应急预案

1.海洋应急预案的定义

应急预案是指政府、企事业单位或其他社会组织针对可能发生的突发事件,为降低突发事件破坏性后果的严重程度,保证迅速、有序、有效开展应急与救援行动,而预先制定的行动计划或方案。我国的应急预案框架体系是在 2003 年"非典"事件后建立起来的。目前,全国已经制定完成了各级各类突发事件应急预案 130 多万件,总体上覆盖了我国经常发生突发事件的主要方面,基本上形成了"横向到边、纵向到底"的突发事件应急预案体系。

在海洋应急预案方面,由原国家海洋局组织专家历时一年编制完成的《风暴潮、海啸、海冰灾害应急预案》和《赤潮灾害应急预案》,于 2005 年顺利通过了国务院的审议,并被确定为《总体应急预案》的部门预案之一。2009 年,根据海洋灾害应急管理需要,原国家海洋局又组织了对两项预案的修订并再次发布。预案对海洋灾害的预测预警、信息报告、应急响应、应急处置、恢复重建及调查评估等机制都做出了明确规定,形成了包含事前、事发、事中、事后等各环节的一整套工作运行机制。这两个预案的实施加强了对风暴潮、海啸、海冰及赤潮等主要突发海洋灾害的监测、预报、预警和应对工作,降低了突发海洋灾害对人民生命财产安全带来的影响和损失。

在国家《风暴潮、海啸、海冰灾害应急预案》和《赤潮灾害应急预案》发布后,全国主要沿海省份都陆续在这两个预案的指导下编制了省级海洋灾害应急预案,一些重要的沿海城市也相继在国家级应急预案及省级应急预案的基础上编制了市级应急预案,把海洋灾害应急管理工作落实到了具体的单位甚至具体的人身上。如山东省根据《国家突发公共事件总体应急预案》及《风暴潮、海啸、海冰灾害应急预案》编制了《山东省风暴潮、海啸、海冰灾害应急预案》,日照市以此为指导编制了《日照市风暴潮、海啸、海冰灾害应急预案》,为地方的海洋防灾减灾工作做出了具体部署,在实践中发挥了重要作用。

2.海洋应急管理预案的主要作用

(1)提高海洋灾害预防和应对能力。我国制定的海洋应急管理政策以海洋灾害类型为标准进行分类,根据各种海洋灾害的特点可以采取有针对性的应对对策。这一做法可以推动政府部门对海洋灾害应急管理政策进行推广及宣传,让人们更了解海洋灾害突发事件,提升应对水平。公民学习这些政策可以补充他们这方面的知识,促进他们应急抢险能力的提升,让社会组织团体提高灾害抵抗的积极性,对政府部门组织相关的应急模拟训练也具有积极促进作用,让抗灾指挥部门和群众、社会团体在面对海洋灾害突发事件时可以更默契地配合,高效地开展应急管理。

国内海洋灾害应急管理政策并不是统一的,其结合利益相关主体责任及权力的实际情况进行了相应的划分,依据海洋灾害所处的发展阶段也提出了相应的应对措施。专门负责海洋灾害应急的部门需要建立信息确认发布机构,另外,还需要对这方面的物资储备及抗灾基金进行管理,设置应急专家小组,共同探讨有效的救灾方案。还需要建立交流平台,广泛听取社会上的建议,激发全社会的参与积极性,一起为防灾救灾提供想法和建议。在还没有发生海洋灾害时其具备预报预警的作用,因此,从中央到地方需要建立一套健全的应急预报体系,在应急常设机构的协调下,体系中的部门之间需要进行有效的配合,各自发挥出自己的作用。

(2)明确应急组织体制和运行机制。在突然发生海洋灾害时,依靠健全的应急管理体系可以有效地应对灾害,让各种社会主体有效地做好自己的部分,当地政府部门需要负责管理,在发生灾害的同时马上组织开展救灾活动,依据灾害管理的政策发布相关的救灾指令,让抗灾工作可以顺利地进行,尽量让人民的生命及财产不受到损害,将灾害造成的损失控制在最小范围内。另外,制定有效的应急管理政策可以规范各个社会主体的抢险救灾过程,让其符合法律法规,对资源进行科学合理的分配,用最小的成本获得最好的成绩。根据灾害的级别及种类制定相应的应急措施,当前国内建立在海洋灾害类型前提下的方案包括《风暴潮、海啸、海冰应急预案》及《赤潮应急预案》,要确保灾害应急管理工作水平的提升,就需要结合不同特点的灾害制定的应急预案可以获得政策上的认证。另外,管理政策还要求设置专门的调节机构,目的就是在应对灾害过程中有效地协调每个职能部门,满足他们的需求及利益。在国内,由原国家海洋局协调应急管理中职能部门的需求,保证各方利益,快速有效地进行应急工作。

(3)提供海洋防灾减灾决策支持。应急管理政策主要就是在海洋灾害出现时,可以尽最大努力让社会保持稳定,维护人们的生命财产安全。要实现这一目标就需要制定健全、科学的应急管理政策,而且确保其操作性和实效性,将灾害带来的损失降至最低。损失包含两部分,一部分是直接损失,另一部分是间接损失。要制定健全的应急管理措施,而且有效地依照政策进行落实,就可以在海洋灾害出现的第一时间高效地采取有针对性的对策,尽力将其造成的损失降至最低,维护人们的生命不受到损害,让社会财产得以安全。因此,制定健全科学的应急管理政策十分重要,其可以有效地应对灾害,减少灾害造成的危害及损失,可以保护人们的生命安全及财产安全,让社会稳定发展,防止出现社会暴乱现象。

（4）有利于应急处理的协调与信息共享。政府部门在对发生的海洋灾害有大概了解之后，要对灾害进行有效的处理，让各种问题的基础能够逐渐恢复，以最短的时间组织开展灾后重建工作，以最快的速度及最少的时间让受到损害的工业及社会秩序得以恢复正常，降低灾害带来的各种损失。灾后重建工作主要有三个环节：首先，政府需要结合海洋灾害应急管理政策，明确其中海洋灾害结束的定义，在确认符合结束标准之后就可以宣布危机解除，就可以停止应急工作；其次，政府需要给受到海洋灾害影响产生损失的个人及机构提供帮助，除了物质上及经济上的支持之外，还需要注重心理治疗上的支持。最后，推进受灾害影响的地区开展重建工作，需要客观地评价整个灾害经营管理过程，对过程中的不足及存在问题进行总结，积累经验，这可以为之后的海洋灾害应急管理工作提供参考和借鉴，提升应急管理工作水平。

（二）海洋应急管理法制

应急管理法律法规的制定是从灾害中保护国民私有财产和生命安全，提高政府应急管理能力所必不可少的措施。2003年下半年，党中央和国务院开始认真总结防治"非典"工作经验和教训，更加重视应急管理法律法规体系的建设。2004年3月，第十届全国人大二次会议修改宪法，把"三个代表"重要思想、保护公民的私有财产权和继承权、紧急状态写入宪法中，从而明确地体现了我国政府更有责任从灾害等突发公共事件中保护人民利益和私有财产及提高政府应急管理能力，并在宪法上给予定位，2007年正式实施的《突发事件应对法》，总结了应急管理实践创新和理论创新成果，进一步明确了政府、公民、社会组织在突发事件应对中的权利、义务和责任，确立了规范各类突发事件共同行为的基本法律制度，为有效实施应急管理提供了更加完备的法律依据和法制保障。

在海事应急管理方面，我国现行有关法律法规有《海洋环境保护法》《渔业法》《海上交通安全法》《防治海洋工程建设项目污染损害海洋环境管理条例》《防治海岸工程建设项目污染损害海洋环境管理条例》《防止拆船污染环境管理条例》《防止船舶污染海域管理条例》《防治陆源污染物污染损害海洋环境管理条例》《海洋倾废管理条例》《海洋倾废管理条例实施办法》《委托签发废弃物海洋倾倒许可证管理办法》《海洋石油勘探开发环境保护条例》《海洋石油勘探开发环境保护管理条例实施办法》《渔业船舶检验条例》《防震减灾法》《破坏性地震应急条例》等。总体上讲，我国目前尚未针对海洋灾害进行专门立法，海洋灾害应急法律体系尚未建立。进一步完善我国海洋灾害应急管理体系，加强法制建设，健全法律体系，应当成为今后工作的一个重要方面。

（三）海洋应急管理体制

2005年以来，我国逐步在各级政府建立了应急管理体制的基本结构，确定了突发事件应对的领导机构、办公机构和工作机构，明确了各级应急机构职责。截至2021年，全国所有的省份和绝大部分市级、县级政府，都成立或明确了应急管理的办事机构，各类专业机构应急指挥与协调的职能也得到了进一步强化。

我国海洋应急管理由原国家海洋局领导,国家海洋局成立了应急管理领导小组,由局长任组长,相关副局长为副组长,办公室、环保司、科技司、预报与减灾司、国际合作司、中国海监总队主要负责人为成员。应急管理领导小组统一指挥和各工作组具体负责的应急管理体制。按照重大突发公共事件处置程序,坚持预防与应急并重和常态与非常态相结合原则,实现有力、有效、协同应对海洋灾害、事故灾害和涉外突发事件。全面履行信息汇总、灾害处置、综合协调、指挥调度和应急值守等职责,发挥运转枢纽作用。应急管理领导小组职责:负责全局应急管理体制、机制和规划建设;负责海洋灾害应对的重大问题;完成国务院领导和主管部门交办的其他事项。

应急管理领导小组下设应急管理办公室(以下简称应急办)和专家组;应急办下设应急值班室、环境灾难应对组、自然灾害应对组、涉外事件协调组、紧急情况处置组和应急新闻发布组。应急办设在办公室,综合业务处为日常办事机构。应急办职责:完成、落实和执行应急管理领导小组的决定,组织协调处理各类应急事项;负责应急管理的调度和指挥工作,监督、指导应急值班室工作,收集局系统每月发生突发应急事件的总体情况,并以《应急工作月报》(季报、半年报、1-9月报、年报)形式上报国务院应急办;组织拟定全局应急体系建设规划、规章制度和年度工作要点;组织制定全局应急管理工作培训、宣传、演练计划和实施;组织对特别重大、重大海洋灾害和事件的总结评估,对应急管理责任事故的调查和处理。

专家组设在办公室,综合业务处为日常办事机构。专家组职责:参与海上突发公共事件应急响应工作,为应急管理领导小组提供决策、咨询和建议;协助相关部门为海上突发公共事件提供科学评估、技术指导和预测工作;开展海上突发公共事件处置相关技术的研究和参与应急管理教育培训工作;承办应急管理领导小组交办的其他事项。

自然灾害应对组设在预报减灾司,防灾减灾处为日常办事机构。职责:负责海洋自然灾害(风暴潮、海啸、海冰和海浪等)应急预案的制定和完善;负责建立海洋自然灾害预测预警体系;监督、指导常态和应急状态下的全国海洋预警报业务;承办应急管理领导小组交办的其他事项。

环境灾难应对组设在环境保护司,海洋监测处和监督管理处为日常办事机构。职责:负责海洋环境灾难(赤潮、绿藻等)应急预案的制定和完善;负责建立海洋环境灾难的监测监控体系;监督、指导常态和应急状态下的全国海洋环境监测业务;指导监督海监总队和各分局调查处理海上油气开发溢油事件;承办应急管理领导小组交办的其他事件。

涉外事件协调组设在国际合作司,双边事务处为日常办事机构。涉外事件协调组职责:组织制定海上涉外突发事件应急预案、应对策略和措施;指导各单位、各部门涉外突发事件应急响应和管理工作;负责在涉外突发事件中,与外交部等部门的协调和联络,总结和上报处置情况;负责全局涉外突发事件的相关宣传、教育和培训;承办应急管理领导小组交办的其他事项。

　　紧急情况处置组设在海监总队,应急响应办公室为日常办事机构。紧急情况处置组职责:负责在应急状态下,按照应急处置方案要求,统一组织协调中国海监力量采取应对措施;组织对海洋环境灾难的应急监视、调查取证和依法查处;牵头处置海上油气开发溢油事件;承办应急管理领导小组交办的其他应急处置事项。

　　应急新闻发布组设在新闻信息办公室。应急新闻发布组职责:根据国家海洋灾害应急预案,建立预警信息通报与发布制度,根据应急指令充分利用各种媒体和手段,及时和准确发布海洋灾害预警等相关信息;负责舆情汇集、舆论引导和编发《海洋专报》;负责海洋灾害、灾难应急法律法规和防灾减灾等常识的宣传;承办应急管理领导小组交办的其他事项。

(四)海洋应急管理机制

　　近年来,各级政府按照统一指挥、反应灵敏、协调有序、运转高效的要求,初步建立起应急管理的工作机制,社会预警、社会动员、快速反应、应急处置的整体联动不断加强。应急办公机构在履行应急值守、信息汇总和综合协调职能的同时,还十分重视在日常管理中与各职能部门、工作机构和有关地区加强密切联系,逐步形成了上下联动、平行协调、内外互动的应急联动机制。在总结处置经验的基础上,对有关法律法规、预案和管理体制进行了完善,初步形成了制度建设与应急处置工作的良性互动。

　　根据《突发事件应对法》的有关规定,我国应急管理机制主要体现在预防、预警、处置、善后等四个基本坏节上。在预防机制方面,我国不断强化预案编制、风险评估、城乡规划与应急管理、应急培训、预案演练等几项工作。预警机制是根据有关突发事件的预测信息和风险评估结果,依据突发事件可能造成的危害程度、紧急程度和发展态势,确定相应预警级别,并向社会发布相关信息的机制,主要包括信息监测、信息发布、预警措施、预警调整和解除等几个环节。在处置机制方面,确立了分类分级、预案核心和生命优先、战时协同和特定处理等几项原则。一般来说,灾害应急处置措施包括:一是组织营救和救治受害人员,疏散、转移、安置受威胁人员;二是划定警戒区,实行交通管制的控制措施;三是立即抢修各类公共设施;四是启用各类应急储备物资;五是组织公民参加应急救援和处置;六是保障灾民基本生活必需品供应;七是维护灾区经济秩序,稳定市场价格;八是维持社会治安;九是采取防止发生次生灾害、衍生事件的措施。在善后机制方面,建立了停止应急处置措施、开展安抚工作、实施重建计划、开展经验总结等方面的制度。

　　海洋灾害是自然灾害的一个类别,我国海洋灾害应急管理机制总体上处于自然灾害应急管理机制框架内。海洋灾害监测和预报预警方面具有比较明显的行业特色。我国的海洋灾害监测系统由各海洋环境监测站、各海洋分局、国家海洋环境监测中心、国家海洋环境预报中心、国家卫星海洋应用中心等组织和单位通过岸站监测、浮标、岸基测冰雷达、卫星遥感、航空遥感及海上船舶等方法和手段对我国的特定海域进行实时监测,并将监测到的信息传输到国家海洋环境预报中心。国家海洋环境预报中心除接收、处理海洋环境监测站、浮标、测冰雷达站监测数据外,还实时接收世界气象组织全球通信网(GTS)和太平洋海啸警报中心发布的海洋、气象观测资料及海啸相关信息,并将接收到的各类监测数据经过质量控制后及时传输到海区预报中心和沿海省(自治区、直辖市)、计划单列市海洋预报(中心)台。另外,国家海洋环境预报中心还与中国地震局建立专线,及时获取中国地震局监测的沿岸和渤海、黄海、东海、南海4级以上的地震信息及太平洋海域6级以上的地震信息;及时获取自然资源部、中国科学院等相关部门的沿海山体滑坡、小行星陨落等与海啸发生相关的监视监测信息;在出现特大海冰时,国家海洋环境预报中心及时从中国海洋石油总公司等单位获取海冰信息。

不同的灾害类型预警启动的标准不同,而不同级别警报发布的方式也不同。以风暴潮为例,风暴潮预警级别分为Ⅰ、Ⅱ、Ⅲ、Ⅳ四级警报,分别表示特别严重、严重、较重、一般,颜色依次为红色、橙色、黄色和蓝色。国家海洋环境预报中心发布风暴潮Ⅰ级紧急警报(红色)时,由国家海洋环境预报中心主任或其授权人签发。在1小时内以传真形式和其他通信方式报送国务院值班室、国家防汛抗旱总指挥部、国家减灾委员会、国家海洋局、联合作战参谋部等有关部门,受风暴潮影响的沿海省(自治区、直辖市)、计划单列市人民政府及海区、沿海省(自治区、直辖市)、计划单列市海洋预报(中心)台等。风暴潮Ⅰ级紧急警报(红色)应通过中央电视台和中央人民广播电台播放,国家海洋环境预报中心应在2小时内送达中央电视台和中央人民广播电台,负责与中央电视台和中央人民广播电台协商,在就近整点新闻或新闻联播中播放,跟踪播放情况,并将播放情况报海洋局海洋环境保护司。国家海洋环境预报中心发布风暴潮Ⅱ级紧急警报(橙色)、Ⅲ级警报(黄色)时,由国家海洋环境预报中心主任或其授权人签发。Ⅳ级警报(蓝色)由首席预报专家签发。上述预警报在1小时内以传真形式及其他通信方式等报送国务院值班室、国家海洋局、国家防汛抗旱指挥部、国家减灾委员会、联合作战参谋部等有关部门,受风暴潮影响的沿海省(自治区、直辖市)、计划单列市政府及海区、沿海省(自治区、直辖市)、计划单列市海洋预报(中心)台等。国家海洋环境预报中心发布的各级风暴潮预警报信息,均在国家海洋环境预报中心网站上公布。各海区、沿海省(自治区、直辖市)、计划单列市海洋预报中心(台),根据服务海区确定风暴潮预警报具体发送部门、机构和制定工作流程。

二、海洋应急管理体系

(一)海洋应急管理体系构建思路

1.海洋应急管理体系构建原则

构建海洋应急管理体系,首先要符合海洋灾害的灾害特点,海洋灾害的发生大多是由海洋自身内在的规律发生变化而产生的,因此在灾害类型中应属于自然灾害的范畴。同时,海洋灾害的致灾因子、承灾体和孕灾环境都是千变万化的,不以人的意志为转移,这就决定了海洋灾害具有极强的不确定性。我们在构建海洋灾害应急管理体系时,必须认真分析海洋灾害的成灾原因和灾害规律,把握它的不确定性。其次要符合应急管理的要求：一是要遵循生命周期理论,确保海洋灾害应急管理的行为能渗透到海洋灾害的整个生命周期中。结合海洋灾害的自身特点,海洋灾害应急管理的生命周期应该包括:预防阶段、预警阶段、处置阶段和善后阶段。二是要把握海洋灾害的风险性,将风险理论贯穿于海洋灾害应急管理体系之中,重视海洋灾害的延伸性。海洋的生态系统是一个陆海统筹的整体系统,这就使得海洋灾害的承灾体与致灾因子可能并不在一个区域,所以我们不能只在特定的海洋区域进行海洋灾害的研究,要充分考虑它的延伸性,扩大海洋灾害应急管理的范围。三是我国海洋灾害应急管理体系的构建,要努力实现我国海洋灾害应急管理的最终目标,即尽可能地杜绝或减少海洋灾害所造成的人员损伤和财产损失。海洋灾害应急管理的自身特点,要求我们必须运用政府的权威和强制力,确立政府在海洋灾害应急管理上的核心主体地位。但是和所有的管理一样,缺少了公众的参与,海洋灾害应急管理也不可能达到想要的效果。所以海洋灾害应急管理也应该是依托于治理理论的一种全社会共同参与的系统工程。最后,海洋灾害应急管理也是海洋管理的组成部分,构建海洋灾害应急管理体系,必须充分考虑海洋管理的相关因素,从国家整体海洋利益出发,全面考虑海洋整体的系统功效和可持续开发利用的现实要求,综合运用管理的法律、行政和经济等手段,将海洋灾害应急管理研究纳入到海洋管理的整个体系中去进行,从而实现海洋应急管理效果与海洋整体的社会、经济、环境效益的优化统一。

2.海洋应急管理体系设计

衔接灵活、功能齐全、运转高效、保障到位的海洋灾害应急管理体系是我们开展海洋灾害应急管理的重要基础。这个体系的构建必须进行科学的设计,并贯穿海洋灾害应急管理事前、事中、事后各个阶段。依据相关理论,我国海洋灾害应急管理体系应该包括灾害预防监测系统、灾害应急响应系统、灾后评估系统和灾害应急保障系统四部分。

(1)灾害预防监测系统

灾害预防监测系统是海洋灾害应急管理的第一道防线。海洋灾害的成灾链条决定了我们不能完全避免灾害,但通过常态化的监测和预报工作,是可以最大限度地降低海洋灾害所造成的损失的。灾害预防监测系统主要作用于海洋灾害应急管理的事前阶段,其主要功能在于,进行日常的海洋灾情监测,判断预测可能发生的海洋灾情,分析其破坏的程度及可能影响的范围,并督促相关部门和公众做好应对灾害的应急准备,为灾害的应对赢得时间。现代科学技术水平的提升和信息技术的发展为我们开展海洋灾害的预防监测提供了坚实的支撑,使我们能够更加准确地研判海洋灾害发生的概率、影响范围和持续情况。合理有效的应急预案作为灾害处置的前提和基础,应该也是灾害预防监测系统的一个重要组成部分,以便有效指导海洋灾害应对工作,保障应急管理效果。

(2)灾害应急响应系统

灾害应急响应系统是海洋灾害应急管理体系中最重要的部分,其响应的时间长短、决策的正确与否、处置的效果好快直接决定海洋灾害应急管理的最终成效。应急管理的特点要求海洋灾害应急管理的组织体系必须是高效有力的,这个组织体系既有政府内部上下级之间的组织结构也有同级政府各部门之间的组织结构。只有建立了强有力的指挥组织体系,才能确保在海洋灾害应急响应时领导层决策正确。灾害应急响应不应该是政府一家的事,公众的响应对海洋灾害应急处置也至关重要,因此灾害应急响应阶段,我们必须建立完善的信息发布制度和平台,确保准确及时地向公众发布灾害信息,最大限度地进行公众动员。灾害应急响应的最终目的是进行应急处置,我国海洋灾害应急处置所遵循的基本原则应该是:以人为本、专业处置、减轻损害。

（3）灾后评估系统

灾后评估系统是针对海洋灾害事后的管理,合理的灾后评估系统应该包括灾情损失调查和应急管理评估两部分。灾情损失调查是对海洋灾害破坏后果的统计计算,可以为灾后重建提供基础数据支撑。应急管理评估则主要以应急管理效果为评估标准,是对政府整个应急处置过程的评估,将有助于帮助积累相关应急管理的经验。

（4）灾害应急保障系统

灾害应急保障系统是海洋灾害应急管理工作开展的基础,一般而言,这一系统应该包括法制保障、资源保障和相关知识普及等方面,是对我国海洋灾害应急管理的综合性保障。

（二）海洋应急技术体系

我国现有的海洋突发事件应急技术体系主要包括:风险源排查、卫星遥感、数值模拟、应急监测等。

风险源排查是海洋应急监测的基础性工作。掌握各类海上风险源的数量、行业、分布情况及风险状况,建立健全重点风险源档案、风险源信息数据库,划定重点风险源区,对于有针对性地制定应急监测预案、配备应急监测设备和人员有重要意义。美国、欧盟、澳大利亚等国家或地区均发布了相应的技术规范,对重大危险源的辨识控制做出了规定。我国于2009年制定实施了《危险化学品重大危险源辨识》(GB 18218—2009)国家标准,并于2018年进行修订,该标准主要用于工业活动中的生产和储存环节。针对海洋环境风险源排查评估,原国家海洋局和部分高校开展了海上溢油风险源评估与区划的相关工作。

卫星遥感是海洋突发事件快速反应体系的重要先导,具有大范围、全天候的监测能力,可第一时间对海洋突发事件进行发现、定位、观测、追踪。从1978年第一颗水色卫星(ocean color)成功发射以来,卫星遥感技术在海洋环境监测领域得到了迅猛发展,先后建立了基于航天和航空遥感信息的溢油预报和赤潮实时监测系统,如美国海洋与大气局(NOAA)结合MODIS、AVHRR等中分辨率卫星数据和合成孔径雷达(SAR)监测跟踪了2010年墨西哥湾重大溢油事件,能够有效识别溢油分布范围、面积及漂移路径;挪威、法国和加拿大等国相继研发了基于SAR影像的溢油遥感业务化监测系统。我国溢油遥感和航空监视技术应用研究起步较晚,与国外相比,设备集成度相对较低,缺少适用于航空遥感的专用遥感器。在合成孔径雷达监视技术方面,我国可实现溢油识别、溢油面积计算，以及实时监测等功能，但成本较高，尚未实现大规模普及应用。

数值模拟是了解和预测海洋生态环境变化机制及变化过程的必要工具，也是海洋灾害应急监测范围指引、污染物运移趋势判断和影响程度评估的必需手段。海洋数值模拟技术已日趋成熟，沿海大国均提出了大型的海洋—大气耦合模式，最具代表性的有美国的"共同体气候系统模式发展计划"和"地球系统模拟框架计划"、欧盟的"欧洲地球系统模拟网络"计划、日本的"地球模拟器"计划等。海洋突发环境事件的应急响应主要是在海洋水动力环境预测预报基础上，叠加物理—生态耦合模式，对污染物在海洋环境中的迁移转化、漂移路径和影响范围进行精准化预报。

应急监测是海洋应急响应体系的核心，其主要是通过便携式分析测试设备的现场快速鉴别，结合实验室分析测试方法的精确定性定量，实现对污染源种类、浓度、毒性、危害的快速分析，为后续污染物清除处置及海洋生态环境损害评估等工作提供数据支撑。我国现已发布《突发环境事件应急监测技术规范》（HJ 589—2010）作为我国生态环境应急监测工作现行技术规范。在监测技术方面，各种便携式原位现场快速检测设备已被广泛应用于化学品应急监测工作中，其中以基于光谱分析法的便携式设备（如紫外/可见分光光度计、红外分析仪、拉曼光谱仪、X射线荧光光谱仪、荧光法溶解氧测试仪、冷原子吸收测汞仪等）和电化学分析法的便携式设备（如极谱仪、离子选择电极、电导率仪、电化学气体传感器）的应用最为普遍。近年来，国产小型化色谱/质谱快速检测仪器开始快速发展，性能已逐渐接近进口品牌设备。总体上，我国便携式快速检测设备已得到较广泛应用，国产仪器设备研发制造能力与国外的差距正逐步缩小。

（三）海洋应急响应能力与队伍体系

我国现行的海洋突发事件应急响应能力主要以交通运输部、原国家海洋局、原环境保护部、农业农村部渔业渔政管理局等部门的响应力量为主。应急处置力量主要由中国海事局下属的清污和救助力量构成。2016年1月，交通运输部与国家发展改革委联合印发《国家重大海上溢油应急能力建设规划（2015—2020年）》，提出全面构建溢油应急"空中力量2小时，水上力量6小时，高风险水域10000吨"的海上溢油快速反应能力，规划建设溢油应急设备库191座及专业溢油应急船舶260艘。完全建成后，将基本满足我国沿海船舶运输和主要港口溢油应急响应需求。

生态环境部目前共有海洋环境监测船两艘，具备近岸海域水文、水质、沉积物和生物的采样、监测能力，同时具备在线仪器设备实时走航监测特定污染项目的能力。另外，沿海各省（区、市）环保部门及部分科研机构建设的大气监测超级站也是海洋应急监测的重要力量，通过对海上大气气溶胶理化特性、VOCs辨识、光化学污染物及大气重金属污染物等指标的实时监测，可在海上污染物快速辨别、污染程度评估、事发海域大气环境质量跟踪等方面提供数据支撑。原国家海洋局海上应急监测能力主要依托三个海区分局和各类远洋及近海监测船只，形成了覆盖我国重点海域的海上快速应急监测能力投送网络，三个海区监测中心共有近500名技术人员可投入海上应急监测工作。

农业农村部渔业渔政管理局主要从事渔业资源损失评估指标体系与量化模型的构

建,以及人类活动/海洋灾害对渔业水域生态影响方面的研究,同时拥有一定的海上应急监测与评估能力。相关机构包括中国水产科学研究院下属的黄海水产研究所、东海水产研究所和南海水产研究所。上述三家机构均拥有近海科学调查船,可为海洋突发环境事件应急响应提供补充力量,还可作为海洋突发环境事件损失评估技术支撑单位。

三、海洋应急管理机制

(一)海洋应急管理的调节机制

政府在海洋灾害应急管理中发挥着关键的调节作用,上至海洋灾害应急指挥决策,下到物、财、人等资源的调拨与分配,都必须竭力满足社会公众的需求。随着信息资源价值日益提高,政府必须与公众之间保持信息对称,否则民众可能会通过不充分的信息源,认定政府提供的公共服务满足不了救灾需求,因而会造成不必要的误会。这种误会往往会导致严重的负面社会效果,损害政府的公信力,进而降低管理效率。海洋灾害应急管理的调节机制中,政府不仅要明确应急管理的手段与内容,合理分配各种应急资源,还要界定政府自身的职能定位,避免管理上的缺位、错位和越位。

1.调节信息资源的收发

信息资源在经济与社会发展中所起作用越来越重要,具有全社会所有的公共属性。在海洋灾害应急管理中,政府要确保第一时间收到有关海洋灾害的全面、准确、可靠的信息,并对信息资源进行整合,以最大限度发挥政府的信息资源价值。管理部门应选择可靠的信息传播渠道,将信息与社会公众共享,消除各种形式的技术障碍和人为障碍,避免不真实信息造成社会公众的恐慌心理,实现政府信息资源的充分共享,为整个应急管理过程营造一个良好的危机舆论环境,稳定民众心理,以确保应急活动顺利有序地展开。

2.调节各方资源的整合

海洋灾害的应急管理是一项综合管理活动,所要整合的应急资源是多方面的,如组织体系、信息渠道、协调网络、救援队伍和保障系统,需要各组织机构、部门、非政府组织、公众共同参与来协调完成。政府的角色就要将协调体系下的适当资源集合在一起,最终形成应对海洋灾害的整体合力。不同参与主体工作的规章制度及运行方式不尽相同,政府在整体运作中承担了统筹角色,对物、人、财等资源进行科学调配,形成一个良好的运作网络,为应急管理的共同目标发挥效能。

(1)物力、财力资源的整合。当海洋灾害发生时,根据受灾地区的损失和当地实际情况,政府应提供相应的资金、物资支持和技术指导,组织协调临近地区乃至更远区域补充救灾资金、物资。应急所需的各类资源要考虑其所有者属性,依照其资源属性,对各类资源进行供需调配。在海洋灾害应急管理过程中,需要将个体的、局部的力量进行系统整合,最大化救灾资源的整体效用,政府在这其中应发挥至关重要的作用。

(2)人力资源的调配。政府部门应及时调动海洋灾害应急管理所需的人力资源。

在应急管理中,上下级政府部门之间或同级政府不同职能部门之间,往往会因为沟通而产生时滞现象,影响人员调配效率。各级政府部门有时各自为营,消极固守自有的责任分工及人员配备,在应急管理工作中,难以形成应对海洋灾害的合力。因此,在海洋灾害管理中,就迫切需要政府部门及时进行协调、整合,统一指挥与分散执行有机结合,将整个应急管理网状结构组织的功能发挥得"全而不乱"。此外,政府应善于动员全社会的力量参与灾害应急,合理指导民间组织以志愿者等形式广泛参与到应急活动中,作为官方应急管理人力资源的补充,将其与政府资源进行有效整合,加强他们之间的沟通合作,使应急管理活动能够更好地开展。海洋灾害发生后,政府还应对民众进行合理疏导,及时向社会公众通报有关灾害的各种信息,安抚公众情绪,积极引导开展自救工作,实现官民良好互动方面。

3.调节各类应急资源的供应

各类应急资源是海洋灾害发生前后的支撑要素,政府作为各类资源的主要提供者,其职能体现在海洋灾害应急管理的各个阶段。第一,在灾前预防预警阶段,政府需要以宣传、培训、演习等方式,向沿海居民积极宣传与海洋灾害相关的知识,提高公众的防范意识,进而最大限度增进社会整体应对海洋灾害的能力。第二,应对海洋灾害的基础设施建设、充足的物资准备,以及海洋灾害方面的科学技术研究都离不开政府的支持与引导。第三,在海洋灾害发生后的应急处置和持续管控阶段,政府必须向受灾地区提供救援所需的人力、物力和财力,包括救援工具、救援物资、专业人才等资源。第四,海洋灾害的发生,势必会影响沿海居民的心理。为了减轻或消除心理上的恐慌,政府需要通过官方媒体,及时、准确地将有关信息告之于众,提高政府工作的透明度,维护公众知情权,避免不必要的流言等。第五,在灾后管理阶段,政府需要采取各种灾后措施,组织灾后重建,包括下拨灾民生活应急资金等,并对受灾地区的供水、排污垃圾处理设施进行修整,最大限度减轻海洋灾害所造成的危害和对公众生产生活带来的影响。

因此,在海洋灾害应急管理各环节工作中都离不开政府的调节。政府应以控制灾害险情、消除危机影响为预期目标,将分散的人力、物力、财力纳入到统一的指挥系统之中,将零散的个体努力优化为整体的有机协作,最大限度实现预定目标。

(二)海洋应急管理的动力机制

科技应用含量是检验一个国家灾害防御和紧急救援现代化的重要标志之一。复杂多变的海洋灾害环境,导致人类难以准确预测各种海洋灾害发生的时间、强度与范围等,这些都决定了海洋灾害应急管理是一项技术密集型活动。因此,海洋灾害应急管理亦需要专业化、规模化的专业设备、技术平台等,需要以科技力量为支撑点和推动力。科学技术的创新与应用为海洋灾害应急管理提供了有效手段,是提升应急管理水平的根本动力。

1.动力源:海洋科学技术创新

减少海洋灾害损失必须要做好海洋环境监测,对海洋灾害进行预报、预警与防控,而这些过程都要依托于先进的技术设备。成熟的海洋灾害监测系统、分析系统、预警信息发布系统等提高了海洋灾害的监测水平,为海洋灾害的及时发现和处理奠定了基础,可以在一定程度上,将海洋灾害的不利影响消除在萌芽状态。海洋灾害实时跟踪监测技术、海洋气象观测技术、沿海气候资源开发利用及气候变化应用技术等有效提升了海洋灾害应急管理和处置能力。因此,海洋科技的创新必然会提升海洋灾害应急管理工作的水平。为此,政府部门必须要采取措施,促进海洋服务保障与管理支撑技术创新,将其作为海洋科技创新的关键内容之一,从而加强海洋灾害的控制与管理能力;必须提升仪器、装备、系统的自主知识产权水平,加大产品化和集成应用化的研发投入,实现海洋环境监测关键技术的突破;必须要加强海域综合预报与风险评估技术的能力建设,尤其是重点海域精细化预报和风险评估技术应用示范,在全球海浪、海洋环流层面进一步实现自主化预报,初步具备全球海洋环境数字化预报的业务能力;必须大力发展生态修复工程示范,建立临海、临港产业集群污染防控技术体系框架。

2.动力平台:技术成果集聚与转化

随着科学技术的发展,我国海洋灾害的防御技术水平不断提高,关键技术方面取得重大突破,而先进的技术成果得以成功研发及转化、应用,则主要依托于相关科研技术平台。借助科技平台,先进技术对海洋灾害应急管理的支撑作用和公共服务功能也得到了强化。为此,应该积极支持涉海科研机构的发展,积极搭建科研机构同政府、企业的合作平台;引导高校院所将研究视角延伸到海洋灾害预警与监测领域,进一步提升海洋科研能力;支持企业建立海洋相关技术平台,为其与科研院所、高校共建技术开发平台提供便利;推进国家级海洋科技创新研发平台建设,如加快国家级海洋实验室和重点实验室等平台建设,完善和布局海洋科技创新基地,促进创新成果的转化。

3.动力承载:海洋信息系统建设

信息对海洋灾害应急管理至关重要。随着对海洋工作技术含量的要求越来越高,对海洋信息技术和信息服务的需求也与日俱增。海洋信息化通过多种信息渠道,借助多种形式向信息需求者提供全方位服务。在海洋灾害应急体系中,需要建立海洋信息系统,能够集海洋空间数据获取、处理、存储、传输、管理应用和服务技术于一身,有效实现观、监测信息的实时捕获、更新与综合应用;构建海洋综合观、监测网络,形成优势互补、布局合理、科技含量高、运行稳健、应用性强的网络功能目标;建立风暴潮、赤潮、海啸、溢油等主要海洋灾害的精细化预警信息平台,提高预报精度和时效,使我国的海洋灾害应急管理水平不断提高。

(三)海洋应急管理的协调机制

协调机制是一个为领导提供决策支持的互动平台。由于应急管理组织的参与者来源并不相同,参与者自身又有着不同的协调机制,而协调要素也千差万别。只有构建科学的协调机制,才能在不同组织之间实现有效的分工合作。

1.多元主体间的协调

在海洋灾害应急全过程中,社会多元主体都能有很大的作为。随着公民权利意识的觉醒,社会主体参与海洋灾害应急管理的趋势不可阻挡。海洋灾害事件的发生具有影响的扩散性及不可逆转的危害性等特点，一个部门难以及时应对和化解事件带来的威胁，有必要整合社会资源，实现多元社会主体协同参与应急管理的局面，只有这样才能切实提高应急能力，消除和化解危机。因此，应该大力整合社会多元主体形成合力，充分发挥群众、企事业单位、非政府组织、志愿者的作用，建立多元管理主体之间平等交流、协商合作的互动机制，以及社会有序参与应急管理的制度平台，构建政府与社会协同的多元救灾应急体系。

在海洋灾害应急管理体系中，政府应发挥主导作用，制定并严格执行相关法律法规，通过多种方式，对社会公众、团体、企业等主体进行行为指导和心理疏导，协调主体行为，降低危害事件的发生概率，让公众提高自身危机意识及环境风险管理素质等，使团体、企业、公众的个体行为目标与海洋灾害应急管理总体发展目标相一致。

对于社会公众与非政府组织力量，可以在全社会大力开展应急志愿队伍的选拔、组织和培训工作，提高社会整体的安全意识与应急技能。一方面，在预防阶段充分发挥公众及非政府组织的力量，积极引导其参与防灾工作，同时整合民间资源，成立防灾联盟；另一方面，要善于利用制度手段管理民间应急的组织、指挥、标准流程及奖惩，通过鼓励、激励措施，在民间积极实施人才调配，依托新闻媒介号召各类专业人才投入一线应急工作中去。

企业虽然是营利组织，但如果涉及自身安全与利益，那么它们也会参与到海洋灾害应急过程中。因此，政府通过对企业的行为进行指导和协作，提高企业海洋灾害危机意识，可以有效预防和处置海洋灾害。必要时，企业也可以通过既定渠道快速提供灾害预防和应急处置所需的各种信息和资源。在海洋灾害应急管理活动中，政府为实现协调，要明确各职能部门职能与责任，在管理组织庞大的应急系统中，理清应急管理各部门的关系，明确不同层级政府间、政府与各职能部门间、政府与公众之间的职能和岗位责权，使责任分工达到科学化标准，实现资源的优化配置，并以法律法规及内部规章制度为保障，实现各构成要素之间的联系和作用关系的优化。

2.应急系统的内部协调

合理的应急管理内部协调机制是系统多元而非零散单一的，是动态连续而非静态阶段的，它可以将管理体系内的行政系统、信息系统、咨询系统、物资保障系统、评估反馈系统有机结合在一起，最大化体系内优势，消除内部裂痕。

新闻媒体作为信息交流的桥梁和纽带，扮演着政府信息收集与发布的中介角色，在灾前预防预警阶段，向企业、社会公众宣传教育和传播普及灾害知识；在应急处置和持续管控阶段，及时发布信息，引导受灾群众自救，将公众的相关需求进行上行传递，让政府能够了解公众的真正需求，提高海洋灾害应急管理中的政府服务效率。

(四)海洋应急管理的保障机制

从功能学角度，机制可分为保障机制和制约机制。保障机制是为管理活动提供物质和精神条件的机制。在海洋灾害应急管理中，加大各种资源的支持力度，制定相关的法律法规，是海洋灾害灾前预防、应急处置、灾后持续管理及灾后善后工作的基本保障。

1.内在保障：各类资源

政府在海洋灾害事件应急管理中提供的资源，无论用于事前预防还是事中处置或者事后恢复，从类别上均可分为物资资源、人力资源、财力资源。

（1）物资资源

物资资源是指基础设施、应急活动中的救援物资、救援工具、机械装备等以实体物质形式存在的资源，具体包括系统演习用基础设施，救援用抢险机械设施、专业工程装备、救援车辆、通信设备等，救治伤病员所需的卫生医疗器械、药品，保障居民临时生活必需的简易房、棉被、衣物、食品、淡水等。物资资源是海洋灾害应急管理活动开展的根本物质保障，是受灾群众脱困的物质条件，是各应急环节落实的物质基础。政府作为应急物资的主要提供者，必须保障公众的基本物质与安全需要。

充足的物资资源与合理的物资类型配比可以使应急管理工作更加得心应手。由于应对海洋灾害所需的物资种类多、数量大、调配时间紧，而物资储备的分散化状态会极大地削弱灾害预防水平与灾后救援效率，因此需要建立一个反应快速、互相联系的物资调配网络。第一，要全面掌握物资的调配能力水平。可以沟通有关的政府部门、企业事业单位和社会组织，调查分散的储备物资现状，建立储备物资信息库。第二，制定应急储备物资的战略规划。根据科学调研总结经验与不足，优化物资储备的来源与品种配比，合理确定不同点源的物资储备数量，明确物流方案。第三，健全应急物资日常管理制度，完善应急储备物资统计报告制度，强化储备物资的采购、管理、调拨、使用和回收。

（2）人力资源

人力资源是指所有以人的形式参与某活动的资源。应急管理活动中的人力资源范围很广，可以包括应急事件知识培训人员，应急规定起草专家学者，应急管理的领导、决策者，专业技术人员，各部门执法人员，后勤保障人员，非政府组织，志愿者，国际友人等。人力资源是应急管理过程中唯一的能动资源，因而也是最核心、最宝贵的资源，其主观能动性决定着应急管理的效率、效能。专业人才作为人力资源中知识素养最高的群体，为应急管理的决策与开展提供了关键的智力支撑。

海洋灾害应急管理的专业人才包括两类，一类是海洋灾害发生中的救灾人员、医疗和心理专家等人才，一类是海洋灾害应急管理评估专业人才。海洋灾害可能会导致人员伤亡，正在持续中的险情也可能会进一步危害群众的生命安全，造成重大财产损失。这就需要大批具有专业海洋灾害抢险施救背景的专业人才，如灾害救助专家、医务人员、心理辅导员、消毒专家、消防员。灾害发生后，必须对灾害的应急管理进行绩效评估，为预警和预案机制、应急制度的完善提供有效的信息基础，这需要多学科背景的专业人才。

专业人才的储备，可以从两个方面入手：第一，设置救灾专业人才培养机制，按需招募多学科人才，对救护人员和专家进行定期轮训，组织海洋灾害的应急和救援演练。有条件的单位可以派遣人员到国外交流学习或邀请外国专家来华授课，设立必要的补贴或奖励制度。第二，建立救灾专业人才资源库，及时搜集并更新各种专业信息，区分签约专家与非签约专家,签约专家分为常设专家与非常设专家,并实现不同组别专家之间的合理流动。灾害发生后,常设专家必须立即上岗展开工作,非常设专家可从资源库中迅速抽调。人员不足时可与非签约专家洽谈合作,作为救灾人力资源的补充。设立救灾专业人才资源库的好处是,既能在无灾害时期节约成本,又能在灾害发生后及时抽调专业人才,实现有效救援。

(3)财力资源

财力资源是应急管理中所用到的以货币或存款形式存在的资源,它为应急管理提供有效的财政资金保障和支持,为物资资源提供购买力保障,也为应急管理决策指挥系统的充分行使提供财政保障。海洋灾害的紧迫性与损失的严重性要求政府应当设置应急管理的专项资金。具体来说,各级政府应在遵守《预算法》的前提下,明确将一定额度的海洋灾害应急预备费列为预算之一,为灾害管理提供充分的财政支持。我们建议应急预备费采用基金式管理方式,设立专门的银行账户,允许预备费在不超过上限的前提下跨年累积。地方政府可根据当地情况设定具体的上限值。除了财政预算外,各级政府还应合理拓展救灾基金的补充渠道,如预算盈余、预算超收收入等,在预备费不足时提供后备财力保障,确保海洋灾害应急管理工作的良好运作。

2.外在保障:约束与监督

(1)法律机制

健全的海洋灾害应急管理法制机制,能够有效保护国民私有财产和生命安全,控制海洋灾害造成的损失。海洋灾害应急管理应当受到法律指引与约束,以确保应急管理工作能够有序展开,切实保障人民群众的生命财产安全及其他合法权益。健全的海洋灾害应急管理法律制度,能够使政府在应急管理工作中做到有法可依、有法必依,在保障其管理权力在防灾救灾各环节高效运行的同时,也对政府的公权力进行必要约束,使权力在阳光下运作。

加强海洋灾害应急管理法制建设必须进一步细化相关法律体系,扩大适用范围,将海洋灾害应急管理的各主要方面都纳入其中。我们建议短期内由国家海洋行政主管部门牵头出台一部统一的海洋灾害应急管理规章,待条件成熟时再由国务院制定专门的海洋灾害应急管理条例。健全海洋灾害应急管理法律制度必须保障社会公众的知情权,一方面让社会公众更好地与政府配合,另一方面也是对管理部门的有效监督。健全海洋灾害应急管理制度还要完善行政问责制度,明确问责对象与范围,加强责任问责的制度化建设。对于职责范围内的工作,由于故意或过失不履行或未正确履行法定职责造成不良后果的行为,要采取责任追究制度。通过制订明确、详细的责任对应制,细化每个工作岗位的职责范围。

(2)监督机制

监督机制的作用是在海洋灾害应急管理主体的行为违法违规、结果偏离预期目标时予以纠偏。高效、优质、负责的海洋应急管理工作离不开健全的监督机制。根据压力源的不同,监督机制可分为内部监督与外部监督。

海洋灾害应急管理的内部监督机制——根据监督主体的不同,内部监督主要分为三种:监察部门的监督、上级部门的监督,以及审计部门的监督。要建立长效的海洋灾害应急管理监督机制,必须实行制度化的监督工作体系。监督部门应成立定期或临时的监督检查小组对应急管理部门进行一般或专项监督检查,制定健全的海洋灾害应急工作考评标准,落实责任制。三种内部监督之中,监察、审计部门的监督力度最大,上级部门的监督力度次之,但后者灵活性较强,手段也更为温和。在设计具体的监督机制时不能一刀切,必须考虑具体的防灾救灾情形、灾害严重性、应急结果、社会影响等因素,并结合每种监督方式自身的特点。

对财政资金的监督管理是内部监督的有力武器。各级财政和审计部门要定期对海洋灾害应急管理工作资金链的各个环节进行监督和评估。内容包括:一是要控制预算规模,既满足应急需要,又不造成浪费现象。二是要规范应急管理资金的拨付程序,加强预算执行的监控,确保资金使用的规范性。三是资金使用监督管理,提高资金使用透明度,推行政务公开,对于资金使用的预算、决算向社会公众公开,接受社会各界的监督。四是要建立海洋灾害应急资金使用评价体系,提高应急资金的产出投入比。

海洋灾害应急管理的外部监督机制——海洋灾害应急管理部门应接受外部监督。相较于内部监督,外部监督的压力更强,因而作用也更为显著。未来海洋灾害应急管理监督机制的发展趋势应在确保内部监督不放松的前提下,进一步提高外部监督的地位,实现二者的有机结合,最终达到相辅相成、缺一不可的局面。

海洋灾害应急管理的外部监督可分为立法、司法机关的监督与社会监督。海洋灾害应急管理部门从属的人民政府所负责的人民代表大会可以对应急管理部门的应急工作进行监督,必要时可设立专门的海洋灾害应急调查委员会对争议较大的救灾问题进行调查,对相关应急管理人员进行质询,责令上级、监察部门对违法行为及时予以纠正。人民法院通过裁判相关行政诉讼的方式对海洋灾害应急管理部门进行外部监督。社会监督则以新闻媒体监督为重点。新闻媒体监督以其报道具有扩散快、受众多、可信度高为独特的监督优势。海洋灾害应急管理部门的各工作环节,尤其是灾害发生后,必须依法保障媒体的参与,除非涉及国家秘密,否则不得拒绝新闻媒体的采访与调查,严禁损害媒体的新闻自由权。媒体相对于海洋灾害应急管理部门拥有更加中立的话语权,能够更好地保障民众的知情权,也为其他渠道的社会监督提供可靠的信息来源。

四、海洋应急管理培训与应急演练

(一)海洋应急管理模拟指挥系统

1.建立海洋应急管理指挥系统的重要性

(1)最大限度降低海上突发性事件的危害。海上突发性事件主要指碰撞、触礁或搁浅、火灾或爆炸、沉没、自然灾害事件、油污事故、化学品污染、安全生产事故等危急事件;主要涉及海事、航运、消防、医疗卫生、环保、石油化工、气象、水文、地质、安全监督管理等行业。

虽然国际航运界已制定了严格的海上货物运输法规,但是随着船舶向大型化和快速化发展,液体货物和化学品运输量增加,船舶海上安全事故,特别是溢油、化学品溢漏事故的发生仍不可避免。因此,只有加强应急事件处置能力的培养,让应急管理指挥系统在关键时刻发挥作用,才能将海上突发性事件的损失降到最低。

(2)明显提高海上突发性事件的救助能力。2022年7月2日凌晨,阳江市海上救援中心在广东海事监管指挥系统值守中发现,"福景001"轮在广东阳江福建海域防台锚地避3号台风暹芭时,锚链断裂、走锚遇险。接报后,广东省委、省政府,以及交通运输部、应急管理部高度重视,根据海上情况科学安排搜救,避免次生灾害。事件发生后,迅速启动海上搜救应急响应,成立广东省海上搜救中心"福景001"轮应急处置指挥部。协调南海救助局在附近的专业救助船"南海救113""南海救102",广东海事局"海巡31""海巡0950",广州打捞局"德庆"轮等到现场救援遇险船舶;同时将情况通报香港海上救援协调中心,协调派出香港特区政府飞行队3架救助直升机前往救援。搜寻面积累计达4600平方海里,协调出动船艇人员累计约3072人次。

2.开发海洋应急管理模拟指挥系统的必要性

(1)海事应急演习的高成本和安全风险。为保证海事应急处理的有效性和及时性,我国海事部门多次组织了海事应急演习。海事应急演习是保证海上生命财产安全、保护海洋环境、保障社会经济健康快速发展的一项重要举措。但从演习的使用设备和参与人员来看,演习的成本非常大。而且,由于是海上实际演习,安全风险与实战性并存,保证人员和设备安全也始终是制约演习成功的一个关键因素。

因此,寻求海事应急管理指挥系统和海事应急演习的重要中间环节,使之既可降低实际应急演练的成本和安全风险,又能发现应急训练过程中的问题,系统分析并提高应急演练的质量和实际效果,是保障海上生命财产安全,预防海洋环境污染的重大课题,海事应急管理模拟指挥系统的开发顺势而生,势在必行。

(2)模拟指挥系统的经济性、实效性和安全性。整套海事应急管理模拟指挥系统模拟设备由教练员控制中心、模拟船舶或飞机、模拟应急情景训练软件组成。航空、航海和通信模拟设备的设计在外观和感觉上都逼近真实设备,并且运行的环境包括船舶火灾、碰撞、恶劣气象等自然声响和紧急情况场景也贴近真实情景。通过再现逼真的实训环境,帮助受训人员熟悉并掌握各种状况下的实际处理方法。模拟器应急训练过程中,除计算机设备外没有大的成本消耗,应急演习的成本大大降低,安全性大幅度提高。而且,通过多次实际演练,达到应急体系一指挥、分级负责、反应灵敏、运转高效和保障有力的预期目标。同时,通过全国海事数据库(记录每次海上事故发生时间、处理情况)的建立,实现分地区、分时间、分种类对海上事故进行查询、分析、统计,并通过专家综合分析结果,实现应急方案的智能化处理。

? 思考题

1.海洋突发事件的特征是什么?

2.海洋突发事件的种类有哪些?

3.海洋应急管理的内容包括哪些?

4.新时代发展格局下,如何推动我国海洋应急管理理论与实践的创新?

5.现实中海洋应急管理的实践有哪些?

第十一章

国际应急管理经验

"他山之石，可以攻玉"，一些国家和国际组织的应急管理理论与实践发展较早，回顾他们的发展历程，分析他们的运行机制，对于推动我国应急管理的发展具有借鉴作用。

第一节　部分西方国家的应急管理经验

美国、日本、德国和加拿大等国家较早开展应急管理活动，已经建立起一套有针对性的应急管理体系和具体措施，形成了各有特色的应急体制。

一、美国的应急管理经验

美国是世界上应急管理体系建设得比较完备的国家之一，不断完善的组织结构、健全的法律体系和成熟的应急管理机制使其应对突发事件的能力越来越强。具体做法包括以下方面。

（一）在灾害中不断完善组织结构

1979 年以前，美国的应急管理也和其他国家一样，处于各个地区各自为战的状态，直到 1979 年，当时的卡特总统将原来分散的紧急事态管理机构集中起来，成立了联邦应急管理局（Federal Emergency Management Agency，FEMA），专门负责突发事件应急管理过程中的机构协调工作，其负责人直接对总统负责。通常认为，联邦应急管理局的成立标志着美国现代应急管理机制正式建立，同时也是世界现代应急管理的一个标志。

"9·11"事件引起了美国各界对国家公共安全体制的深刻反思，它同时诱发了多个问题，政府饱受各方指责：多方面管理带来的管理不力，情报工作失误，反恐技术和手段落后等。为了有效解决这些问题，布什政府于 2002 年 11 月组建了美国国土安全部，将22 个联邦部门并入，FEMA 成为紧急事态准备与应对司下属的第三级机构。三年后，美国南部墨西哥湾沿岸遭受"卡特里娜"飓风袭击，由于组织协调不力，致使受灾最严重的新奥尔良市死亡数千人。在此事件后,美国国土安全部汲取教训,进行了应急功能的重新设计,该机构在 2007 年 10 月加利福尼亚州发生的森林大火中获得重生,高效地解决了加利福尼亚州 50 多万人的疏散问题。美国的其他专业应急组织还有疾病控制与预防中心,在应急管理中也发挥着重要作用,他们拥有一支强有力的机动队伍和运行高效的规程,在突发公共事件中有权采取及时有效的措施。如今美国已形成了以国土安全部为中心,下分联邦、州、县、市、社区五个层次的应急和响应机构,通过实行统一管理、属地为主、分级响应、标准运行的机制,有效地应对各类突发的灾害事件。

(二)持续建设应急法制体系

美国 1976 年实施的《紧急状态管理法》详细规定了全国紧急状态的过程、期限及紧急状态下总统的权力,并对政府和其他公共部门(如警察、消防、气象、医疗和军方等)的职责做了具体的规范。此后,又推出了针对不同行业、不同领域的应对突发事件的专项实施细则,包括地震、洪灾、建筑物安全等。1959 年的《灾害救济法》几经修改后确立了联邦政府的救援范围及减灾、预防、应急管理和恢复重建的相关问题。"9·11"事件之后,美国对紧急状态应对的相关法规又做了更加细致而周密的修订,形成了一个相对全面的突发事件应急法制体系。

(三)标准化应急指挥体系

在美国应急管理体系中,标准的应急指挥系统(incident command system,ICS)是重要组成部分。应急指挥系统是一个实施应急指挥的工具,具有标准化、弹性化的结构,即不论事件大小、事件类型,还是事前计划、事发应对,都普遍适用。起初 ICS 的思想源于美国军方指挥方法,在 19 世纪 70 年代后由加州一些应急组织进行了改良,在实践中不断完善,并成为美国应急管理中采用的标准指挥体系。

在应急指挥系统中,规定了应急的角色、组织结构、职责、程序、术语和实际操作的表格等,使应急指挥过程明确、有序、高效。在其组织结构中,设一名指挥员,并将指挥组织划分为指挥成员和参谋成员。在应急指挥系统中,对各个部门职责和职位职责都进行了明确的规定。例如,指挥员(incident commander,IC)的职责为管理整个事件应急过程,保证应急行动安全,沟通协调各涉及机构,评估各部门需求,设定应急目标,编制批准行动方案。

指挥成员主要用于协助指挥员,主要包括三个职位:(1)公众信息官。负责公众沟通和媒体信息发布,保持与计划部和有关机构的沟通联系,搜集整理事件有关的准确、详细的信息。(2)安全官。负责安全监控与评估,确保应急行动和应急人员安全,有权终止不安全的应急行动。(3)联络官。负责与涉及的外界各部门、机构、私人组织的联络协调。

参谋成员负责应急过程涉及的功能职责,主要由四个部门组成:(1)处置部。负责指挥、协调战术层面应急行动,考虑相对短期的应急行动,往往使用了最多的应急资源。(2)计划部。负责态势监控、预测分析、资源跟踪、计划方案制定,考虑相对中长期的应急行动,制定人员轮换计划以及与专家的沟通。(3)后勤部。负责应急队伍的通信保障、食品医疗保障、设施补给和交通运输保障。（4）财政或行政部。负责监控应急过程产生的人力、物力费用，管理采购过程。

应急指挥系统中还有一个重要机制是"联合指挥"（united command，UC），当突发事件涉及多个部门或多个辖区时，为更好地协调应急资源和行动，需要采用联合指挥的方式。当需要进行联合指挥时，指挥体系各个组织可以由多个政府机构人员组成，可以由多个部门人员进行联合指挥（可设一名联合指挥员）。这种联合指挥的方式，大大促进了应急指挥的协调性和资源配置的统筹。它具有如下特点：一是形成统一的指挥机构；二是实现了统一目标和协同工作；三是利于统筹考虑应急计划；四是共同使用计划、后勤、财政行政等部门；五是协调应急资源的调度。

二、日本的应急管理经验

日本地处亚欧板块和太平洋板块交接处，即环太平洋环火山地震带，因此台风、地震、海啸、暴雨等各种灾害极为常见，是世界易遭自然灾害破坏的国家之一。在长期应对灾害的过程中，日本形成了一套较为完善的综合性、常态化灾害管理体系。

(一)完善的应急管理法律体系

日本在突发环境事件上遵循"立法先行"的理念，是全球较早制定灾害管理基本法的国家，建立了完善的突发环境事件应急管理法律体系。日本先后颁布《灾害对策基本法》《关于重大灾害特别财政援助相关法》《大规模地震对策特别措施法》等多部应急管理法律，对突发事件的管理部门责任划分、横纵向合作机制、信息传递和联络机制、物资配置、应对措施等均做出了详细、可操作、好执行的要求，这些法律要求均对突发环境事件适用。其中，作为日本灾害管理的根本大法，《灾害对策基本法》自1961年开始制定并不断修正，其明确规定了国家、中央政府、社会团体、全体公民等不同群体的防灾责任，对防灾计划体系的建立具有全面的引导支撑作用。除了这一基本法之外，还有各类防灾减灾法50多部，建立了围绕灾害周期而设置的法律体系，即基本法、灾害预防和防灾规划相关法、灾害应急法、灾后重建与恢复法、灾害管理组织法5个部分，使日本在应对自然灾害类突发事件时有法可依。

(二)成熟的应急管理培训体系

日本高度重视应急管理培训，在应急管理培训的体系构建、课程设置、组织实施等方面做了大量的研究与实践，积累了丰富的经验，逐步探索出了符合本国需要、组织机构设置合理、培训课程设置精细、学习演练贴近实战、民众和志愿者普遍参与的应急管理培训体系。日本采用中央、都道府县、市町村三个层级的行政管理体系。根据这一组织结构，日本在全国范围内对警察、消防等重要应急力量都设立了相应的专业培训机构，并根据各级职能责任做出了相应的应急培训目标和要求，制定了相应的培训计划。通过机构编制法定化、制度规定法制化、经费预算专项化，构建了健全完善的培训组织体系,实现了培训的正规、有序、健康发展。

(三)全面的巨灾风险管理体系

由于常常受到地震、台风等各种自然灾害的侵袭,日本开展了较为全面的自然灾害研究和风险管理体系建设。日本的自然灾害保险制度发展多年,形成了政府公益性保险与商业保险相结合的相对成熟的保险体系。从总体上看,日本商业保险基本覆盖了各种常见自然灾害,具体责任在不同的保险产品和保险合同中有所区别。政府的政策性保险则强调公益性,保障人民的基本利益,参与个人地震保险和农业保险。以地震保险为例,日本是一个地震频发的国家,1966 年,日本国会制定了《地震保险法》和《地震再保险特别会计法案》,初步建立了日本地震保险体制,此后不断修改完善。日本的个人地震保险由政府和财险公司共同运营,国家通过再保险负担部分保费。地震保险是国家支持的公益性保险,法律规定保险公司不从中获利,采取不盈利不亏损的经营原则。日本的农业保险体系独立于一般的保险之外,不由保险公司承担,而由农民组成农业共济组合,组合员(农民)为农作物向农业共济组合缴纳共济拼金(类似保险金),并支付一定的事务性开支,当农作物受到损害,共济组合将向农民返回共济金。总之,相对完备的巨灾保险制度在日本应急管理中起到了重要作用,为灾民正常的生产生活和灾后恢复重建提供了保障。

(四)严密的灾害救援体系

结合本土灾情和国情特点,日本在防灾减灾救灾上衍化出一个集政府、社会和个人在内的多元参与格局,逐渐形成了一个以"自助、共助与公助"为核心内容的灾害管理模式。自助指的是一切为保障灾害突发后自我生命安全和生活质量的个人行为,包含自我避险、遇险后脱险、个人物资储备保障及灾后恢复等方面。从执行主体来看,自助的主体是个人,主要包含受灾者本人或家人、亲戚和友人;从应急时效来看,自助在缺少外部救援时具有应急救助的及时性,能够降低灾害发生时的遇险概率。共助指的是一切以帮助其他受灾个人脱离灾害影响的,具有自组织性和非营利性的集体性行为,包含救助能力的培养、邻近应急物资的准备与调配、救援力量的即时分配及临时避难场所的分享与管理等方面。从执行主体来看,共助的参与主体是地方公共团体,包括社区、企业、宗教组织、社团组织、志愿者团体等。公助指的是灾害发生后的政府救援力量及非受灾地区的救援力量,通过行政命令对受灾民众进行援助,动员消防、警察、自卫队等投入救援活动。公助包含应急物资供给、大型避难场所和医疗救助场所的搭建、受灾地区的管理秩序恢复等。

三、德国的应急管理经验

德国应急管理的突出特点是广泛利用各种社会资源,建立起一套专业化与社会化相结合的应急网络、一专多能的专业队伍和灵活服务的志愿者队伍优势互补,并通过日常的教育培训工作不断提高全社会的应急管理水平。德国应急管理体系中的救援主体是社会化、组织化、专业化的志愿者队伍。德国的志愿者体系有一整套保证志愿者服务体系有效运作和可持续发展的激励和约束制度。志愿者遍及各个公共服务领域,利用业余时间参加所注册领域的专业培训,在需要时提供专业性的志愿服务。在应急管理领域,德国有数量庞大的志愿者从事医疗、通信、消防、辅助和管理等不同类型的应急救援工作。例如,消防领域有130万名志愿者,而专职消防人员不到3万人;卫生防疫领域有50万名志愿者,远远超过专职人员数;旗下拥有8万名专业志愿者的联邦技术救援署只有800名专职人员。

(一)德国应急志愿者的组成

应急志愿者是德国应急救援力量的生力军。这些应急志愿者主要分布在联邦圣马丁救援协会、德国红十字会、德国消防队等七个志愿服务组织中,其基本情况如表11-1所示。以消防队为例,从20世纪50年代起,消防队在原有灭火功能的基础上,已经逐渐发展成为应急救援的核心力量。其中,志愿消防队员是德国应急救援力量的主体,他们承担了70%以上的应急任务,尤其是在"第一反应"方面作用十分突出。消防队员的能力建设十分全面,良好的职业保障体制和培训体系使得个体的专业化素质很高,而且在精良的装备基础上实现了应急处置的标准化。这种标准化不仅体现在各单位的职责划分上,而且细致到具体车辆上的人员设置。在明确的预案框架和细致的标准化操作下,联邦、州、市及各消防队和救援组织进行密切、有效的合作,确保应急状态下的资源整合、高速响应。

表11-1　德国主要的志愿者组织

志愿服务组织名称	活动内容
联邦圣马丁救援协会（ASB）	该组织由柏林工厂的几名工人于1945年发起,建立的目的是对工厂工人进行安全培训,在发生紧急事件时进行自救和互救。目前这个组织除了开展各种急救、急救培训以外还负责帮助老人、妇女、儿童及残疾人,对他们进行医疗护理及提供对外援助
德国红十字会（DRK）	该组织于1864年成立,1921年德国清洁与妇女协会并入其中,现在这个组织的大量志愿者长期为应急救援中的医疗、护理等志愿活动而努力
水上救援组织（DLRG）	该组织于1913年成立,主要参与水上灾害救援,目的是救助落水、溺水人员。水上救援组织成立至今参与了大量水上救援活动,是目前世界上最大的水上志愿者应急救援组织,取得了巨大的成就
约翰尼特事故救援团（JUH）	该组织成立于1952年,其前身是英国的国际性慈善救援组织;该组织于1963年被联邦德国政府认证为志愿者救援组织,在2006年德国举办的足球世界杯上发挥了重要作用
马耳他急救中心（MHD）	该组织最初是一个照顾病人的宗教协会,1893年德国马耳他急救中心成立,该组织由德国马耳他骑士团与德国慈善联合会组成;目前发展了500多个分支机构,他们的主要活动是护理伤员,给难民提供急救物资及医疗急救和医疗康复方面的帮助

续表

志愿服务组织名称	活动内容
德国消防队 （DFV）	德国的消防队分为官方与非官方两类,官方消防队主要由职业消防队、志愿消防队、义务消防队组成;非官方消防队指企业消防队,要经过官方确认才能成立,实行认证制度
联邦直属技术署 （THW）	该组织的前身是德国技术急救组织,1953年由德国内政部依据法律组建,主要从事爆炸、排水、起重、紧急照明、管理切割等专业性较强的救援工作。目前该组织不仅专职人员,就连志愿者都是经过专业培训的。

资料来源:苑海华.我国应急管理志愿者研究[D].秦皇岛:燕山大学,2010.

(二)德国应急志愿者队伍的管理

1.完备的法律基础

德国相关法律规定:"公共和私人组织参与应急管理是由所在州的相关灾难救助法律条文决定的。这些共同参与工作的组织包括德国工人志愿者联合会、德国搜救协会、德国红十字会、德国约翰内特事故救援组织及马耳他急救中心等。"德国法律对公民的参与也有所规定,当出现重大威胁并且政府现有力量不足的情况下,将要求17～60周岁的公民义务参与灾难救助。那些根据要求提供救助或者自愿提供救助的人员在提供救援期间享受救援者的法律权益,例如当公民认为分配的任务不符合专业或者存在其他理由,有权拒绝任务,并且义务工作在一季度中不可以超过10天。

2.成熟的社会救援组织

众多的社会救援组织在德国应急管理中发挥着重要作用,与联邦民众保护和灾难救助局(BBK)合作的五家救援组织是其中的主要力量。这五家组织是德国红十字会(TRK)、德国工人救援协会(ASB)、约翰尼特事故救助组织(JUH)、马耳他急救中心(MHD)和德国水上救生协会(DLRG)。这些组织的作用就是在联邦民众保护和灾难救助局的协调下,结合各自特点,参与灾难救援工作。

3.应急志愿者的激励措施

德国志愿者有如此高的参与率,与国家对志愿者的激励措施密不可分。德国先后制定了《奖励志愿社会年法》和《奖励志愿生态年法》,鼓励17～27岁的青年暂时离开校园,投身志愿服务的行列。德国公民保护与灾难救助局(BBK)在国际志愿者日(每年12月5日)颁发由内政部设置的最佳表现奖和青年工作奖,奖金高达7500欧元。多个单行法律对公众参与应急救援做了明确的法律规定:如果志愿者在工作期间参加应急救援工作或者应急培训,那么政府为其支付工资损失;如果在参与应急救援过程中提供了超出普通救援的服务或者有法律义务之外的活动,或遭受了特殊损失,政府可以从其他方面给予赔偿弥补;各类志愿者队伍所需要的绝大部分资金以政府支付为主,慈善捐赠为辅;志愿者在房租、交通、社会保险、升学、就业等方面都具有优惠奖励和额外加分,这样很多青年受到了鼓励自愿加入了志愿者的行列。

4.应急志愿者培训

联邦直属技术救援署(THW)是对参与应急救援的现场一线人员进行专业技术培训的机构,主要负责为全国志愿者进行覆盖各灾种的全方位、规范化的培训。该组织的总部在波恩,除了6支联邦政府救援队和33支水处理队,还有8个后勤基地,66个通信、电力、后勤队,16个桥梁建筑和油污处理队,265个基础建设建筑队,800多个技术分队,培训基地和后期基地各2个,以及分布在全国各个社区的66个志愿者组织站点。应急志愿者的培训主要包括基础培训和业务培训两部分。基础培训一般在双休日,由当地的志愿者负责实施,主要采用学徒制的形式由有经验的志愿者对新人传授应急救援的常识和技巧,培训时间一般为120个小时,最长不能超过半年。业务培训在政府专门设立的救援培训基地进行,培训内容包括:跨国沟通的技巧,安全保障,通信、电力交通、爆破、救援仪器的操作与维护等专业技术培训,指挥协调能力培训,国际救援后勤保障知识和欧盟内部联动互助知识的培训。如果是新闻工作者的话还有特殊的救灾常识和新闻报道等的培训。专业技术培训的时间一般是7天左右,针对学生的假期培训一般为7~20天。THW的培训以情景模拟和角色扮演为主。演练的内容大都以德国经常发生的冰雪、洪水自然灾害为背景,演练过程中的机构设置和实际情况完全相同,并完全按照应急事件的实际发生过程进行,这就提高了学员的实际动手能力。通过以上培训的志愿者就可以成为当地的联邦直属技术救援署的成员,参加国内的应急救援活动。如果有了国际救援的资格也可以参加国外的救援活动。志愿者平时都有自己的工作,一旦接到险情通知,他们在两个小时内就可以赶到集合地点。德国政府为每个志愿者组织的站点配置应急救援的车辆、设备、仓库、办公用房和办公设备。志愿者在德国及印度尼西亚、苏丹、阿富汗、巴基斯坦等国家的应急救援行动中取得了巨大的成绩。

各种志愿者组织也都会针对自身的特点进行系统的培训,共同的特点就是从小抓起。在德国很多志愿人员都是从小就开始参加志愿工作的,荣誉感、责任感、救援技术能力逐步增强。此外,培训的专业性、系统性很强。如红十字会的培训,分成急救医生、卫生员、急救卫生员、急救助理等多种工作岗位的培训,而且有从课堂到实地再到实战的学习过程,从而确保了志愿者的救援素质。

第二节 应急管理相关的国际组织

一、国际组织在应急管理中的功能

国际组织是指两个以上国家或其政府、人民、民间团体基于特定目的,以一定协议形式而建立的各种机构。国际组织分为政府间组织和非政府间组织,也可分为区域性国际组织和全球性国际组织。政府间的国际组织有联合国、欧洲联盟、非洲联盟、东南亚国家联盟(东盟)、世界贸易组织等,非政府间的国际组织有国际红十字会、国际足球联合会、乐施会、创行、国际奥林匹克委员会等,各种国际组织在当今世界发挥着重要的作用。国际组织虽然不是公共权力机关,但与各个国家的应急管理部门密切配合,成为应急管理工作的重要参加者。例如亚洲灾难减除中心(Asian Disaster Reduction Centre, ADRC)、世界气象信息服务中心(World Weather Information Service)、国际紧急事务管理协会(International Emergence Management Society)等组织,涉及应急管理的各个方面,是全球应急管理体系的重要组成部分。国际组织在自然灾害、事故灾难、公共卫生事件、社会安全事件、经济安全事件的应对与处置中均发挥着重要作用,在推动信息交流、技术合作、培训教育、协同应对等方面的功能不可被低估和替代。

(一)自然灾害领域

由于全球政治、经济、社会、文化交往日益密切,人口流动性日益加强,自然灾害越来越有可能造成全球性影响。据不完全统计,全球范围内有 157 个自然灾害相关国际组织。其中,联合国与国际组织 47 个,区域政府间组织 37 个,学术研究组织 29 个,非政府组织 26 个,其他类型组织 18 个。影响较大的机构主要有:联合国"国际减灾十年计划"和"国际减灾战略"的执行部门、联合国教科文组织及其主导下的国际海啸协会、联合国开发计划署、世界气象组织等。

(二)事故灾难领域

国际组织在事故灾难应急管理中扮演着积极的角色。典型代表是成立于 1958 年 3 月的国际海事组织(International Marine Organization, IMO),原为政府间海事咨询组织,1959 年成为联合国下的一个专门机构,总部设在英国伦敦。国际海事组织的宗旨是促进各国的航运技术合作,鼓励各国在促进海上安全、提高船舶航行效率、防止和控制船舶对海洋污染方面采取统一的标准,处理有关的法律问题。由于海上运输风险高,民航运输、海洋石油、海洋养殖捕捞都可能造成重大事故,需要开展大规模海上救援,因此国际海事组织所开展的大规模海上搜救行动发挥着重要作用。又如 2011 年发生的"3·11"日本大地震,引发巨型海啸及福岛核灾难,造成上万人死亡,当地大量居民流离失所,国际原子能机构就对日本公布核事故的相关信息起到了重要的推动作用。

(三)公共卫生事件领域

世界卫生组织(WHO)及各种区域性的卫生组织在传染病的全球防治中扮演着不可或缺的角色。例如 20 世纪 60 年代,世界卫生组织发动了"消除天花计划",将统一领导和保持项目灵活性相结合,整个项目有统一的标准,由国际医疗队进行独立的评审和鉴定,但是具体负责执行项目的行政管理体系则根据各国的具体情况而有所不同。经过十年努力,1977 年世界卫生组织宣布,天花已经被消灭。此后世界卫生组织又先后开展了消灭小儿麻痹症、疟疾等疾病的计划。近年来,世界卫生组织在抗击"非典"、流感和新冠肺炎疫情等传染病过程中,也发挥了重要作用。此外,世界贸易组织(WTO)、国际民用航空组织(International Civil Aviation Organization,ICAO)等政府间组织也通过与世界卫生组织的合作,有效地限制了传染病在食品和航空领域的传播。

(四)社会安全事件领域

在社会安全方面,恐怖主义已经成为全球性问题,因此国际组织在应对恐怖主义方面的作用尤为突出。2001年"9·11"事件之后,联合国成立了反恐怖主义委员会;2004年,成立了反恐怖主义执行局;2006年9月8日,联合国大会通过全球反恐战略,标志着全体会员国首次商定采取共同的战略和行动办法,打击恐怖主义。此外,一些地区性组织也积极开展打击恐怖主义活动。

(五)经济安全事件领域

2008年国际金融危机发生后,国际组织在应对经济安全事件中的作用日益凸显。二十国集团(G20)、联合国、世界银行、国际货币基金组织及金融稳定论坛等国际组织在协调各国保持市场开放、避免贸易保护主义、合力应对金融危机上发挥了不可替代的作用。事实上,G20本身就是金融危机的产物,1997年亚洲金融危机暴发并逐步蔓延,最终酿成1998年全球金融风暴。1999年,中国、韩国、印度、美国、英国、加拿大、德国、意大利、法国、俄罗斯、日本、欧洲联盟、印度尼西亚、墨西哥、南非共和国、沙特阿拉伯、土耳其、澳大利亚、阿根廷、巴西组成二十国集团,目的是让有关国家就国际经济、货币政策举行非正式对话,以利于国际金融和货币体系的稳定。当前全球通胀高企、美联储进入加息周期,加上俄乌冲突背景,联合国等国际组织在协调各国开展粮食安全、政策协调、债务减免等联合行动上,扮演着重要角色。

二、联合国与应急管理

从全球范围来看,世界各地产生的各种突发事件,在不同程度上威胁着人类的生产和生活,给人类共同的生存和发展带来了无尽的灾难,无论是发达国家还是发展中国家都难以独善其身。这就需要经常开展国际合作或援助,如预警信息通报和共享、紧急物资供应、派遣紧急救援队和医疗队、相关技术支持等,以便有效应对危机,化解危机,降低损失。但是,这些工作往往无法由单个或几个国家来完成,需要开展世界范围的合作,因此,如何与各国协调应对各种紧急突发事件,如何构建应急管理的合作和救援机制就成为联合国的重任。

从联合国的自身发展来看,其产生的主要原因就是在汲取两次世界大战的惨痛教训后,利用预防性管理的特点和手段,整合和协调全世界的和平资源,化解世界大战的危机。不难看出,联合国诞生的本身就是世界范围内开展应急管理的产物,因而,国际应急管理无疑将是联合国的最重要任务之一。随着时间的推移,联合国管理的范围更加宽泛,内容不断增多,应急干预的手段趋向多样化。突发事件形成通常经历潜伏期、暴发期和恢复期三个阶段,联合国在各个阶段都发挥着重要作用。

(一)预防和准备阶段

联合国及其相关组织特别重视通过事前预警、评估分析进行预防性管理,强调"通过可持续的经济和社会发展仍然是免受灾难(不论是自然还是人为灾难)的最佳保障"。目前,联合国在开展国际活动中,把发展、人道主义和结合起来,把减少灾害工作纳入援助国或成员国的国家发展规划当中,如开展扶贫工作、制定妥当的立法、给予充裕的拨款,让受益国家、地方乃至社区通过自身的发展增强突发事件的应对能力。

近年来,恐怖主义造成的人为突发事件日益突出,联合国先后通过 1540 号、1566 号、1267 号决议设立反恐特设委员会和工作组。2001 年 9 月 28 日,安全理事会根据《联合国宪章》第七章采取行动,通过了第 1373 号决议,并专门设立反恐怖主义委员会,负责监测各国执行第 1373 号决议的情况,并努力提高各国打击恐怖主义的能力。

在减少自然灾害方面,以联合国为主所推动的"国际减灾十年"活动,其行动目的是通过一致的国际行动,特别是在发展中国家,减轻由地震、风灾、海啸、水灾、火山爆发、森林大火、蚱蜢和蝗虫、旱灾和沙漠化及其他自然灾害所造成的人民生命财产损失和社会经济失调。随后在超过 140 个国家内部委员会的积极支持下,联合国在 1994 年的"国际减灾十年"大会上,提倡各国在具灾害脆弱性的地区设置专门收集与提供灾害信息的地区中心。2001 年联合国大会决定每年 10 月的第二个星期三为国际减灾日,并借此在全球倡导减少自然灾害的文化,包括灾害防止、减轻和备战。

(二)应急处理阶段

为协调各国做出一致、迅速的反应,并能够有效避免重复和资源浪费及资源短缺情况,联合国十分重视应急阶段的协调机制。目前,联合国人道主义事务处是联合国负责应急管理的中枢协调部门,同联合国业务机构、各国政府、区域组织、非政府组织、政府间人道主义组织等密切合作。人道主义协调机构间常设委员会成立了一个自然灾害工作队由人道主义事务处、国际红十字会与红新月会联合会领导,工作队主要是进行改善防灾的协调,选定一批易受害国家开办试点项目。

在许多发展中国家,还建立了由驻地协调员领导的联合国各机构国家级代表组成的联合国灾害管理队,一旦遇到紧急情势就协调救济活动。为了应对紧急情况,尤其是对自然灾害迅速做出反应,人道部在捐助国政府参与下,建立了联合国灾害评估和协调常备工作队,该队可以立即部署到受灾国去帮助地方和全国主管当局确定需要什么救济并进行协调。人道部还可能使用民事和军事紧急队对灾害做出反应。在联合国的应急救援方面,1991 年成立的国际搜救咨询小组(INSARAG)作为自然灾害工作队的重要伙伴,由联合国及许多参与国际搜救国家(SAR)共同组成。如果灾难发生,当地灾害管理主管机关(LEMA)会首先对灾区采取救援和支持措施,如果额外的支持要求超过当地层级的范围,则由受灾地所在国家政府提供支持,除非受灾国的资源已经耗尽或是需求无法达成,受灾国才寻求国际援助。

(三)恢复阶段

在恢复阶段,联合国各机构之间会进行协作以实现缓解灾害和灾区恢复正常生活的目标。例如,联合国粮食和农业组织(粮农组织)往往帮助农民在水灾、畜疫和类似紧急情势后恢复生产;联合国难民事务高级专员办事处将对危机过后产生的难民问题进行处理,帮助难民和内部流离失所者返回家园后重建生活;联合国儿童基金会为遭受创伤的儿童提供保健、营养、供水及卫生、基础教育和社会心理康复。联合国这些人道主义行动的目的是保证紧急救济以促进今后的发展,因而其工作范围不限于救济,还包括长期复兴和发展。此外,通过对突发事件前因后果的审视,联合国及有关国家和地区也不断从中汲取经验教训,逐步更新已有的管理机制,以符合时代发展的需要。

三、红十字国际委员会与应急管理

(一)红十字国际委员会简介

红十字国际委员会(International Committee of the Red Cross,以下简称红十字会)成立于 1863 年,目的是在不断暴发的武装冲突中,在绝对中立和公正的基础上,为平民、伤员和俘虏提供必要的人道主义帮助。其指导原则是:即便是在战争期间,也存在着关于战争应该如何进行和军事人员应该如何作战的界限。

瑞士的慈善组织和政府对红十字会的发展做出了重要贡献。1864 年,瑞士政府邀请 12 个国家政府的代表在日内瓦召开外交会议,以取得国际社会对红十字会及其理想的承认。会议通过了第一个人道法的条约《日内瓦关于改善陆上武装部队伤者境遇公约》。以后又举行多次会议,将基本的法律规定延伸到其他受难者,如战俘等。第二次世界大战以后,通过外交会议制定了 1949 年《日内瓦公约》,以加强战时对平民的保护。《日内瓦公约》是有拘束力的国际法条约,它在世界范围内都具有适用力。今天,红十字国际委员会在全世界 60 个国家设有办事处,在 80 多个国家和地区开展工作,雇用 12000 名员工,其中大部分来自当地国家。在日内瓦总部,有 800 名工作人员。红十字会是联合国的观察员,与联合国人道事务专员公署开展合作,同时它还以常任代表的身份出席跨机构常设委员会举行的会议,与其他有关机构如联合国难民专员公署、联合国儿童基金会、联合国粮农组织和世界卫生组织协调工作。可以说,红十字国际委员会已经成为当今世界最大的、最有影响的非政府组织。

 延伸阅读

红十字会的诞生

红十字国际委员会的诞生,归功于瑞士人亨利·杜南(Henry Dunant)。1859 年 6 月 24 日,杜南因公务在当晚路经意大利北部的一个小镇索尔弗利诺。那天奥地利和法国军队在此激战了 16 个小时,地上遍布 4 万名死伤者。他目睹双方成千上万的伤兵得不到任何医疗救助,其景象惨不忍睹。他呼吁当地居民协助他照料伤者,并坚持交战双方的士兵

都应受到照顾。回国后,杜南发表了《索尔弗利诺回忆录》,并提出了两项郑重的呼吁:(1)所有国家在和平时期都应建立包括护士在内的救援机构,以便在战争时可随时照料伤者;(2)参与军队医务部门服务的志愿人员,应该受到一项国际条约的确认和保护。1863年,慈善团体日内瓦公共福利协会成立了一个由五名成员组成的委员会,研究杜南所提建议的可行性。五名成员为:古斯塔夫·穆瓦尼埃(Gustave Moynier)、纪尧姆·亨利·杜福尔(Gillaume Henri Dufour)、路易斯·阿皮亚(Louis Apia)、西奥多·莫诺瓦(Theodore Maunoir)及亨利·杜南所组成的委员会。最终决议成立救援伤者国际委员会,即红十字国际委员会的前身。五名创始人决定举行国际慈善组织会议,以实现杜南的建议。共有16个欧洲国家和4个慈善机构派代表出席了于1863年10月26日在日内瓦召开的国际会议。在这个会议上,采纳了白底红十字的识别标志。红十字会由此而诞生。

(二)红十字会的工作内容

红十字会的工作内容包括以下八个方面,从中可以看出,虽然红十字会的创立初衷是保护和帮助武装冲突和暴力的受难者,但随着时间的推移,其工作范围已经拓展到了战争之外,所有紧急的、需要人道主义救援的情况都属于红十字会救助的范畴:

1.探视战俘和被拘留的平民;

2.寻找失踪人员;

3.为被冲突分隔的家庭成员传递信息;

4.协助离散的家庭团聚;

5.为没有食物、饮用水和医疗援助的平民提供基本生活所需;

6.传播国际人道法的知识;

7.监督国际人道法的遵守情况;

8.提请对违反国际人道法情况的注意,并推动人道法的发展。

(三)红十字会的紧急事态救援工作

1919年,红十字会与红新月会成立联合会,负责向受到自然、技术灾害冲击的灾民、难民提供国际救援,并负责紧急情况下的医疗服务。现在,它越来越关心遭受各种灾难的人们,尤其是自然灾害的受害者。在成员国中,红十字国际委员会和当地的红十字会和红新月会协作,一方面协助所在国政府机构应对重大灾难,另一方面自己也提供一系列服务,包括赈灾、救援、医疗卫生、灾民安置等工作。

红十字国际委员会对各国红十字会和红新月会的工作起着指导和协助作用。主要工作内容包括:向它们提供专门技术、物资和财政支持,协助其发展技能、组织建设和工作关系,帮助它们更有效地开展工作和履行职责;帮助它们修改并通过红十字会章程及其他法律事务,特别是在履行人道法的事务方面提供咨询和帮助;促进工作信息的交流,协调各成员间的活动,以便更有效地利用现有资源,向武装冲突或内乱的受难者和其他需要得到帮助的人提供共同的帮助。

第三节　国外应急管理中的社会组织

一、社会组织在应急管理中的作用

政府是重大公共事件应急机制的主导者和直接责任者,但只依靠政府应急部门和专业人员的力量是远远不够的,还必须有社会力量的参与和支持,才能成功应对危机的挑战。社会组织机制是相对行政机制、市场机制而言的资源配置方式,它与后两者有较大差异。行政机制的主要特征是强制性、统一性、依靠官僚机构执行,市场机制的主要特征是追求利润,社会组织则是一种志愿机制,在资源配置上具有多元、点对点、直接、灵活、志愿的优势。具体来说,社会组织主要具有以下几个方面优势:一是社会组织在特定领域具有很强的专业性,可以在应急管理的各环节、各领域发挥专业作用;二是社会组织上接政府、下接基层群众,中介组织的地位使其具有广泛的社会基础与触角,具有灵活快捷的反应与回应能力;三是社会组织可以帮助特定群体通过合法途径反映利益诉求,具有社会自治性,是应急状态下的社会解压阀和调节器。一些学者将这些优势概括为专业优势、动员优势、效率优势、沟通和协调优势。

二、应急管理中常见的社会组织

参与应急管理的社会组织类别繁多,数量巨大。总体来看,社会组织可以分为慈善组织志愿者团队、社区、媒体、行业协会、研究机构等。

(一)慈善组织

慈善组织具有民间性、志愿性、公益性及灵活性等特点,在应急管理中发挥着多重作用,主要包括资源动员(如募集资金和物资、动员和招募志愿者)、资源对接(包括资金、物资、人员等的对接)和项目实施(伤患及其家属的心理疏导、社区防护宣传、志愿者培训、救护人员支持和抚恤、后勤保障等)。除了前文所述的红十字会这样具有全球影响力的大型机构之外,还有大量中小型慈善组织服务于应急管理。以救灾物资的筹集为例,由于慈善捐赠非强制,是自愿、自发的,主要来源于企业、社会团体或个人,通常由致力于慈善事业和公益事业的民间组织来筹集,政府则扮演倡导者和规范者的角色。在美国,救灾捐赠是慈善捐赠的重要内容,从法律法规到操作规程,均已形成一套独具特色的救灾捐赠工作规程,能对慈善机构的资金筹集、资金发放等进行有效的监督,从而提高慈善机构的公信力,确保资金物质的有效使用。

(二)志愿者团队

志愿者是应急管理的重要人力资源,在许多国家,志愿者参与应急管理的程度相当高。除前文所述德国志愿组织之外,世界各地都有类似的志愿者团队。在美国,洛杉矶市于 1985 年建立了"社区紧急应变队",当发生重大灾害时,各地的"社区应急应变队"可于正规救援力量抵达之前对受灾民众进行简易救助,如灭火、抢救伤员、排除救灾道路障碍等,以期提高救援效率、减轻伤亡,并减轻正规救灾队伍负担。新加坡政府建立了公共危机安全和保障体系,实施民防志愿者计划,民防志愿者将参加技能培训,学习急救、救难、撤离和救火等知识,一旦国家发生灾难或战争,民防志愿者就可转为全职民防职或国家公务员。在日本,各地区志愿成立了许多群众自发组织的防灾救灾团体,如消防团、水防团、妇女防火俱乐部、少年防火俱乐部等,它们经常进行抢险救灾演练,普及防灾知识,检查安全隐患,保管与维修应急器材等。在灾害发生后第一时间志愿者团队会开展自救互救,从而在最大限度上降低灾害所造成的人员伤亡。

(三)社区

社区作为自治组织,在应急管理中具有基础性作用,如保障社区居民知情权,建立应急管理合作的框架与程序,组成防灾减灾和应急管理的基本单元等。21 世纪以来,一些世界性灾害和危机频繁发生,人们的安全观和价值观发生了深刻变化。以居民为主、立足于基层成为各国推进应急管理改革的重要理念。社区灾害管理是当前国内外的焦点,减灾社区、韧性社区和健康社区等概念应运而生。早在 1999 年 7 月,联合国国际减灾十年论坛上总结的 16 条"日内瓦基本结论"中,就包括"以社区为基本单元,加强灾害风险的评估工作,以提高社区的减灾意识"。在 2005 年 1 月第二次世界减灾大会上,联合国通过了《兵库宣言》和《2010—2015 兵库行动框架:加强国家和社区的抗灾能力》,明确提出"需要加强社区在地方级减少灾害风险的能力"。世界各国在应急管理实践中都尝试积极发挥社区的作用。美国通过实施公共教育、制定统一的培训模式等方式来构建减灾型社区,因此社区不仅是灾害救助的对象,同时也是应急的主体,是政府应急管理的伙伴。美国减灾型社区中的市民组织队伍"社区应急反应小组",通过全面开设公共教育和培训课程等形式提高社区居民关于备灾危害的知识,训练他们基本的救灾能力。在日本,基于社区的"城镇守望"(Town Watching)活动,要求当地百姓、地方官员和减灾专家共同在城镇周围进行实地考察,辨认危险,加强对当地灾害的认识和信息的共享能力。在韩国,专业志愿组织并不多,因此社区组织在应急管理中发挥了尤其重要的作用,其中包括青年男子团体、已婚妇女团体等。

(四)媒体

新闻媒体对于公众来说具有影响力和公信力,在重大突发事件中发挥着重要作用。第一,新闻媒体在突发事件控制中具有实现群众知情权的功能。人民群众既是灾害破坏的受体,也是抗御灾害的主体。灾害发生后及时让群众了解灾害发生的情况,是积极参与抗灾救灾的重要前提。第二,新闻媒体在突发事件控制中发挥独特的社会作用。

政府、传媒和公众是大众传播系统的三个角色,传媒在公众与政府之间构筑了一个畅通的信息交流平台。政府是社会公民权利的代表,代表人民管理社会公共事务,代表人民利益对发生的灾害进行应急处置。新闻媒体可以通过设置舆论焦点塑造政府突发事件应急处置的良好形象,并在满足公众信息需求的过程中保持社会正常运转。第三,新闻媒体在突发事件控制中具有疏导群众情绪的功能。重大突发事件发生后,积极引导事件影响区域内广大群众的情绪,使之朝着有利于抗御灾害的方向发展,是新闻媒体在突发事件处置之中应当发挥的重要功能。合理的舆论引导,有利于舆论的理性化、多元化。如日本,日本广播协会(NHK)是政府指定的灾害管理公共机关,具有传递地震、海啸等自然灾害预警信息的法定义务。NHK 在节目播放期间,一旦发生地震或海啸警报,可以停止正常节目播放,马上提供地震或海啸的相关信息。在 2011 年的"3·11"东日本地震中,NHK的连续滚动播放在政府组织应急救援、民众了解灾情进程中发挥了不可替代的作用。

(五)行业协会与研究机构

世界各国(跨国)应急管理相关行业协会,如灾害防御学会、应急管理学会、医学救援学会、地理学会等,利用自己的专家网络和专业知识储备,推动着全球应急管理研究的发展,为政府应急决策提供意见参与,并为应急救援提供技术指导。其中,国际应急管理协会(简称"IAEM")成立于 1952 年,前身是美国民防委员会,在美国应急管理局成立后脱离官方身份成为非政府非营利性的国际组织,致力于应急管理学术研究与交流合作、教育培训与认证、技术标准编制及各类国际合作项目推广。目前,该组织按地理区域划分为美国区、加拿大区、欧洲区、大洋洲区、亚洲区及国际区,并专门成立学生区及奖学金计划用于鼓励专业危机管理培训教育发展。

突发性灾害不仅造成了大量生命和财产损失,也带给人们巨大的心理创伤,灾后心理干预是应急管理领域长期的焦点问题。灾害心理与行为研究机构在世界各国广泛存在,如 1984 年成立的国际创伤应激研究会,1989 年成立的美国国立创伤后应激障碍中心,1993 年成立的欧洲灾难心理健康研究所,2005 年成立的亚洲创伤心理研究学会等。这些机构研究突发事件中的社会心理反应,对受难者进行心理卫生服务与治疗,预防灾难所致创伤后应激障碍及并发症,探索完善应急心理卫生服务系统的技术与方法。这些研究为进一步实施应急管理中的心理干预提供了重要的理论基础。

？ 思考题

1.联合国在国际应急管理中发挥哪些作用?

2.红十字会在国际应急管理中发挥哪些作用?

3.美国有哪些国家层面的应急组织体系?

4.德国在应急志愿者队伍管理方面有何先进经验?

5.应急管理的社会组织分为哪些类别?

参考文献

[1]陈涛.美国应急指挥体系简介[J].消防与生活,2009(11):44-46.

[2]董炳艳,张自强,徐兰军,等.智能应急救援装备研究现状与发展趋势[J].机械工程学报,2020,56(11):13-37.

[3]董向东,王文行,李建彬.物联网及其在应急管理中的应用[J].甘肃科技纵横,2021,50(3):75-77,86.

[4]丁慧彦,赵晗萍,黄崇福,等.日本灾害保险研究状况及其对中国自然灾害保险的启示[J].经济与管理研究,2010(6):102-108.

[5]龚建军.应急管理人员培训教材[M].北京:机械工业出版社,2019.

[6]GEORGE D H,JANE A B,DAMON P C. Introduction to emergency management[M].7th ed. British:Butterwort-Heinemann,2021.

[7]国务院办公厅.突发事件应急预案管理办法[Z].2013-11-08.

[8]国务院应急办.突发事件应急演练指南[Z].2009-09-25.

[9]胡军.应急通信技术特点及发展趋势分析[J].建材与装饰,2019(23):327-328.

[10]黄烨,魏冰玲.美国标准化应急管理体系在福建地震应急指挥体系中的导入[J].科技经济市场,2016(2):112-114.

[11]皮埃尔·佩兰.红十字国际委员会援助政策[C]//红十字国际委员会东亚地区代表处.红十字国际委员会资料汇编:政策与实践指南,2015:245-260.

[12]纪凯,王正盛,桑凌志,等.社会组织参与应急管理的SWOT分析[J].中国应急管理,2022(2):52-55.

[13]蒋晓虞.后疫情时代5G在应急管理系统中的应用分析[J].电信快报,2021(4):15-17.

[14]李健,宋昱光,张文.区块链在突发事件应急管理中的应用研究[J].经济与管理评论,2020(4):5-16.

[15]李廷元,周海波.关于大数据在应急管理中的应用研究[J].智能建筑,2019,(3):72-76.

[16]李雪峰,等.应急管理通论[M].北京:中国人民大学出版社,2018.

[17]林亦府,孟佳辉,汪明琦.自助、共助与公助:日本的灾害应急管理模式[J].中

国行政管理,2022(5):136-143.

[18]林梅.慈善领域应急机制的建立与完善[J].人民论坛,2020(14):49-51.

[19]刘琛,范国敏,祥丽.大数据在应急管理中的应用[J].大众标准化,2020(21):257-258.

[20]刘恩东.借鉴国际经验完善我国应急管理培训体系[J].中国减灾,2020(17):56-61.

[21]刘译鸿,丁文广,刘书明.应急管理中政府与社会组织合作治理的路径选择[J].中国发展,2017,17(4):66-71.

[22]罗楠,何珺,于诗桐,等.日本突发环境事件应急管理机制与措施[J].世界环境,2021(6):82-85.

[23]罗章,李储学.借鉴美国减灾型社区经验提升我国社区应急力[J].华东经济管理,2013,27(3):146-151.

[24]穆丽.重大突发公共卫生事件国际应急管理合作机制探究[J].延边大学学报(社会科学版),2020,53(5):131-138,144.

[25]穆亚茹,张永领.突发事件应急管理社会化研究综述[J].河南理工大学学报(社会科学版),2022,23(1):51-59.

[26]闪淳昌,薛澜.应急管理概论:理论与实践[M].2版.北京:高等教育出版社,2020.

[27]孙宇昊.刍议中国特色应急管理文化发展[J].中国应急救援,2013,41(5):8-14.

[28]彭凌,谭彦秋,许文浩,等.应急管理信息化"五大主攻方向"探索与研究[J].中国应急管理科学,2021(4):75-82.

[29]阚凤敏,彭碧波.联合国减灾战略对应急管理的启示[J].中国应急管理,2020(5):66-69.

[30]任羽中,林永兴,吴旭.应急管理教育的国际比较及启示[J].中共四川省委党校学报,2021(4):70-76.

[31]容志,等.城市应急管理:流程、机制和方法[M].上海:复旦大学出版社,2019.

[32]王宏伟.新时代应急管理通论[M].北京:应急管理出版社,2019.

[33]王伟进,何立军.目标、渠道、能力与环境:一个社会组织协同应急管理的分析框架[J].学习论坛,2022(1):101-108.

[34]王岩,范苏洪.基于5G网络的物联网技术在智慧应急中的应用[J].通信技术,2021,(1):224-230.

[35]王燕青,陈红.应急管理理论与实践演进:困局与展望[J].管理评论,2022,34(5):290-303.

[36]王瑛,邹振华,王宇渠.美国救灾捐赠工作规程初探:以俄勒冈州为例[J].灾害学,2014,29(1):162-166.

[37]习近平.习近平谈治国理政[M].北京:外文出版社,2014.

[38]习近平.之江新语[M].杭州:浙江人民出版社,2007.

[39]夏一雪,李昊青,郭其云.文化嬗变视野下应急管理文化建设研究[J].中国应急救援,2017,62(2):15-20.

[40]徐兰军,董炳艳,张婷婷.我国应急科技发展的思考与实践[J].劳动保护,2019(6):84-87.

[41]许灏.关于对美国应急管理体制的考察与思考[J].陕西水利,2012(1):10-11.

[42]杨波丽.大数据在应急管理中的应用[J].中国管理信息化,2018,21(23):83-84.

[43]杨月巧等.新应急管理概论[M].北京:北京大学出版社,2020.

[44]叶桂平,孟静文.澳门特区建设安全韧性城市路径研究[J].中国应急管理科学,2020(12):30-36.

[45]应急管理部.应急管理部公布2020年全国应急救援、生产安全事故各十大典型案例[EB/OL].(2021-1-5)[2022-11-1].https://politics.gmw.cn/2021-1/04/content_34517746.htm?s=gmwreco2

[46]应急管理部.生产安全事故应急预案管理办法[Z].2019-09-01.

[47]苑海华.我国应急志愿者管理研究[D].河北:燕山大学,2010.

[48]赵飞.美国社会组织参与救灾的经验与启示[J].华北地震科学,2021,39(2):56-60.

[49]赵玉霞,王冰.日本应急管理培训对我国党校(行政学院)培训工作的启示[J].山东行政学院学报,2019(5):19-24.

[50]张欢.应急管理评估[M].北京:中国劳动社会保障出版社,2010.

[51]中共中央宣传部.习近平总书记系列重要讲话读本(2016年版)[M].北京:学习出版社,2018.

[52]中国安全生产科学研究院赴美考察团.美国的应急管理体系(上)[J].劳动保护,2006(5):90-92.

[53]中国安全生产科学研究院赴美考察团.美国的应急管理体系(下)[J].劳动保护,2006(6):88-90.